大国重器

红色旅游精品线路路书

文化和旅游部资源开发司 编著

中国旅游出版社

序言

习近平总书记在党的二十大报告中指出，必须坚持科技是第一生产力、人才是第一资源、创新是第一动力，深入实施科教兴国战略、人才强国战略、创新驱动发展战略，开辟发展新领域新赛道，不断塑造发展新动能新优势。习近平总书记强调，重大科技创新成果是国之重器、国之利器，必须牢牢掌握在自己手上，必须依靠自力更生、自主创新。大国重器在中国人民从站起来、到富起来再到强起来的历史征程中，发挥着中流砥柱作用，见证了历史变迁、彰显中国实力，是每一个时期经济社会取得重大发展的标志性成就，也是开展红色旅游的重要资源。

新中国成立后，三线建设优化了我国工业体系布局，"两弹一星"等尖端科技打破了帝国主义

△ 复兴号

△ 天眼

的封锁和威胁，奠定了我国世界大国的国际地位。改革开放以来，我国大力实施"863 计划""973 计划"等科技攻关计划，南水北调工程、三峡工程、大亚湾核电站等"国之重器"相继问世，推动了经济社会快速发展。党的十八大以来，以习近平同志为核心的党中央坚持把科技创新摆在国家发展全局的核心位置，一些关键核心技术实现突破，战略性新兴产业发展壮大，蛟龙、天眼、悟空、墨子、祝融、北斗、C919 大飞机、航母等一大批重大科技创新成果研制成功，港珠澳大桥、北京大兴国际机场等一大批重大基础设施工程惊艳亮相，天宫、神舟、天舟、嫦娥等航空航天科技成果举世瞩目，我国科技事业发生了历史性、整体性、格局性重大变化，进入创新型国家行列。

2021 年 5 月，文化和旅游部联合多部委推出"建党百年红色旅游百条精品线路"，其中"走近大国重器、感受中国力量"主题线路，展示了我国在重大科技创新工程、重大基础设施建设工程、重大国土空间布局建设工程等领域取得的发展成就。为学习宣传贯彻党的二十大精神，我们在前期发布线路的基础上，策划编撰了《大国重器红色旅游精品线路路书》，对 30 条精品线路的特色景区、行程规划、游玩锦囊、路况、餐饮等做了详细介绍。

希冀通过此书，方便人们走近大国重器参观学习，了解我国科技事业的发展历程，尤其是十年来所取得的辉煌成就，深刻领悟"两个确立"的决定性意义，充分领会党的二十大关于"实施科教兴国战略，强化现代化建设人才支撑"重大决策部署的现实意义，进一步激励干部群众牢记空谈误国、实干兴邦，坚定信心、同心同德，埋头苦干、奋勇前进，为全面建设社会主义现代化国家、全面推进中华民族伟大复兴而团结奋斗！

目录 CONTENTS

走近大国重器、
感受中国力量

"双奥之城"的光荣与梦想

周 渝

　　2021 年 7 月 23 日，因新冠疫情而推迟了整整一年的"2020 年东京奥运会"终于迎来开幕。然而令人没想到的是，就在这届奥运开幕式直播的同时，中国的观众们竟然掀起了一股重温 2008 年北京奥运开幕式的热潮，人民日报的官方微博也发布博文说："又到奥运，很多网友想起了 13 年前那个无眠之夜带给我们的感动！一起回顾 13 年前北京奥运会开幕式吧！"

　　"迎接另一个晨曦，带来全新空气；气息改变情味不变，茶香飘满情谊。我家大门常打开，开放怀抱等你；拥抱过就有了默契，你会爱上这里……"当熟悉的旋律再次响起，相信无数人都能梦回 13 年前那场华灯璀璨、流光溢彩的盛会，并依然为之感动。那一场盛世的烟花，是大国崛起之见证，是文化自信之体现，也是每个中国人值得骄傲和纪念的盛事。也是那年之后，我们都能不约而同地唱出那段歌词："北京欢迎你，像音乐感动你，让我们都加油去超越自己。北京欢迎你，有梦想谁都了不起，有勇气就会有奇迹。"

▽ 2008 年 8 月 8 日晚，正在举行 2008 年北京奥运会开幕式的国家体育场"鸟巢"全景。"鸟巢"是诞生于 21 世纪的国家标志性建筑之一，由巨大的门式钢架组成，共有 24 根桁架柱，主体结构设计使用年限为 100 年。它见证了 2008 年北京奥运梦圆的历史时刻。

北京与《奥林匹克宣言》

现代意义上的奥运会要追溯到 100 多年前的 19 世纪末。1894 年 6 月 23 日，法国教育家皮埃尔·德·顾拜旦与 12 个国家的 79 名代表决定成立国际奥委会、开创奥林匹克运动，他倡议重新复兴 2000 多年前发源于古希腊、举办地在奥林匹亚的奥林匹克运动会（简称奥运会）。此时，古代奥林匹克运动会已经停办了 1500 余年，顾拜旦的这个举动自然遭到不少嘲笑和讽刺。然而谁也没有想到，自从 1896 年第一届奥运会在希腊雅典举办后，这一创举竟然得到越来越多国家的支持与响应，奥运会形成了每四年一届、世界规模最大的综合性运动会，也是迄今为止世界上影响最大的体育盛会。

当时谁也没想到，被称为"奥林匹克之父"的皮埃尔·德·顾拜旦与他的《奥林匹克宣言》，会在多年后与中国的首都北京结下不解之缘。这还得从一段持续了近百年的悬案说起。早在首届奥运会举办的四年前，1892 年 11 月 25 日，顾拜旦在巴黎索邦大学举行的庆祝法国田径运动联盟成立 5 周年大会上发表了一篇内容极其丰富、热情四溢的历史性演讲。演讲中，他号召人们"坚持不懈地追求、实现一个以现代生活条件为基础的伟大而有益的事业"。这篇演讲后来被人们称为《奥林匹克宣言》。可惜当时这篇演讲并没有受到足够重视。后来又因第一次世界大战爆发，演讲稿在战乱条件下无法刊登，顾拜旦便将它藏匿起来。

随着 1937 年顾拜旦去世，演讲稿也成了历史谜团。不久后二战爆发，在日本军方的压力下，连预计在 1940 年举办的东京奥运会都因此被迫停办，至于顾拜旦演讲稿就更无人问津了。直到

△ 奥林匹克森林公园俯瞰图。作为奥林匹克公园的重点配套建设项目的奥林匹克森林公园，也是不可错过的风景线，这里以乔灌木为主，绿化覆盖率 95.61%，与集文化、体育、会议、居住多种功能的奥林匹克公园结合起来，集中体现了"绿色奥运、科技奥运、人文奥运"三大理念。

二战后奥运会重新恢复，一些热衷研究体育历史的有心人又开始根据蛛丝马迹寻找这份至关重要的演讲稿。经过半个多世纪的寻觅，一位叫弗朗索瓦·达马的法国外交分析专家于 20 世纪 90 年代初在瑞士一家银行的保险箱中发现了顾拜旦演讲稿原件。当时，这份珍贵的历史性演讲稿仅在 1994 年纪念奥运百年活动期间，以英文、法文在国际奥委会内部出版了 1000 本小册子。虽然很多人已知这本具有重大历史意义的小册子的存在，但一直未能见其内容，以至于一度各种版本伪作盛行。

进入 21 世纪，国际奥委会决定让这份遗失了近百年的《奥林匹克宣言》公开出版，而当时中国的北京奥运会也进入倒计时，经国际奥委会主席罗格和版权所有人法国达马侯爵同意，2008 年 1 月 2 日，为纪念顾拜旦诞辰 145 周年，中、法、英 3 种文字的《奥林匹克宣言》正式出版，全球首发庆典就在北京举行。这是历史性的首发仪式，从此，跨越了两个世纪的《奥林匹克宣言》与北京这座城市结下缘分。

充满挫折的申奥之路

其实，北京从申奥到圆梦，也经过了一条挫折、失落，最后走向辉煌的长达 17 年的艰辛路程。时间要追溯到 20 世纪 90 年代初，1990 年 9 月 22 日到 1990 年 10 月 7 日，第 11 届亚洲夏季运动会在北京成功举行，来自亚奥理事会成员的 37 个国家和地区的体育代表团的 6578 人参加了这届亚运会，这也是中国第一次举办的综合性国际体育大赛。有了亚运会成功的范例，加上在改革开放中已迅速发展起来的中国也需要加强对外交往、融入国际社会、宣传自身形象，决定北京申办奥运会。

1991 年 2 月 26 日，中国奥委会全体会议在北京人民大会堂举行，会议决定中国向国际奥委会申请在北京举办 2000 年第 27 届奥林匹克运动会，中国北京的奥运之梦自此而始。1993 年，北京正式向国际奥委会申请举办 2000 年第 27 届奥林匹克运动会，并提出了"开放的中国盼奥运"的口号。

这个口号颇有时代色彩，在经过十多年的改革开放后，中国开始逐渐向世界敞开胸怀，经济总量也都得到很大提高，尤其是 1990 年北京亚运会后，中国人民都在热烈盼望在自己的国家主办奥运会，向世界展示一个全新的中国。遗憾的是，在最后一轮投票中，北京以 2 票之差败于澳大利亚的悉尼。

这次申奥失败后，中国方面开始总结失利原因，发现当时的确对形势估计过于乐观，很多隐藏的问题被忽略了，例如当时北京在交通、通信等方面不理想，公共设施不够完善……这些很可能都是导致丢票的原因，想要再接再厉，必须对这座城市进行优化改造，解决这些问题与隐患。又经过 6 年准备，到 1998 年 11 月，中国再次决定申办 2008 年奥运会，城市仍然是北京。1999 年 4 月 6 日，

△ 北京奥林匹克公园俯瞰图。一方一圆的"鸟巢"与"水立方"体现了中国传统文化"天圆地方"的理念，两者相互呼应，相得益彰。为迎接 2022 年冬奥会，国家游泳中心"水立方"向"冰立方"华丽转身，将成为国际首个泳池上架设冰壶赛道的场馆。

时任北京市市长刘淇赴瑞士洛桑国际奥委会总部，递交了北京承办 2008 年奥运会的申请书。

这一次奥申，北京有备而来，直击重点，提出了三个核心：绿色奥运、人文奥运、科技奥运。在总结上一次申奥失利的教训后，北京在环境治理方面加大了投入，而在城市建设和治理过程中，北京民众的支持与配合也是申奥成功的一大因素。2000 年 8 月 28 日上午 9 时，北京与巴黎等其他 4 城市一起由申请城市进入候选城市行列，顺利通过了资格赛。2001 年 5 月 15 日，国际奥委会评估委员会在对北京的评估报告中说："北京举办的 2008 年奥运会将给中国和世界体育留下独一无二的宝贵遗产。"

2001 年 7 月 13 日，这一定是很多北京市民难忘的一天。当晚 22 时 08 分，时任国际奥委会主席萨马兰奇在莫斯科宣布：北京成为 2008 年奥运会主办城市。这天晚上，捷报传来，北京市民群众涌向街头狂欢。从 2001 年申奥成功到 2008 年奥运会举办，这 7 年间政府努力建设、优化这座城市，而在北京的民众们也始终积极配合，只为迎接圆梦的那一刻。

凤鸟归巢，涅槃重生

2008 年是特殊而曲折的一年，开年雪灾，年中又遇 5·12 汶川大地震，但北京奥运会还是给了世界一个奇迹。此后，北京的名片不仅是作为中国政治中心的首都，或是拥有故宫、天坛、颐和园

△ 国家体育场鸟巢夜景

等著名文化遗产的历史名城，这座城市又有了一个举世闻名的新标签——中国第一座奥运之城。

位于北京市朝阳区，地处中轴线北端的奥林匹克公园，是 2008 年奥运会留给这座城市最好的纪念，也是北京的新地标。在这座总占地面积 11.59 平方公里的新式公园中，可以看到今天已广为人知的"鸟巢""水立方"、国家体育馆等标志性建筑，还能在国家会议中心击剑馆、奥体中心体育馆、奥林匹克公园射箭场、奥林匹克公园网球场、奥林匹克公园曲棍球场等奥运会竞赛场馆体验体育项目。作为奥林匹克公园的重点配套建设项目的奥林匹克森林公园，更是不可错过的风景线，这里以乔灌木为主，绿化覆盖率 95.61%，与集文化、体育、会议、居住多种功能的奥林匹克公园结合起来，集中体现了"绿色奥运、科技奥运、人文奥运"三大理念。

不少在北京从事旅游业的人都谈到过一个有意思的现象，当他们向外地游客们提前介绍旅游目的地是国家体育场时，绝大多数游客对此毫无概念，一脸茫然。但只要说到 2008 年北京奥运会的"鸟巢"，几乎所有人都迫不及待想要去"打卡"。位于北京奥林匹克公园中心区南部的国家体育场正是以它独特的鸟巢外形令人印象深刻，而在 2008 年的北京奥运会中，这里又作为主体育场而闻名于世，以致大家都习惯以"鸟巢"代称它。

"鸟巢"从开工到落成，用了 4 年零 3 个月的时间，总造价 22.67 亿元，是诞生于 21 世纪的国家标志性建筑之一。2002 年 10 月 25 日，受北京市人民政府和第二十九届奥运会组委会授权，北京市规划委员会面向全球征集 2008 年奥运会主体育场——中国国家体育场的建筑概念设计方案。消息一经发出，来自全球各地的各种构想的方案源源不断地送来，经过层层筛选，到 2003 年 3 月 18 日，选出了全球 13 个方案，其中境内方案 2 个、境外方案 8 个、中外合作方案 3 个。在最终一轮评选中，由雅克·赫尔佐格、德梅隆、李兴钢等设计的"鸟巢"方案名列第一，最终被确定为 2008 年北京奥运会主体育场——中国国家体育场的最终实施方案。

2003 年 12 月 24 日，"鸟巢"举行开工奠基仪式，正式动工，至 2008 年 3 月宣告建成。作为容纳人数 9 万多人的奥运会主场地，最重要的首先是安全问题。从"鸟巢"外形不难发现，其结构是露天开放式的，场馆没有做任何多余的处理。这个自然形成的建筑的外观主要由巨大的门式钢架组成，共有 24 根桁架柱。经过评估，"鸟巢"主体结构设计使用年限为 100 年，耐火等级为一级，抗震设防烈度 8 度，地下工程防水等级 1 级。

"鸟巢"的基座与体育场的几何体合而为一，如同树根与树。当行人走在平缓的格网状石板步道上，就会发现步道延续了体育场的结构肌理。无论是作为奥运会时期的来宾，还是平时的游客，来到"鸟巢"都能体验到便利的服务设施，例如下沉的花园，石材铺装的广场，竹林、矿质般的山地景观，以及通向基座内部的开口。体育场的形态如同孕育生命的"巢"和摇篮，寄托着人类对未来的希望。

2022 冬季奥运会

如同"鸟巢"一样，很多人对国家游泳中心是何模样未必能对上号，但只要一提"水立方"，脑海里马上就能自动显示出具体的建筑外观。"水立方"位于北京奥林匹克公园内，2008 年北京夏季奥运会期间，这里作为主游泳馆而闻名，成为北京奥运会标志性建筑物之一。

水立方建筑方案于 2003 年 7 月正式确定，同年 12 月 24 日动工，至 2008 年 1 月正式竣工，修建历时 4 年。作为奥林匹克公园的另一个必去的"打卡"地，水立方的结构也非常独特，令人过目不忘。它的设计理念是融建筑设计与结构设计于一体，与国家体育场比较协调。细心的人会发现，"水立方"如同盒子一般的建筑主体与"鸟巢"正好是一方一圆，此乃中国传统文化中"天圆地方"的体现，两者相互呼应、相得益彰。除了外观，"水立方"内部构造的设计也十分注重细节，充分考虑运动员和观众需求。这里拥有跳水池、比赛池、热身池，而这些池子的水温及其所在厅的温度没有太大的差异，这就为运动员稳定发挥创造了良好条件。

用"外柔内刚"形容"水立方"大概再适合不过了。从外观上看，方盒子表面似乎只有弱不禁风的充气薄膜，但支撑这些薄膜的是坚实的钢结构，里面观众看台和室内建筑物皆为钢筋混凝土结构。它的墙壁和天花板由 1.2 万个承重节点连接起来的网状钢管组成，这些节点均匀地分担着建筑物的重量，使其坚固得足以经受住北京最强的地震。2008 年奥运会期间，就在这座"水立方"中，来自各国的运动员们在这里进行了精彩的游泳、跳水、花样游泳、水球等比赛。

虽然 2008 年的奥运会已过去 14 年，当时作为主赛场的鸟巢、水立方不仅作为奥运遗产成了北京的新地标，在之后的重大赛事中，这些新世纪建成的经典体育场所仍在继续发挥作用。2022年北京冬季奥运会，它们将再一次大放异彩。

冬季奥运会简称"冬奥会"，1924 年开始第 1 届，截至 2018 年共举办了 23 届，每四年一届。

△ 水立方

从 1994 年起，冬奥会与夏奥会相间举行。2015 年 7 月 31 日，国际奥委会主席托马斯·巴赫宣布 2022 年冬季奥林匹克运动会主办城市是北京。自此，北京也成为第一个举办过夏季奥林匹克运动会和冬季奥林匹克运动会以及亚洲运动会三项国际赛事的城市。

2022 年北京冬奥会的开闭幕式均在"鸟巢"举行，同时"鸟巢"还作为 2022 年冬奥会冰上项目场馆。至于"水立方"则变成"冰立方"。自 2018 年 8 月起，水立方就因承办 2022 年冬奥会冰上项目而形成了对场馆改造的初步方案，同年 12 月 26 日，国家游泳中心正式启动向"冰立方"的华丽转身。根据改造方案，"水立方"成为国际首个泳池上架设冰壶赛道的场馆。

在 2022 年冬季奥运会开幕之前，除了 2008 北京奥运会时期崛起的那批奥运地标会继续发挥作用，这次冬奥会还将迎来一些新的"成员"，其中最具代表性的就有"冰丝带"之称的国家速滑馆。"冰丝带"位于北京奥林匹克森林公园网球中心南侧（原 2008 年北京奥运会曲棍球赛场），于 2016 年动工建设，2020 年 12 月 25 日完工。值得一提的是，国家速滑馆的建设继续秉承中国"绿色奥运、科技奥运、人文奥运"的理念，是世界上首个采用二氧化碳跨临界直冷制冰技术的冬奥速滑场馆。该技术是目前世界上最先进环保的制冰技术，碳排放值趋近于零，制冰能效大幅提升。为了打造"最快的冰"，馆内冰板层施工精益求精，用时 60 多天完成制冰钢管 8574 道焊口焊接，制出的混凝土冰板层水平高差在 4 毫米左右，非常平整；冰面温差被控制在 0.5 摄氏度内，利于运动员创造佳绩。

目前，"冰丝带"拥有亚洲最大的全冰面设计，冰面面积达 1.2 万平方米，平时可接待超过 2000 人同时开展冰球、速度滑冰、花样滑冰、冰壶等所有冰上运动。冬奥会中，国家速滑馆作为北京冬奥会速度滑冰比赛场地。在赛事结束后，"冰丝带"也将和"鸟巢""水立方"一样，成为具有社会服务功能和企业运营兼备的运动健身场馆。

△ 国家速滑馆"冰丝带"俯瞰图。2020 年 12 月 25 日完工的国家速滑馆，是世界上首个采用二氧化碳跨临界直冷制冰技术的冬奥速滑场馆，还拥有亚洲最大的全冰面设计，达 1.2 万平方米，平时可接待超过 2000 人同时开展冰球、速度滑冰、花样滑冰、冰壶等所有冰上运动。"冰丝带"已经在 2022 年冬奥会上一展风采。

　　河北张家口市也凭借与北京市共同申办 2022 北京冬奥会的契机，成功获得了 2021 年国际雪联自由式滑雪和单板滑雪世界锦标赛的举办权。2022 年这场准备已久的冬季奥运会成功举办，北京与张家口这两座城市已携手共同书写了奥运新篇章，书写了属于奥运之城的光荣与梦想。

△ 国家跳台滑雪中心

"南水北调·活水之源"
中国智慧引来盛世安澜

冯 璐

　　1954年仲夏的湖北，所有人都在盼望一个晴天。这一年的梅雨季反常地提前许多，4月起，邻省湖南便开始普降暴雨，洞庭湖水位不断上涨，给整个长江中下游地区的防洪工程带来危险的预兆。进入5月，意料之中的大雨到达湖北，绵延两个月之久，汉口水位迅速突破警戒线，随着上游地区进入雨季，宜昌站和荆江各河段水位相继告急，一场特大洪灾暴发了。

　　这场特大洪灾的受害者中，湖北首当其冲，武汉市周围汪洋一片，洪水淹没耕地87.5万公

▽ 丹江口水库与大坝，位于湖北省丹江口市。丹江口大坝是新中国成立以来自行设计并投入建设的大型水利枢纽工程，于1974年第一期完工。2002年，丹江口水库被选为南水北调中线工程水源，2010年4月，大坝成功实现加高加固，进一步提高水库的防洪能力和下游的防洪标准，水库蓄水位提高至170米，与北京的团城湖形成98.8米落差，达到自流进京标准。

顷，受灾人口538万，下游的江西、安徽、江苏等省也遭受了不同程度的损失。而与之形成鲜明对比的，是这年的华北平原全年平均降水量只有450毫米左右，正应了那句"旱的旱死，涝的涝死"的俗话。

　　水资源分布得极为不均是中国自古以来的难题之一，当南方人民面对家园一夜之间变泽国的景象时，北方农民却在饱受农田干裂和山原荒涸之苦。我国的人均水资源占有量不足全世界人均的1/4，排在世界100名之外，黄淮海流域人均水量更是只有全国的1/5。1997年2月，黄河断流，之后的226天里，没有一滴黄河水入海，北方缺水问题的解决刻不容缓。

　　早在1952年，毛泽东视察并听取黄河流域治理汇报时，就曾对黄河水利委员会主任王化云提出设想："南方水多，北方水少，如有可能，借点水来也是可以的。"第二年在"长江"号军舰上，毛泽东向长江水利委员会主任王一林旧事重提："南方水多，北方水少，能不能借点给北方？"在经过反复考察与论证后，1958年8月，在北戴河召开的中共中央政治局扩大会议上，党中央作出《关于水利工作的指示》提出："全国范围的较长远的水利规划，首先是以南水（主要是长江水系）北调为主要目的。"同时决定动工兴建丹江口水库，作为向北方调水的水源地。经过50年的调研和考察，2002年12月27日，南水北调工程正式开工。

△ 南水北调中线工程渠首全景

中国水都

2002 年底，国务院批准通过的《南水北调工程总体规划》提出从长江下、中、上游分别调水的东线、中线、西线工程方案，三条调水线路与长江、淮河、黄河、海河四大流域联结，形成我国水资源"三纵四横、南北调配、东西互济"的总体格局。其中，中线工程以长江中游的丹江口水库为水源地，通过开挖渠道，经过长江流域与淮河流域的分水岭——方城垭口，在郑州以西穿过黄河，沿京广铁路西侧自流向北，沿途向河南、河北、北京、天津供水。

为什么将南水北调中线工程的源头选在丹江口？一切要从这里的地形说起。发源自秦岭南麓的汉江，支流众多，水量丰沛，在十堰的丹江口市与支流丹江汇合，浩浩汤汤奔向长江，因此十堰又有"中国水都"之称。根据人类早期文明多发源于大河流域的规律，位于汉江与丹江交汇之地的十堰在史前就已有人类活动的痕迹。1985 年与 1990 年，考古工作者在十堰市郧县曲远河口学堂梁子发现了两枚古人类头骨化石，后被确认为距今约 100 万年前的晚期直立人，"郧县人"是研究晚期直立人与早期智人之间传承关系的珍贵标本。

水源给十堰带来的不只有发达的农业灌溉。据统计，从公元前 1 世纪至 20 世纪 50 年代，十堰遭受汉江大小洪灾 80 多次，1935 年夏天，郧县连续降雨 7 日 7 夜，江水漫溢，8 万余人葬身鱼腹。直到新中国成立前，江汉平原还流传着这样的民谣："汉江大水浪滔天，十年倒有九年淹。卖掉儿郎换把米，卖掉妮子好上捐。打死黄牛饿死狗，背起包袱走天边。"十年九淹，对于靠天吃饭的农民来说无疑是致命的，因此，自古以来十堰的人民就积累了丰富的治水经验。

"善治国者必先治水。"回望历史，水利与人类文明的起落总有着难解难分的关系。十堰市博

物馆中的常设展"十堰与水",详细介绍了自春秋时代起十堰人民挖塘筑堰、拦坝开渠的历史。当地人先后修筑了盛水堰、武阳堰、千工堰等水利工程,其中千工堰修筑于明代洪武年间,全长7公里,至今仍发挥着灌溉效益。

南水北调中线工程总干渠长1432公里,途经许昌、焦作、邢台、石家庄、保定等城市,最终到达北京与天津,若对路程没有概念,可以到丹江口市的南水北调纪念园逛一逛。位于丹江口市新城区旅游港附近的南水北调纪念园占地1046.83亩,其中2020年10月已开放的一期纪念园占地546.83亩。园区以中线工程走向进行规划,将沿线12个受水区知名景点依山就势按比例复制,游客身在园中便可领略千里之外的风光,将许昌的三国胜迹、南阳的医圣祠、焦作的云台山、安阳的殷墟遗址、北京的回音壁与四合院、天津的大沽口炮台等名胜古迹尽收眼底。

决战丹江口

若从高空俯瞰,会发现丹江口水库其实由两个相连的主体库区组成,分别是位于湖北的汉江库区和位于河南的丹江库区。少有人知道的是,当年出于发展旅游业的宣传需要,两省分别为自己的库区取名太极湖与丹阳湖,如今早已被知名度更广的统称"丹江口水库"取代。

站在丹江口大坝之上,湖光山色一览无余,坝下激流飞湍如碎玉。在大坝162米的门机上,有两条用红线标出的醒目标记:176.6米,2010年。这是两个具有纪念意义的数字,为使库区水源靠高度差自流流向北京,2010年4月,丹江口大坝成功由原本的162米增高至176.6米的设计高程,此时,距离大坝初期工程完工已经过去了36年。

△ 丹江口水库大坝

丹江口大坝是新中国成立以来自行设计并投入建设的大型水利枢纽工程，位于湖北省丹江口市境内的汉江干流与支流丹江汇合处的下游800米处，设计蓄水水位170米，库容290.5亿立方米。其实大坝开工时尚未确定南水北调工程与线路，当时建设丹江口大坝，主要还是出于防洪目的。1954年长江中下游特大洪灾更凸显了大坝建设的紧迫性，1958年丹江口工程委员会成立，十几万军民，手持简单的工具，投入到轰轰烈烈的水坝建设中。

想要在汉丹两江交汇处修筑大坝，先要在汉江右岸修筑围堰，把江水赶入左侧河道，再将围堰中水抽净，清理河床坝基，方能开始浇筑混凝土建坝。工程人员在第一步就遇到了难题：总指挥部拿出的三种围堰方案中，第一种采用长6米、宽4.5米的钢板桩，预计需要钢材2100吨，对工业基础薄弱、外交环境十分恶劣的新中国来说无异于天方夜谭；第二种由木桩代替钢板桩的方案，但拿出3000多立方米优质木材的难度与第一方案不分伯仲；只剩下最后一种在河道内填土堆石的"土法围堰"，这个办法是古代中国治水智慧的结晶，但没有科学数据做支撑。提出此项建议的工程师名叫杨铭堂，当时有人笑言："明明是洋名堂（杨铭堂），偏偏出个土办法。"经过专家完善，工程队最终确定了土、砂、石组合围堰的方案。

自1974年丹江口水利枢纽一期工程完工，大坝在40年中累计创造的防洪、发电、灌溉的综合效益超过了工程造价的50多倍。但想要利用高度落差来实现1000多公里的输水距离，大坝162米的高度难以满足南水北调所需调水规模。增加大坝高度，从而实现扩大水库库容势在必行。

大坝的加高加固工程，不仅事关丹江口水库发挥区域性水利枢纽的成败，更是南水北调中线工程是否可行的关键。从原来的162米加高至176.6米，其中要克服的工程技术难题超乎想象，中国工程院院士、大坝加高工程负责人郑守仁用"如临深渊、如履薄冰"来形容。

加高工程是在老坝的基础上进行培厚、加高和改造，"让老坝背起一座新坝"。然而在将老坝表层进行爆破后，意外发生了：大坝表层下隐藏的裂缝之多超出专家预想的几十倍。在对这些缝隙进行全面检查后，技术人员给每条缝隙都绘制了素描图并进行了单独设计，通过打铆筋、灌浆、凿除等方式补救。加高工程是在已经运行30余年的老坝上进行改扩建，老坝坝体温度基本恒定，新浇灌的混凝土却处在急剧升温的状态，两者间的温度差势必导致新老坝体无法紧密接合。混凝土温度控制又是一道世界性难题，20世纪50年代初期工程时，工人们通常采用砂石料先通风冷却，再用冷水浸泡、加冰搅拌降温等"原始方式"，加高工程中，浇筑工作被集中在每年的11月至来年3月，工程组优化了混凝土配合比，在保证混凝土强度的前提下尽量少用水泥，添加了一定比例的粉煤灰和高效缓凝减水剂。工程委员会请来了当年修筑大坝的技术员杨凤梧担任大坝加高工程质量监督站站长，已经67岁的杨凤梧常常不分日夜地在工地巡视，检查作业中发现的问题记满了11本笔记："像病例一样，有备可查。"

2013年5月，丹江口大坝主坝加高工程全面完工，正常蓄水位由157米提高至170米，与北京的团城湖形成98.8米落差，达到自流进京标准。

古殿升高记

当丹江口大坝工地上的工人们正在热火朝天地为提高水库水位而奋战时，水库的另一边，湖北省文物局的工作人员望着逐渐完工的坝体心急如焚。随着水库大坝的加高以及蓄水位的提高，将会淹没湖北省十堰市下辖的丹江口市、武当山区等一些地方。武当山下的遇真宫就处在淹没区，这是一座已有 600 余年历史的道教建筑。

作为道教的发源地之一，武当山的道教建筑群大部分由明代皇家统一规划建造，从地形勘测到兴建营造无不经过周密计划，构造严密、装饰精美，是目前国内保存最完整、规模最大的道教建筑群，1994 年被评为世界文化遗产。其中遇真宫坐落在武当山脚下，背靠凤凰山，面朝九龙山，水磨河从宫门前蜿蜒而过，风景绝佳，传说张三丰曾在此地修行。张三丰在民间又被称为"真仙"，永乐十年（1412 年），明成祖朱棣在此处敕建道观，赐名遇真宫，取得遇真仙之意。鼎盛时期的遇真宫共有房屋 396 间，亭台楼阁无不齐备，现存宫门、配殿等建筑 33 座，占地 56780 平方米，是明代道教繁荣发展的重要见证。

为了将大坝加高对遇真宫影响降到最低，湖北文物局组织考古研究所先后对遇真宫东宫、西宫、山门前等建筑及遗址进行了大面积清理发掘，经过 3 年调研考证，湖北省文物局提出了围堰防护、移址重建和原地抬升三种方案。最开始，专家们普遍看好围堰防护方案，即在遇真宫前方200 米处建起一座自西南向东北的隔水围堰，辅以排水沟、排水闸、泵站等设备，在不改变武当山建筑群位置关系的前提下原状保存了遇真宫小范围环境，对文物本体破坏最小。遗憾的是，技术

△ 遇真宫遗址

人员无法保证极端天气水位上涨时，遇真宫内的积水外排和环境潮湿对古建筑的影响，本着一切以文物安全为优先的原则，方案最终未被采用。移址重建在三个方案中造价最便宜，但会对武当山古建群的整体布局造成颠覆性破坏，"如果异地搬迁，遇真宫就不是原来那个遇真宫了"，且很难保证文物在解体、运输、复建中不被损坏，是三个方案中的下策。

受湖北省文物局委托，北京清华城市规划设计研究院为原地抬升方案给出了两种办法：原地垫高和原地顶升。与移址重建一样，原地垫高也需要将现有建筑拆解后把地基填土垫高，再原地复建，过程中对文物造成的损伤不可避免；原地顶升则对技术要求更高，费用也更高昂。在综合比较各方面因素后，2010年2月，国家文物局决定采用原地抬升方案，两种方法相结合，对山门、东宫门和西宫门进行原地顶升，其他建筑原地垫高。

2011年10月10日，垫高保护工程正式动工，整个流程严格按照复核——测绘——编号——拍照——清理——拆除——运输——存放的顺序进行，顺利完成东西宫遗址、宫墙等建筑等解体工作，并分类堆放入库。两个月后，东西宫门和山门的顶升工程也全面展开，在东西宫门和山门底部，工程人员先把原来青砖底座下的泥土掏空，然后浇筑一个1.2米高的混凝土托盘，并在托盘底部四周放置24台千斤顶同步顶升。经过14个月的交替顶升，2013年1月16日，遇真宫顺利整体升高15米，经全面复查墙体没有裂纹、歪闪，瓦面也没有出现脱落和松动，这意味着顶升成功。

遇真宫是中国因水利工程建设而对世界文化遗产进行的抢救性保护工程，也是我国针对不同建筑遗存采取不同保护形式而实施的最大单体文物保护项目。这一年，丹江口水库开始试验性蓄水，在水位升至170米后，遇真宫呈现出三面环水的奇观。

千里干渠第一跨

烟波浩渺的丹江口水库地跨湖北、河南两省，南水北调中线源头在丹江口大坝，渠首却在河南南阳市淅川县的陶岔村。与丹江口大坝一样，位于陶岔的中线渠首也有新老之分。老渠首于1969年在陶岔村石盘岗动工，先后动员了10万余人参与建设，历时5年8个月建成，是河南、湖北两省引丹灌区的引水口。新渠首则选在了老渠首闸下游约80米处，作为丹江口水库的副坝，承载着向京津输水的任务。

2009年12月，新渠首建设工程正式开工，整个工程包括上游引渠护坡、引水闸和电站，坝顶高176.6米，设计流量每秒350立方米，加大流量可达每秒420立方米。能够将引水闸流量提升至这样的数据，得益于下游不远处湍河渡槽的"给力"。所谓渡槽，是指输送渠道水流跨越河渠、溪谷、洼地和道路的架空水槽，渡槽与倒虹吸是水渠过河最常见的两种方式。由于地形复杂，整个中线工程要越过约600条河道、200条灌溉渠、30次横穿铁路，需要架设27座不同类型的渡槽，其中湍河渡槽、沙河渡槽先进的工艺技术创造了多项世界纪录。湍河渡槽全长1030米，槽身为U

型结构，共 18 跨，每跨 1600 吨，起重设备难以将 1600 吨重的渡槽架设到半空中，湍河渡槽并未采用提前预制的方法，而是运用造槽机在空中浇筑渡槽。工人们在造槽机内绑扎、铺设钢筋，然后浇筑混凝土，实现了在国内首次引入造槽机"原位现浇"技术。

新渠首集引水、灌溉、发电、旅游、休闲度假于一体，是南水北调中线工程的标志性建筑之一。2014 年，河南省平顶山市遭遇严重旱情，南水北调中线总干渠从丹江口水库向平顶山市实施了应急调水，平顶山市"歪打正着"地成为中线段第一个受益城市。

新渠首的建成，意味着老渠首即将被拆除，这座承载了老一代邓州人奋斗与牺牲的水坝将在炮声轰鸣中回归尘埃，历史的轮回总是令人伤感。纪录片《渠首故事》的拍摄者孔祥敬回忆起当年仍唏嘘不已："那个时候，邓县家里人多的多出，人少的少出，兄弟同行，夫妻并肩，甚至祖孙三代，一个个庄稼地里出来的壮劳力，还带着参加丹江口大坝建设时的那股子拼劲儿，冒着大雪，从家乡走一两天甚至三四天，拉着满载物资的板车向陶岔进发……硬是靠民工的艰苦奋战，修成了渠首。"在新渠首修建过程中，附近的不少居民都来参观过工程现场，他们大多参与过老渠首的修筑工程，如今已白发苍苍，面对现代化的机械操作，回忆起新中国成立之初靠着人海战术克服技术难关的艰辛，不得不令人慨叹时代的进步和祖国的发展。

△ 河南省郑州市黄河博物馆

穿越黄河

　　河南荥阳，距离温县的南水北调总干渠约 20 公里处，是黄河著名的古渡口——孤柏嘴。孤柏嘴的名字源于渡口一棵枝繁叶茂的巨大柏树，相传冠大可及亩，曾为夜袭窦建德的李世民军遮风挡雨，在树下的李世民军无一人被雨淋湿，遂被李世民封为"千岁灵根"。民间有俗语："孤柏嘴过河干上干下。"意思是黄河在孤柏嘴这一段岸缓水平，无急流，无河汊，船舶可直抵对岸，而不受嫩滩、烂水等干扰，更无须蹚水上岸。不少客商舍近求远，即使绕道也首选在孤柏嘴渡河，为的就是安全便捷。

　　在综合考量黄河走势、流量、河床状况和海拔后，专家组决定将南水北调穿黄工程选址于此。湍河与沙河，尚可通过渡槽跨越，而如何在黄河河床下开凿两条超过 3 公里的隧洞，从而穿越黄河；如何架设起 1600 吨重的巨型渡槽，并承受与黄河相当的水流压力；如何引导长江水越过 40 米的高度屏障，工程师们无疑在挑战人类想象力的极限。

　　穿黄工程全线总长 19.3 公里，由南、北岸渠道、南岸退水洞、进口建筑物、穿黄隧洞、出口建筑物、北岸防护堤，以及孤柏嘴控导工程等组成，其中难度最大也最受瞩目的当属穿黄隧洞。

想要开挖两条超过 3 公里的隧道，穿越黄河底部，必须借助专业的盾构机。盾构机大约有三层楼高，机身长 80 米，前部装有刀盘，披挂着 140 多把不同类型的刀具，刀盘旋转时，带动刀具将大块土块打碎成小碎块，再通过循环的泥浆排至地面。两条隧道内径 7 米，盾构机将在黄河河底穿越 3450 米，再穿过 800 米长的邙山山体。为适应黄河游荡性河流与淤土地基条件的特点，穿黄工程开创性地设计了具有内、外两层衬砌隧洞。盾构机在掘进的同时，还要为外壁安装拼装式管片，两层衬砌由透水垫层隔开，可分别承受内、外水的压力，这种设计在国内外均属首次。工程中使用的盾构机由德国研制，能够在高达 0.3MPa 气压的情况下更换刀盘上的刀具，从而提高盾构机的一次掘进长度。事实证明，这一优点在后来的工程中起到了力挽狂澜的作用。

2009 年，盾构机排出了一种不明金属块，大的有小孩手掌大小。千百年来，黄河河床都满是淤泥和沙石，不该有金属的存在才对，经技术人员检查后，发现这些金属块竟是盾构机刀盘的破损残片。检测站的分析结果表明，工程所处位置的土样中石英含量远高于预想的设计标准，唯一的办法需要进入盾构机最前部的开挖舱更换刀具。开挖舱狭小而充满泥浆，内部气压相当于高压锅的两倍，是人体能够承受的极限，在这样的压力中作业极易患上终生难愈的气压病。在进退两难的困境中，技术员胡仕咏带领两名队友，克服万难，在开挖舱的泥水中完成任务。2009 年 12 月 22 日，奋战 500 多个日夜之后的盾构机，终于在黄河天堑的南岸得见天光。

2014 年 6 月，两条穿黄隧洞开展全线充水试验，2014 年 12 月 12 日 14 时 32 分，南水北调中线工程正式通水。站在荥阳观礼台上眺望，北方，滔滔黄河向东奔流入海，南方，清澈的丹江水沿着明渠奔腾而来，长江与黄河，这两条孕育了华夏文明的巨流，在这里实现了历史性"会师"，不得不说是人类水利工程史上的壮举。据统计，南水北调中线工程共开挖和回填土方 16 亿立方米，建成各类水利建筑物 2500 多座，攻克了膨胀土地区施工、高填方、超大口径管道安装等世界性难题，在工程建设领域创造了九项世界之最。在穿过温县的总干渠后，远道而来的丹江水将流向沿线第一座接受供水的城市——焦作。而南水北调的故事，还远远没有结束。

截至 2021 年 7 月 19 日 8 时，南水北调中线工程自陶岔渠首累计调水入渠水量达 400 亿立方米，直接受益人口达到 7900 万人。北京市自来水集团的监测数据显示，使用南水北调水后，自来水硬度由原来的 380 毫克每升降至 120 ～ 130 毫克每升，北京市城区供水中南水北调水占比超 70%。如今，南水已成为京津冀豫沿线大中城市的主力水源。

"奋进大湾区·逐梦新时代" 见证改革开放进行时

李思达

　　或许是因为濒临大海，广东自古就以发达的越洋贸易而著称，海上丝绸之路更是举世闻名。近代以降，广东借天时地利成为中国同外界交往的一扇重要窗口，20世纪70年代后更成为中国改革开放的先行地区和前沿阵地，进行了一系列卓有成效的探索和实践，创出了许多改革开放中的第一：全国第一个个体服装集贸市场（广州高第街，1980年10月）、全国第一家超级商场（广州友谊超级商场，1981年4月）、全国第一家跨地区产权交易所（今深圳产权交易中心，1993年2月）等。

　　时光荏苒，广东早已成为中国经济最为发达的地区之一，旧日诸多第一虽已成过往，但广东人在改革中涌现出的"敢为天下先""杀出一条血路"等精神依然在书写着传奇，激励着人们在中华民族伟大复兴的征途中不断前行。为了铭记这段不平凡的奋斗史，广东粤港澳大湾区的"奋进大湾区·逐梦新时代"精品线路（以下简称"路线"）被选入"建党百年红色旅游百条精品线路"中的"走近大国重器、感受中国力量"主题，通过7处景点，不仅让人看到广东改革开放以来的科技和建设成果精华，更为人们阔步新征程、奋进新时代鼓足精气神。

▽ 广东省佛山市金融高新区

地铁博物馆：见证中国制造业逆袭

在今天的中国，地铁已不是什么新鲜事物了。作为南国重镇的广州，轨道交通系统规模在国内仅次于京、沪，在全国跻身前三。在四通八达的广州地铁网路中，有一处叫作"万胜围"的换乘站（4、8号线），如果人们走出此站，就能在地面上看到一处豪华气派的办公大楼"万胜广场"，而广州地铁系统的大脑——广州地铁集团有限公司总部、运营管理指挥中心以及广州地铁博物馆，就位于此处。

位于万胜广场C塔楼的地铁博物馆总面积4400平方米，展陈面积3600平方米。以大门口的广州地铁吉祥物"YOYO"作为指示，参观者可以轻松地找到博物馆正门。走入门口的长廊，出现在游客眼前的是3D灯光效果之下的世界及国内各大城市的地铁模型，对面的墙上则有着全世界各国地铁的标识。穿过长廊，人们便来到了一座"时光站"，在此见到用模型方式浓缩表现的晚清至现代的广州公共交通，从轿子、黄包车、木壳船、有轨电车到广州历代地铁无所不有，让参观者对整个广州地铁和公共交通的发展有了大致了解。

倘若博物馆只是按部就班地展现广州地铁发展史，那未免会让人感觉平平无奇之感，真正让

△ 广州地铁

人眼前一亮的展陈其实位于地下。当参观者进入地下一层的广州地质状况及地铁建设过程展示区时，就会发现自己犹如来到了真实的地铁施工现场：展厅被装饰成了一条长长的隧道，宛如长龙的大型机器静静地俯卧其中，四周都是隧道施工的讲解说明。展厅中无数的管线、密布的阀门，都在无言地向人们展示着机械的力量，充满着蒸汽朋克的艺术感。这便是广州地铁博物馆的特色展陈：用等比例隧道复原的盾构机地铁施工场景。

所谓盾构机，乃是建筑工程行业中用于隧道暗挖施工、让隧道一次成形的大型开挖机器，名字中的"盾"是指机器在施工时自动铺设在隧道之内防止垮塌的支撑性管片。地铁博物馆大张旗鼓地在地下设置了一套盾构机模型，自然是为了向观众科普相关施工工程知识。不过，在看到体积巨大、技术复杂的盾构机模型时，人们也不由自主地会想起一段制造业的前尘往事：这种集机械、电气、液压、土木和计算机技术于一本的隧道施工神器，早在 1841 年就由英国人发明并成功应用于泰晤士河河底隧道工程。然而，直到 150 年后的 20 世纪 90 年代，我国才耗费巨资从德国维尔特公司引进了两台直径 8.8 米的盾构机（TBM 全断面掘进机），用于秦岭隧道建设。虽然机器被买了回来，但当时全国上下连一个能让机器安全高速运转的技术人员都没有，最后还是铁道部组织科研人员用两个多月时间编译整理了 36 卷约 2000 万字的技术资料，才得以让盾构机能够顺利安装调试投入使用。

虽然基础为零，但中国工程师却没有放弃，不愿任由外国技术扼住咽喉的他们毅然走上了自主研发的漫漫征途。从最开始的组装生产到国产化研发，铁路院校牵头组织攻关，耗费近 20 年，于 2009 年 8 月制造出首台国产盾构机"吉祥号"，成功应用于北京地铁 6 号线建设之中。此后，从 2008 年起至 2020 年的短短 12 年，中国自主研制的盾构机就从零台飙升至突破千台，不仅打破了国外的垄断，更诞生了世界首台马蹄形盾构机、世界最大直径硬岩掘进机等一系列标志性、创新性产品，谱写了一曲制造业的"逆袭"之歌。

如今，在中国各大城市的地铁建设中，人们处处能看到质量好、价格低的国产盾构机身影。而广州地铁能成为世界前三的轨道交通网络，自然也是离不开"长安四号"等大型国产盾构机的汗马功劳。广州地铁博物馆将盾构机作为自己特色展陈，不仅能让参观者切身体验现代高、精、尖的地铁建设过程，也从侧面让人感受到中国制造的澎湃动力。或许，比起地铁建设"重器"来，中国人永不服输的劲头，才是我们真正的"大国重器"吧。

珠三角工匠精神展示馆：托起中国制造的翅膀

就如国产盾构机发展历程所揭示的那样，进入 21 世纪之后，中国制造业取得了长足的进步。而"奋进大湾区·逐梦新时代"的另一处地标，位于佛山市的珠三角工匠精神展示馆也正是以此为主题，向世人展示了新时代的中国制造。

说来凑巧，由于广州地铁服务区域已经涵盖了佛山市，人们在参观完位于广州的地铁博物馆后，只需搭乘地铁交通就能抵达佛山市南海区广东金融高新区，顺路游览位于园区之中珠三角工匠精神展示馆。虽然总面积近2万平方米、主展区6800平方米的展示馆名带"精神"二字，但展品却都是满满当当的实物，实质上就是广东规模最大的工业类展馆。在这里，人们能看到从古到今珠三角出产的各类工业产品：有最早生产于1873年的中国首台机器缫丝机；贴近现代生活的立式钢琴、汽车之类的生活用品；还有高科技无人机、能书法写作的机器人，以及面向未来的"珠海一号"遥感微纳卫星星座模型。

　　展品虽然五花八门，但背后折射出来的无不是当地强悍的制造能力：展厅中有一台一汽大众高尔夫解剖车，代表的正是当地发达的汽车产业：光位于南海区的一汽大众佛山分公司每分钟就能下线一台轿车，年产轿车可达60万辆，而人们司空见惯的大众高尔夫系列、奥迪A3 Sportback/Limousine轿车也都是佛山制造。此外，展厅中的"珠海一号"遥感微纳卫星和"粤龙九号"盾构机模型，则是当地高精尖制造业发达的直接证明。以"珠海一号"为代表的微纳卫星星座计划共发射34颗卫星，成像范围覆盖全世界，5天即可扫描地球一遍，2017年已有两颗首发卫星搭载火箭上天，成为广东卫星大数据产业的开端；而2017年出厂、广船国际制造的"粤龙九号"直径8.78米，总重约1500吨，整机长度81.2米，单日最大掘进可达20米，为华南直径最大盾构机。

　　事实上，只要看完展示馆六大单元的展览，了解馆藏展品背后那些活生生的制造故事，人们都会对"珠江三角洲城市群是全球最具活力的经济区之一"此语有更为直观的认识。另一方面，

△ 广东金融高新区佛山千灯湖夜色

031

展馆集中反映的虽只是珠三角制造，但又何尝不是整个中国制造业的缩影。

莲花山上"春天的故事"

只要人们来到广东珠三角，都会情不自禁地被当地蓬勃向上、在各方面都勇于先行先试的气氛所感染。毋庸置疑，这正是广东"敢为天下先"的精神一直生生不息、传承到今日而产生的成果之一。不过，地铁博物馆也好，珠三角工匠精神展示馆也罢，都只是从侧面反映这一精神面貌。若要说有什么景点能够鲜明直观地表达人们对此种精神敬意的话，那么，自然非深圳的莲花山公园莫属了。

莲花山位于深圳市福田区，名字来源于园中七座相拥如盛开莲花的山头。整座公园建成于1997年6月，占地面积181公顷。虽然主峰海拔仅100米，但在深圳却是一处能俯瞰市中心的

△ 鸟瞰深圳市莲花山公园。莲花山公园建成于1997年6月，占地面积181公顷，山顶广场矗立着高6米、重7吨的邓小平铜像。

绝佳去处。漫步在公园中，人们可以随着一条绿树成荫的步道蜿蜒而上，直抵山顶广场。广场由汉白玉栏杆围住，四周立有50根莲花霞光主题的镂刻石柱。站在广场上，出现在人们正南方的是高楼林立的深圳市中心区、皇岗村和水围村；转向东面，则能看到著名的华强北商业圈；在西南方向是蔚蓝的深圳湾，而倘若条件良好，人们甚至还能在广场上眺望到已经回归祖国怀抱的香港。

然而，整座广场最让人注目的，还是矗立在广场正中高6米、重7吨的邓小平铜像。立像是以邓小平复出后主导中国改革开放时的形象为蓝本。只见他站在高高的莲花山顶，面部表情爽朗自信，清澈透亮的双眼眺望远方，飘扬的衣襟和银发既表现出他的干练与雷厉风行，又好似他正迎着改革春风正面走来，而立像身着风衣阔步向前的姿态，则暗喻小平同志希望深圳改革步伐"迈得再大一点"。铜像四周簇拥着四季常绿的小叶榕和高大翠绿的龙柏环，正对铜像的影壁两面分别镌刻着邓小平1984年1月视察时给深圳的题词："深圳的发展和经验证明，我们建立经济特区的政策是正确的"及"我是中国人民的儿子，我深深地爱着我的祖国和人民"。

正如歌曲《春天的故事》所唱的那样，当年正是邓小平高瞻远瞩，"在中国的南海边画了一个圈"，促成了深圳特区的大发展，也正是他殷殷嘱咐："大胆地试，大胆地闯"，奠定了特区乃至广东在改革道路上披荆斩棘、拓荒前行的精神。当人们来到广场，眺望今日深圳现代化天际线、瞻仰缅怀一代伟人之时，仿佛就能从铜像中直观地看到这股昂扬奋进、永不停歇的精神。在广场北侧，还有深圳市政府设立的展厅城市规划展览厅，300平方米的用图片、文字及沙盘模型等形式向市民和游客展示深圳改革开放的建设历程。而在莲花山"晓风漾日"景区西侧，还有一个"深圳经济特区建立三十周年纪念园"，园中三面弧形的厚重石墙上镶嵌着铸铜的浮雕，分别以三首人们耳熟能详的歌曲《春天的故事》《走进新时代》《走向复兴》为名，以深圳改革开放进程中重大事件为主线，将重要人物群体、历史事件、城市建筑等通过具象写实的雕塑手法表达出来，展现出重要的"时""事""人"背后的深圳精神。

大亚湾核基地和港珠澳大桥

从小小渔村到今日的国际化大都市，莲花山见证了深圳天翻地覆的40多年，更见证了中国崛起腾飞的40多年，而莲花山所展现的积极进取的改革精神，更是在深圳扎根发芽，为当地发展提供了重要的精神动力。如今，只要人们走进深圳博物馆，就能深刻地感受到这点。博物馆除了在主馆设有专门的"深圳改革开放史展厅"之外，还在福田区福中路184号当代艺术与城市规划馆四楼、五楼开设了一个"深圳改革开放展览馆"，在面积6300平方米展厅中，运用照片、实物、视频、模型、场景、雕塑和高科技手段、互动体验项目，全面、生动和立体地展现深圳乃至广东改革开放40多年来，在改革精神的指引下所走过的壮阔历程、所取得的辉煌成就。

△ 港珠澳大桥。该桥历经 6 年筹备、9 年施工于 2018 年 10 月建成通车，全桥长达 55 公里，主桥长约 29.6 公里，其中还包括一条长约 6.7 公里的海底隧道及两个人工岛，创下了桥梁工程的多项世界纪录。

　　无论是在深圳博物馆还是在地铁博物馆、珠三角工匠精神展示馆，人们通过馆藏展陈所能见到和感受到的，都是中国改革开放 40 多年以来所发生的巨变：国之重器从零到千、制造业从弱小到举足轻重、昔日滩涂变成了都市天际线……时至今日，中国国民生产总值已位列世界第二，中

国制造已经国际闻名，这些成就在让国人感到骄傲的同时，会不会让人飘飘然：昔日的改革开放精神是否已经告一段落？

答案自然是否定的。正如习近平总书记指出的那样，改革开放只有进行时没有完成时。过去

的成就只是意味着追赶发达国家水平，而在实现中华民族伟大复兴的新长征中，仍需国人"敢为天下先"。"奋进大湾区·逐梦新时代"将深圳大亚湾核电站、大亚湾中微子实验室和港珠澳大桥等三处景点也列入了精品路线，或许正寓意于此。

历经6年筹备、9年施工的港珠澳大桥，是一个注定会被载入世界桥梁史的奇迹。这座横跨在伶仃洋上的巨龙于2018年10月建成通车，将粤港澳三地人流、车流和物流更加紧密地联系在一起，全桥长达55公里，主桥长约29.6公里，其中还包括一条长约6.7公里的海底隧道及两个人工岛。光看数据，人们已经能够想象大桥施工的艰辛，然而背后更隐藏着无数高科技的细节：港珠澳大桥6.7公里长的海底隧道是33节沉管浇筑成形后，再由专门船只拖运到茫茫大海上，逐节沉入海底对接而成。每节沉管光重量就达约8万吨，相当于一艘中型航母，其浇筑、移动和对接的工程难度令人难以想象。而大桥的科研攻关团队为了实现成功对接，通过开发混凝土全断面浇筑及控裂、8万吨沉管顶推等成套技术，创造了100万立方米混凝土浇筑不开裂的纪录。更让人惊讶的是，港珠澳大桥全面覆盖了5G通信网络，为大桥开展沉浸式观光游览、高清人脸识别、无人驾驶等应用奠定了坚实的网络基础，成为世界一流的数字化大桥。

"天堑变通途"，昔日曾经望洋兴叹之古人，恐怕做梦也想不到今日我们能开着车、听着歌的同时就穿越茫茫的伶仃洋。行驶桥面之上时，即便人们不了解大桥背后无数世界第一的工程细节，也会对眺望沉沉一线横穿碧海蓝天的壮丽景象感到震撼，对中国人亲手建造出的奇迹由衷地感到自豪。

△ 大亚湾核电站

自然，除了港珠澳大桥之外，名列"路线"的大亚湾核电站、大亚湾中微子实验室也是足以值得国人骄傲的大国重器，虽然不如港珠澳大桥一目了然，然而这两处景点的意义绝不在其下。

大亚湾核电站的历史可以追溯到 1978 年。当时在邓小平的主持下，中国引进了两座法国核电站设备。从 1987 年 8 月 7 日到 1994 年 5 月 6 日，经过近 7 年建设，大亚湾核电站两台机组建成投产，实现了中国大陆大型商用核电站零的突破。从引进设备、技术和管理，到实现"自主设计、自主制造、自主建设、自主运营"，大亚湾核电站从国际核电大家庭的"小学生"，到工程建设、运营管理业绩跻身国际先进行列，成为对我国核电发展之路的生动诠释。

今天，由大亚湾核电站、岭澳核电站（一期、二期）组成的核电基地拥有共 6 台百万千瓦级核电机组，自 1994 年以来，基地累计安全运行超过 100 堆年。截至 2020 年 12 月 31 日，基地 27 年累计上网电量达 8005.06 亿度，其中输送香港的电量累计达到 2738.98 亿度。值得一提的是，在大亚湾核电基地 10 平方公里的陆地上，今天仍生活着超过 200 种野生动植物，其中陆地上有国家级重点保护动植物 6 种；周边海域有国家二级保护的石珊瑚种类 15 种。如果游客来到此地参观，不仅有可能在附近海域见到游弋的中华白海豚，还能在核电山林看到频频出没的野猪，见到核电站旁郁郁葱葱的百年古榕林以及长年栖息在这里的白鹭。这些都充分印证了核电基地周边的良好生态。

在核电基地之中，还有一个不为常人所了解的国之重器：大亚湾中微子实验室。虽然名为"实验室"，但其实是硕大无比的地下实验厅。每个实验厅内有 3 种探测器：中微子探测器（中心探测器）、水切伦科夫探测器、阻性板探测器 (RPC)。在实验厅中央，圆柱形的中微子探测器浸泡在巨大的水池中，四周有 2.5 米厚的纯水作为屏障。中心探测器是 3 层同心圆柱结构，最内层是装在直径 3 米、高 3 米的有机玻璃罐内的 20 吨掺钆液闪，中间层是直径 4 米、高 4 米，掺有 21 吨普通液闪有机玻璃罐，最外则整体套装在直径 5 米、高 5 米的不锈钢罐内，用 37 吨矿物油隔绝屏蔽。在矿物油内，192 只直径约 20 厘米的光电倍增管均匀地排布，用以探测液体闪烁体发出的光信号。

如此大费周章，目的只有一个：探测研究神秘的基本粒子中微子，从而更好地让人类了解宇宙形成等本源问题。2012 年，大亚湾中微子实验室出人意料地观测到规模较大的中微子振荡现象，在国际高能物理学界激起重大反响。这不仅标志着大亚湾中微子实验室已经成为国际先进高精尖物理实验室之一，从某种意义上说，更是一种象征——在过去的 40 多年，国人秉持改革开放精神不断奋进，逐渐追赶上了时代；而我们的前进的脚步绝不会停留在此，还会继续逐梦，迈向星辰大海的新征途。

京津冀协同发展的中国探索和中国方案

2021 年 5 月 23 日，文化和旅游部、中央宣传部、中央党史和文献研究院、国家发展改革委发布"建党百年红色旅游百条精品线路"，其中 53 条至 72 条的主题是"走近大国重器、感受中国力量"。

20 条"大国重器"的红色旅游线路蕴含着中华民族的优秀传统文化因子，代表着东方文化的价值底蕴，体现着社会主义核心价值观的精神诉求，在提升民众自豪感的同时，也将会潜移默化地影响青年一代对文化自信的认同，自觉传递社会正能量，为全面推进新时代社会主义精神文明建设，增强文化软实力、构建文化强国输送不竭动力。

本期特别关注"千年大计·未来雄安"精品线路——"北京大兴国际机场—雄安新区雄安高铁站—雄安新区规划展示中心—雄安新区市民服务中心—'千年秀林'大清河片林一区"，从被誉为世界新七大奇迹之一的中国"新国门"北京大兴国际机场，到 5 年踔厉奋进、拔节生长的雄安新城，"千年大计·未来雄安"精品线路展示的是推进京津冀协同发展的历史性工程，阐释了解决"大城市病"的中国探索和中国解决方案。

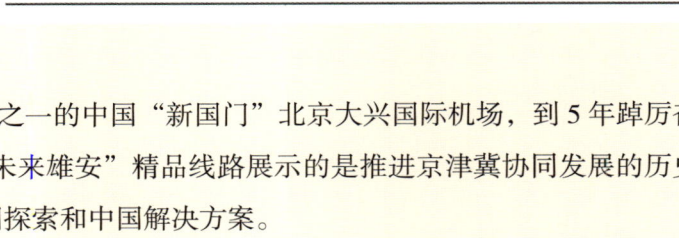

（本篇文字由李秋云、范海刚、鲁娜、张婧采访整理）

让游客感受数字创意的魅力

2020年12月27日，我国智能高铁的"新标杆"——雄安新区雄安高铁站投入使用，也是亚洲第一大高铁站。雄安高铁站以"站城一体、站桥一体、建构一体"为理念设计，是京雄城际铁路、京港高速铁路、津雄城际铁路、雄石城际铁路、雄忻高速铁路的交会车站，也是雄安新区开工建设的第一个重大基础设施项目，已成为中国铁路客站创新发展的标志性工程。

作为雄安的高质量"绿色建筑＋"示范项目，雄安高铁站的投用对疏解北京非首都功能的意义重大。同时，该站规划引入多条高速、城际铁路，实现了雄安新区与华中、华南、西北、西南、东北主要方向的快速连通，融入了国家高速铁路网，发挥了雄安新区对全国的辐射作用，提高了雄安新区对全国的辐射能力，成为雄安新区面向世界的窗口，为雄安新区建设发展提供了有力支撑。

雄安高铁站建设过程中做到了多项工艺创新。一是在站台使用穿孔铝板工艺，并在中国国内首次采用装配式站台吸音墙板置于站台两侧，利用多孔吸声材料将噪声声波沿孔隙深入离心玻璃棉内部，与材料发生摩擦作用将声能转化为热能，从而降低车辆进站引起的噪声影响。二是雄安高铁站是中国国内首个大面积使用清水混凝土直接浇筑的铁路站房。站房由192根清水混凝土"开花柱"承托，项目组对钢筋构造、混凝土配合比、模板体系、混凝土施工工艺等进行深入研究，通过上百次试验确定浇筑工艺。

039

雄安高铁站的建设采用多项智能设计理念,与北京大兴国际机场实现"公铁联运",站内设有自助值机设备,旅客可在雄安高铁站办理值机后直接乘列车前往机场登机。在"站城一体"方面,雄安高铁站将车站与城市空间紧密融合,城市功能与枢纽功能互联互通,在一体化开发原则指导下,使多方主体共享车站周边的经济利益和开发价值。

雄安高铁站内还有不容错过的几个文化项目,一是站内单元体幕墙装饰融入二十四节气文化元素,装饰有"婀娜花姿碧叶长,风来难隐谷中香""朱顶巉岏荒草上,雪毛零落小池头""最是一年春好处,绝胜烟柳满皇都"等古诗句与二十四节气一一对应,结合站厅流线,寓意雄安新区四时更替、春秋代序、生生不息。另一处是雄安高铁站站内设有"千年轮",可显示实时时间、车次、室温湿度及车次状态等信息,让进出高铁站的旅客感受数字创意的魅力。

"华北明珠" 光彩重放

讲解员 王 茜

雄安规划展示中心位于雄安市民服务中心内,建筑面积 14576 平方米,共设置了新时代的战略决策、谋划一张蓝图、完善规划和政策体系、坚持绿色创新发展、构建智能城市等 7 个展厅,全方位展现雄安新区的整体规划、智能城市理念等。

在规划展示中心,展示有雄安新区规划理念和京津冀协同发展战略的孕育历程,还用多媒体手段展示了《河北雄安新区规划纲要》和《河北雄安新区总体规划(2018—2035 年)》。不少游客都会认真观摩,领略雄安新区规划建设的诸多"新"意。

"四纵两横"区域高速铁路交通网,"四纵三横"区域高速公路网,高铁直达北京和天津、20 分钟直达北京大兴国际机场……规划展示中心展厅中的几张新区交通规划的图片,也是游客探讨比较热闹的地方。如今,京雄城际铁路已经开通运营,乘客可以感受到中国的建设速度和建设质量。

这里有一个小插曲,在重点工程项目展示区,雄安站枢纽片区沙盘模型旁边的大屏幕前,习近平总书记曾经通过大屏幕连线京雄城际铁路雄安站建设工地现场,向施工人员挥手致意,称赞他们是雄安新区建设的开路先锋。

在第三展厅,详细展示了"1+4+26"的新区规划体系和新区政策体系,其中规划体系突出新区总体规划、控制性详细规划、专项规划、规划建设标准的成果体系。总体规划充分融合多方面,综合协调、统筹兼顾,形成一张统一的蓝图。"规划理念之新、设计之精'超出你的想象'。"在和游客互动中,游客给出这样的评价。

这个整体规划是多部门、多专业协同编制,真正做到多规合一,成为新时代开展规划编制工作的典范。比如,全国首次城市规划设计与高铁站设计联合协同设计,践行站城一体和立体城市的规划理念,实现交通枢纽与城市功能一体化开发,建设交通便捷、功能复合、引领发展的城市门户。

△ 雄安新区规划展示中心（雄安市民服务中心有限公司供图）

"启动区城市设计征集成果模型模拟出未来城市的样子，让人看到了'立体化'的城市远景"游客参观了规划展示中心陈列的 12 家征集方案后发出由衷的惊叹。

雄安新区是"千年大计"，坚持世界眼光、国际标准。雄安新区启动区城市设计国际咨询建议书征询中，全球有 131 家联合体踊跃报名。遴选出 12 家顶级团队后，经过多轮咨询成果评估论证，最终委托 3 家优胜设计团队对重点区域进行深化研究。

另外，很多城市都是择水而建，如上海有黄浦江，伦敦有泰晤士河，雄安新区打造的是生态典范城市，为此专门制订了白洋淀规划，在强化新时代生态文明建设前提下，顺应、尊重与保护自然成为规划建设雄安的一个重要理念。经过治理，2021 年白洋淀淀区及上游水质全部达到Ⅲ类及以上标准，"华北明珠"光彩重放。

游客王子娟

作为容城县人，我有幸参观过雄安新区规划展示中心。大学毕业后，家里人想让我回家乡，但我一直坚持在北京工作，并打算留在一线城市好好打拼。那次参观完雄安新区规划展示中心后，对我触动很大，震撼之余，我对未来家乡的建设充满了憧憬。在几个展厅里，我参观了很长时间，充满科技感、智慧感、人性化、便捷性的雄安新区，不正是我理想的城市吗？现在，我回到了雄安新区工作，尽自己的力量来建设家乡，与新区共成长，为未来之城加油鼓劲。

△ 雄安新区市民服务中心

以人为本　开放共享

雄安市民服务中心有限公司招商运营部负责人　姚　丽

　　雄安市民服务中心是雄安新区设立后的首个大型建设工程，被誉为新区首座"被动式超低能耗绿色建筑"，是新区功能定位和发展理念的率先呈现。该中心占地面积 24.24 公顷，总建筑面积约 10 万平方米，历时 112 天建成。项目主要用于新区党工委、管委会及雄安集团和先期入驻新区企业的临时办公和日常生活，同时满足新区规划建设成果展示、政务服务、会议接待和未来低碳智慧城市生活体验等功能需要。

　　雄安市民服务中心从一开始就确定了"以人为本，开放共享"的城市基因，既按照通用、共享、适老、融合的原则扩展无障碍内涵，全面服务来访人群，又配备了鼓励绿色出行的充电桩和智慧骑行系统，无人超市、智慧邮局等共享商业服务设施，倡导绿色健康、智慧共享的生活模式。

　　游客参观市民服务中心，可依次经过政务服务中心、会议培训中心、党工委办

△ 雄安市民服务中心（雄安市民服务中心有限公司供图）

公楼、生活配套区、企业办公区、凯骊酒店、规划展示中心。

政务服务中心位于主轴线西侧，建筑面积7115平方米，在服务窗口设置、公共空间安排等方面充分考虑企业和市民办事的便捷度、舒适度，打造"我办事、您放心"的雄安政务服务质量品牌。西侧进入为政务大厅、东侧专门为游客设置了服务中心，未来会有宣传纪念卡对外出售。

会议培训中心一层为多功能厅，并设有新闻发布厅和贵宾接待室，二层布局面积为200平方米至500平方米的多功能会议室8个，均配备最先进的视听设备，可满足不同规模、不同功能的会议、会展及新闻发布等需求，可保障1600人同时参加会议。

行政管理中心坐落在园区中心位置，雄安新区按照"党政合设"和"精简、高效、统一"的原则，组建中共河北雄安新区工作委员会、河北雄安新区管理委员会，实行两块牌子一套人马，为省委、省政府派出机构，负责组织领导、统筹协调新区开发建设管理全面工作。

集海绵城市、被动式建筑、综合管廊、装配式建造等30多项先进建设理念；减少了80%以上的建筑垃圾；比执行现有节能标准的建筑节能50%以上……整个雄安市民服务中心在建设过程中集成应用世界前沿先进技术，探索形成了国内建筑的创新"试验田"和未来城市的"样板示范区"，打造了一个真正意义上的智慧园区、绿色园区。

游客翟涛（河北省保定市民）

　　这两年，因为工作原因，我到过雄安新区市民服务中心三四次，每次去都会有不同的体会。第一次去的时候，就被自动化无人驾驶智能汽车深深震撼；还有无人售货超市，刷脸就可以搞定购物，方便又快捷。漫步在雄安市民服务中心园区内，道路上完全看不到窨井盖，据说地下管廊式基础设施是新区建设的一大亮点。充满现代感的建筑、开放式的空间，随处可见的花木、公共停车区域大比例的充电桩……每一处都在展现着低碳简约的理念。

蓝绿交织　千年林城

中国雄安集团生态建设投资有限公司工作人员　杨尉栋

雄安新区坚持"生态优先、绿色发展"理念，打造的是人与自然和谐的国际一流森林城市，森林城市总体定位为"蓝绿交织，千年林城"。整个雄安新区森林生态空间的布局思路是绿核为心，圈层展开，廊道连通，网络结构。把森林作为绿色基础设施，构筑森林与城市相融共生的城市生命共同体。根据规划，雄安新区森林覆盖率要达到40%。

雄安新区在大规模开展城市建设之前，率先启动"千年秀林"建设，为新区规划建设打好生态本底，实现新区建设与大自然的和谐发展。经过5年悉心栽培，目前雄安新区累计造林45.4万

亩、2300 余万株，"千年秀林"已郁郁葱葱。

新区植树造林可不是简单地种树，将打造的是近自然森林。突破传统城市造林绿化用苗标准，坚持采用原生冠苗，带动绿化行业升级发展；为了使造林更贴近自然森林，富于变化，采取自然随机式散点种植，遵循自然森林群落成长演替规律；在苗景兼用林建设中，进一步优化栽植排列设计，创新了曲线种植方式，实现了造林之初便于机械作业，造林后期通过有序补植、疏移、间伐，逐渐形成散点栽植的近自然林。

如何创造"千年秀林"的"雄安质量"？在总结国际国内林业最新成果基础上，制定了《雄安新区造林工作手册》，规范新区造林在苗木采挖、运输、吊卸、挖穴、栽植、浇水、修剪、管护等方面的细则。同时，组织国内知名的林业专家，集中研讨新区植树造林的主导树种，确定了"长寿、珍贵、健康、美观、乡土"的选树原则，从主导树种选择上确保造林质量。另外，新区造林坚持建管一体，专业造林企业在完成苗木栽植后继续养护，确保了森林成长初期质量。整体上通过常绿树种、落叶树种和花木的合理搭配，形成"四季有绿、三季有花"的景观格局。

"千年秀林"还是一片和谐之林。坚持增绿不移绿，采用苗圃苗，不到周边地区或太行山上移栽树木到新区，实现新区与周边地区的和谐发展。在造林中，建立全新合作造林机制和森林管护机制，吸收当地村民与新区合作造林，参与新区植树造林和森林管护，实现新区与村民的和谐发展。

可不要小看一棵棵树木，这里的每棵苗木都有专属二维码"身份证"，详细记录苗木各类信息，对苗木进行全生命周期管理，这就是倾力打造的雄安森林大数据系统。为了建设建数字之林，除了雄安森林大数据系统外，基于区块链技术，还搭建资金管理平台，准确、实时掌握每一笔造林资金的流向，保证资金流向透明并监管造林资金动态。为保障森林安全，组织开发森林管护系统，筹建森林指挥中心，加强森林防火防盗管理。组织无人机高空巡防，精准投弹灭火。目前，已建立千年秀林远程监控系统，实现森林消防全时防控，及时报警。

△"千年秀林"大清河片林一区

游客邸永华（容城县李郎村）

我是"千年秀林"的参与者，也是"千年秀林"的受益者。2017年11月，周边好多村民都积极参与种树，成为造林员，后来，又从造林员变成护林员，有了稳定的收入。5年的时间，家乡的生态环境也变得越来越好。空闲的时候，家人会一起来"千年秀林"郊游。如今，树越来越多，天蓝了，鸟多了，空气清新呼吸顺畅了，野兔、山鸡在林子里也十分常见，这里成了周边地区周末休闲的好去处。我们坚信，雄安新区将是一座共享发展成果的幸福之城，我们对未来的生活充满了憧憬。

新时期红色旅游的新亮点

厉新建

激荡百年，中国人民一直在为站起来、富起来、强起来而不懈奋斗。深刻了解和重温历史是不断前进的精神动力来源。我们不仅要通过红色旅游，牢记在"站起来"的过程中中国共产党领导人民在革命和战争时期建立的丰功伟绩，也要深入梳理拓展新时代红色旅游的内涵，将中国共产党领导人民"富起来"过程中改革开放和社会主义建设时期开拓进取、改革创新的精神融入其中。面对百年未有之大变局，更要突出红色旅游在思想信念教育和文化自信培育等方面的积极作用，让人们真切地感受在"强起来"的过程中中国共产党领导人民奋发求进、创新创造的伟大成就。

"国之重器"集中承载着国家基础建设、航空航天、生命科学、国防科技等各领域的非凡成就，极大丰富了红色旅游的内容。作为中国"强起来"最核心的体现，无论是"蛟龙"、天眼，还是天宫、神舟、长征系列，抑或是量子科技、铁基超导、合成生物，这些核心技术、现代工程关系着国脉国运、关系着民族盛衰，是爱国主义教育最重要的教材，这些关键技术、前沿领域蕴含的创新精神更是信念教育、自信培育最重要的题材。"大国重器的建设史，正是党领导下的奋斗史"。

不同于传统红色旅游景区（点）的资源特征，"大国重器"本身分属不同的产业类别，科技含量高、空间宽阔、展示方式灵活、社会认知较好，为景区建设提供了不可或缺的硬件、软件设施，具有作为红色旅游景区开发的先天优势。把大国重器这些能体现红色旅游本质的内容尽量囊括进来，是红色旅游体系深化的必然要求，也是红色旅游产品丰富的必然选择，也必将成为新时期红色旅游的新亮点。

（作者系北京第二外国语学院首都文化和旅游发展研究院执行院长）

逐梦星辰大海
再现大国担当
——走进海南省文昌卫星发射基地

从古到今，飞天仰望浩渺苍穹和繁星点点是每一个华夏子孙的追求和向往。

"走，去文昌看火箭！"这是许多人赴海南文昌的初衷。文昌是中国人通往太空的重要航天基地，可称之为"宇宙之门"。在文昌市淇水湾的海滩上、在铜鼓岭脚下的石头公园、在龙楼镇民居楼顶，成千上万的航天爱好者聚拢而来，一次次激动地见证中国航天的历史时刻。

为迎接党的二十大召开，《中国文化报》特别策划"走近大国重器、感受中国力量"红色文旅专题。这一期，本报记者走进祖国最南端的海南省文昌卫星发射基地，感受"航天文昌·飞天梦想"的别样魅力。沿着海南省文昌航天发射基地—文昌航天科普馆—文昌龙楼航天小镇—文昌淇水湾，看海南文昌文旅融合新面貌，感受大国飞天重器的中国力量。

（本篇文字由陈关超采访整理，本篇图片由受访者和图片网站提供）

文昌航天发射基地：我国唯一的低纬度濒海发射场

讲述人：文昌市旅游和文化广电体育局副局长　陈琦微

　　文昌航天发射场于 2007 年 8 月获批准立项，2014 年 10 月交付使用，先后执行了我国空间站天和核心舱、天舟货运飞船、嫦娥五号、天问一号等 16 次"国字号"航天发射任务，发射场综合效益显著、辐射带动作用日益凸显，已经成为中国航天的闪亮名片。

　　作为低纬度濒海发射基地，文昌航天发射场不仅可满足中国航天发展的新需要，还能借助接近赤道的较大线速度，以及惯性带来的离心现象，大大减少火箭燃料消耗（同型号火箭运载能力可增加10%），也可通过海运解决巨型火箭运输难题并提升残骸坠落的安全性。新冠肺炎疫情发生以前，在没有发射任务的时候，游客可以参观发射塔等，遗憾的是，疫情防控期间该发射中心没有对外开放。

游客：航天文化科普之旅

　　现场观看航天发射是非常有意义的科普之旅，我感觉震撼，为我国航天事业的高速发展感到自豪和荣耀。尽管参观游览有时间限制，且需要在指定范围内下车，但作为航天旅游与爱好者，我觉得文昌航天发射基地是必"打卡"的景点，而且特别适合带孩子去参观，能够引导孩子学习航天知识，激发孩子的探索热情。

047

文昌龙楼航天小镇：吃起"航天饭"

讲解员：文昌市旅游和文化广电体育局副局长　陈琦微

文昌市龙楼镇拥有铜鼓岭国家级自然保护区、七洲列岛、大小澳湾、淇水湾、宝陵河、月亮湾、石头公园等独特的自然美景。中国首个滨海航天发射场——中国文昌航天发射场落户龙楼，使得该镇成为名副其实的滨海航天风情小镇。

龙楼镇位于海南省最东部，集山、海、河、湾、岛、石等自然资源为一体，海岸线长28公里，行政区域面积98平方公里，全镇下辖11个村（居）委会，147个村民小组，人口2.7万。

龙楼镇以航天发射基地的落地为契机，努力建设航天滨海旅游小镇。航天旅游、铜鼓岭生态观景旅游、滨海休闲康养旅游和田园乡村旅游齐头并进，形成龙楼镇旅游特色产业。龙楼镇的发展定位已从第一产业逐步转向以航天旅游、餐饮等为主的第三产业。目前，全镇现有宾馆、酒店30余家，商铺、饭店900多家，大型超市或商业中心13个，建设中的重点项目（园区）3个。

龙楼镇积极引导一、二、三产业深入融合发展，大力发展休闲度假、旅游观光、养生养老、创意农业、农耕体验、乡村手工艺等多种产业。在航天旅游的带动下，龙楼人纷纷转行改吃"航天饭"。2021年，龙楼镇接待游客50余万人次，龙楼镇农村居民的年人均可支配收入从2009年的5559元攀升至2021年的19171元。

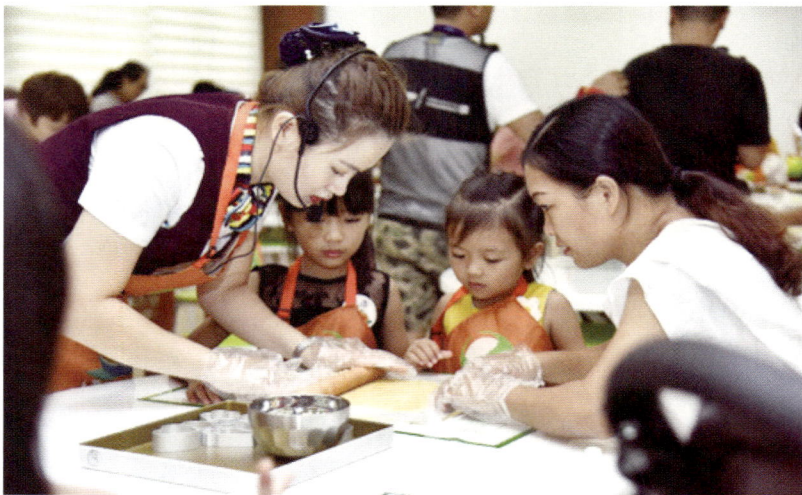

△ 游客在文昌龙楼航天小镇的春光椰子王国做DIY椰子饼

游客：来这里追逐星辰大海

在龙楼镇不仅可以邂逅航天发射，还有很多有趣好玩的项目，如春光椰子王国通过可视化生产车间、研发检验室，让游客可见到一颗椰子变化成椰子糖、椰子饼干等各类休闲食品的过程；文昌航天科普馆依托丰富的"硬核"航天科普，成为家长带娃涨知识的最佳亲子游玩地。铜鼓岭等景点的怪石嶙峋、惊涛拍岸也十分吸引游客，航天瓜菜、文昌盐焗鸡、龙楼海鲜名声大噪……

文昌航天科普馆：再现中国航天事业的过去与未来

讲述人：文昌航天科普馆馆长　黄莉丽

海南首个航天文化、历史事迹、纪念珍藏的综合性主题展馆位于海南省文昌市文蔚路 169 号航天现代城 25 号楼，距文昌卫星发射中心约 24 公里。

航天科普馆以多元化的展示手段生动展示了中国航天事业的昨天、今天和明天。科普馆分为三大展区和一个航天育种园区。一楼展区展出了中国航天发展历程和取得的辉煌成就，通过中国航天 60 年大事记展示中国航天走过 60 年的艰难曲折、波澜壮阔、辉煌发展历程，图文并茂地记录了中国人通向太空之路的不懈努力，让观众一睹中国航天屹立世界航天强国之林的风采；二楼展区展现了人民科学家、"两弹一星"元勋钱学森及其事迹；三层展区是拥有丰富邮品的邮传太空 60 年航天邮品展，循着中国航天发展壮大的足迹，我国邮政部门和有关单位印制了一系列纪念邮票和纪念封等邮品，展览以邮品形式展示了中国航天创业、发展历程及成就。

航天育种园利用航天诱变技术进行农作物育种，这对加快我国育种步伐、提高育种质量、探索具有中国特色的新兴育种研究具有十分重要的意义。游客可在其中体会航天育种的神奇，看小小种子生长出各种美丽的果实。育种园会举行太空种子种植活动，让游客了解植物的生长过程、体验万物生长的神奇、热爱航天科研事业。

△ 学生在文昌航天科普馆参与体验活动

游客：激发青少年勇于探索的精神

参观完文昌航天科普馆的展览后，我最大的感受是震撼和骄傲，了解到了很多航天科普知识。这里有令人振奋的载人航天工程，一位位航天员驾神舟迈向太空；这里有探寻未知的探月工程，"绕落回三步走，一二三登月球"，不断探索，不断进步，培养的是未来的工程师，锻造的是坚定的爱国情；这里有美轮美奂的天宫神舟交会，神往的太空旅行就在这里开始，未来的空间应用就从这里起航。我希望青少年有机会一定要来参观，能激发他们的科学热情和勇于探索的精神。

同时，我觉得展览内容应该在图文资料的基础上，展出一些相应实物，让观众能更直观、更立体地了解有关航天知识和设备。

文昌淇水湾：融入自然，体验滨海自在生活

讲解人：文昌航天旅行社　杨晓敏

　　淇水湾旅游度假区沿海岸线带状展开，度假区内包括南洋文化街区南洋美丽汇、航天特色乡村好圣村、天然景观大澳湾和小澳湾、山海天国际会展中心等。度假区年平均温度23.9℃，属热带海洋季风气候，光、水、湿、热条件独具优势，冬无严寒，夏无酷暑，常年平均湿度为87%，全年适宜开展滨海旅游活动。

　　度假区内度假资源类型多样，有地文景观、水域风光、生物景观等。石头公园海蚀地貌，具体表现为海蚀平台、海蚀崖、海蚀柱、海蚀穴，形状各异、错落有致，被誉为"海石博物馆"，来这里可看上万年石头变迁史，感受大自然的鬼斧神工；淇水湾四周海域清澈透明，海水能见度为3米至10米，海水湛蓝、波平浪静、没有污染，是理想的天然海水泳场，海底拥有丰富的水产资源，鱼类有800多种，贝类20多种，距海岸四五十米的浅海带上长着五光十色的珊瑚礁，光怪陆离的海底世界形成了一座天然的海底自然公园；南洋美丽汇以文昌四大古宅（符家宅、韩家宅、林家宅、陈家宅）、宋氏祖居、溪北书院等历史文化遗产为底蕴，保留传统骑楼建筑精髓，融入现代设计手法，打造以南洋文化为主题的特色文化旅游街区。度假区每年都会举办南洋文化节、海南亲水运动季文昌沙滩排球邀请赛等，游客也可以参与，一同感受淇水湾旅游度假区的文化与魅力。

　　淇水湾旅游度假区内运动健身产品体系丰富，室内运动场所有游泳池、健身房、台球室、乒乓球室等，户外运动场所有游泳池、网球场、篮球场、沙滩排球、滨海栈道、山海天生态园运动领地，游客可以游泳、打球、跑步、骑自行车等。不同于其他旅游度假区，淇水湾最大的优势在于生态环境质量好，其室内外运动场所设计都尽量做到融入自然，使得游客在体验各类运动健身产品时，能够随时有绿植环绕、鸟声相伴、美景可观。

△ 淇水湾的航天城

淇水湾旅游度假区的休闲娱乐类度假产品体系类型多样，有滨海游览、图书阅览、咖啡厅、手工艺制作体验区等。在南洋美丽汇可以看到南洋建筑与古宅庭院文化韵味的民宿客栈，还有骑楼风情街、特色美食街、南洋风俗体验街，食、住、游、购、娱都非常便利，能满足不同年龄段的游客需求。

我喜欢这里石美、雾奇、林特、浪白、湾秀，天气晴朗，乘坐电瓶车登高可俯瞰著名的文昌航天发射场、七洲列岛、月亮湾、淇水湾，美丽的月亮湾像一钩初月，银白色的沙滩像一条缎带，涛涛的白浪犹如万马奔腾。18座大小不同的山峰形似坐镇边疆的卧虎，又如大海中崛起的蛟龙，气势磅礴、雄伟壮观。"热带常绿季雨矮林"闻名于世，负氧离子含量优于海南其他多个县市，被称为海南东部的"绿肺"。

记者手记
依托红色航天线路打造特色旅游目的地

在文昌，不仅可以观摩火箭发射、了解航天科技，还能品尝航天之乡的美食、感受侨乡文化、欣赏椰风海韵美景。这里是独具特色的旅游目的地，漫步在悠然自得的滨海休闲公园，一边感受自然风光，一边畅想儿时的航天梦，未免不是一件浪漫的事。

文昌航天发射场是我国唯一一个低纬度的濒海发射场，隶属于西昌卫星发射中心。近年来，我国空间站天和核心舱、天舟货运飞船、嫦娥五号、天问一号等"国字号"航天发射任务先后在这里执行。中国航天人绘制的"探索浩瀚宇宙，建设航天强国"宏伟画卷逐渐展开，文昌也加快了布局航天文旅产业的脚步。

世界一流的发射场既要有一流的发射能力，也要有一流的航天文化。3月16日，西昌卫星发射中心与文昌市人民政府签署航天文化旅游合作协议，共同打造世界一流文昌航天发射场和世界一流文昌国际航天城。按照文昌发射场职能定位和长远规划，将把航天文旅纳入文昌国际航天城的城市规划、产业布局、乡村振兴、文化教育、应急管理等工作中，一体谋划、一体布局、一体推动、一体实施。

目前，文昌市正在谋划推进文昌航天主题公园、航天主题博物馆建设，推动商业航天发射区和航天旅游区同步规划建设，通过航天商业建设驱动地方经济发展，努力打造全国乃至世界游客都向往憧憬的航天文旅圣地。

文昌市旅文局相关负责人表示，下一步，文昌将依托红色航天线路，推动旅游重点项目建设，丰富文昌文旅产品，提升文昌旅游接待服务质量，塑造具有文昌特色的度假旅游目的地新形象。我们期待不远的将来，文昌这一红色航天线路将受到越来越多游客的瞩目。

大国重器沿线

30条精品线路

△ 港珠澳大桥

No.1 科技之光·强国之路

感受祖国强大的科技力量，提升民族自信心和自豪感

手绘线路图

N

慕田峪长城

中国科学院大学
"两弹一星"纪念馆

青龙峡

红螺寺

雁栖湖景区

中国科学院力学研究所
风洞实验室

怀柔区

中国科学院力学研究所
党建基地

海淀公园

中国剧院

中科算维智慧科技馆

海淀区

中国科学院物理研究所
党员教育基地

海淀区文化馆

紫竹院公园

线路概况

"科学技术是第一生产力"，从"两弹一星"的国防科工成果到人工智能时代的数字科技"魔法"，70多年的社会主义建设史也是一部当代中国科技进步史。当前，如何应对新一轮科技革命和产业变革、实现可持续发展，成为世界瞩目的焦点。"科技之光·强国之路"精品线路涉及中国科学院的教育基地、实验室、科技馆、纪念馆等，展示科技强国成果，让游客近距离感受科技力量，提升民族自信心和自豪感。

大国重器

中国科学院大学"两弹一星"纪念馆、中国科学院力学研究所风洞实验室、中国科学院物理研究所党员教育基地、中科算维智慧科技馆、中国科学院力学研究所党建基地。

周边文化体验

- **非遗：** 景泰蓝、京绣、六郎庄五虎棍、面塑、剪纸、彩灯、绢人、风筝制作、西路评剧、花样空竹表演技法。
- **文化公园：** 未来科技城滨海公园、北京温榆河公园、北京朝来森林公园、海淀公园、紫竹院公园、中国剧院。
- **博物馆：** 北京艺术博物馆、中国科技博物馆、首都博物馆、中国地质博物馆、中国农业博物馆。

行程规划

- **线路：** 中国科学院大学"两弹一星"纪念馆—中国科学院力学研究所风洞实验室—中国科学院物理研究所党员教育基地—中国科学院力学研究所党建基地—中科算维智慧科技馆
- **总里程：** 82公里
- **推荐时长：** 2天

△ 慕田峪长城

DAY1 中国科学院大学"两弹一星"纪念馆—中国科学院力学研究所风洞实验室—海淀区
（行驶里程 70 公里）

今天我们从怀柔区出发，前往中国科学院"两弹一星"纪念馆，这里展示了"两弹一星"彪炳史册的伟大成就。接着前往中国科学院力学研究所风洞实验室，什么是"风洞"，这就去一探究竟。

▶ **路况**

整体路况良好，沿京加路、大广高速、京承高速前行。

▶ **海拔情况**

怀柔区：平均海拔 745 米。

▶ **沿途特色景区**

慕田峪长城——这里是国家 5A 级旅游景区。我们可以看到敌楼密集，关隘险要，城两侧均有垛口。东南面有三座敌楼并矗一台的正关台，西北面有建在刀削一般山峰上的长城，也是万里长城的精华所在。

雁栖湖景区——这里三面环山，北面群山绵亘、重峦叠嶂，万里长城隐现其间；西面有红螺寺，南面有一望无际的华北平原；东岸有元宝山、金灯山。登山远眺，蓝天碧水，绿野田园，壮丽景色尽收眼底。

红螺寺——这里是国家 4A 级旅游景区。春日看山花烂漫，观三绝景之一的"紫藤寄松"；盛夏享三绝景之一的"御竹林"，绿意浓深，凉意袭人；金秋赏三绝景之一的"雌雄银杏树"垂金挂银，与大殿交相辉映蔚为壮观。

青龙峡——这里是一处有青山、有绿水，也有古长城的自然风景区。景区内两侧是山，中间是水，可以观赏高山峡谷型的地貌。北京市第一座混凝土拱形坝——龙峡湖大坝就雄伟地横贯在峡谷中央。

▶ **"大国重器"重点项目**

中国科学院大学"两弹一星"纪念馆——这里始建于 1958 年。当年，在党中央的号召和领导下，中国科学

△ 雁栖湖景区

△ 红螺寺

△ 青龙峡

院为了落实"两弹一星"的研制任务，开拓了原子弹氢弹事业，参与了导弹运载火箭事业，奠定了人造卫星事业，为中华民族赢得国际地位做出了重要贡献。为了铭记这段历史，中国科学院将怀柔火箭发射试验基地原址建成"两弹一星"早期科研成果展览馆，保持当年的原貌作为科学院的历史贡献的传承。对原址进行改造期间，工作人员组织脚本撰写、展品征集、展馆环境配套施工建设，进行纪念馆内外装饰安装和布展施工，完成脚本文本的保密审查和现场保密审查等，最终完成展馆建设。纪念馆分为中科院与"两弹一星"事业展厅、中科院"两弹一星"历史人物展厅、中科院早期学科历史展厅三部分，展出"两弹一星"研制过程中的照片和实物等。

中国科学院力学研究所风洞实验室——风洞是推动航空航天飞行器发展的大国重器，一代风洞技术决定一代飞行器的研制水平，代表着一个国家的科研实力。在怀柔科学城里的风洞实验室里就有总长 265 米 JF12 复现风洞，是迄今世界上最大、性能最先进的激波风洞之一，成就了中国自主研制大型、先进科研装备的先例，开创了中国大型气动实验装备建设由仿制向创新研制转变的新纪元。风洞实验室是以人工的方式产生并且控制气流，用来模拟飞行器或实体周围气体的流动情况，并可量度气流对实体的作用效果以及观察物理现象的一种管道状实验设备，它是进行空气动力实验最常用、最有效的工具之一。它不仅在航空和航天工程的研究和发展中起着重要作用，随着工业空气动力学的发展，在交通运输、房屋建筑、风能利用等领域更是不可或缺的。

❯ **旅行锦囊**

加油站：

1. 京加路附近有中国石化加油站（怀丰路站）。

2. 京承高速沿线服务区有加油站：中国石化加油站（土沟服务区站）、中国石化加油站（亚运站）。

> **友情提示：** 中国科学院与"两弹一星"纪念馆只接受团体官网预约，暂不接受个人预约。

❯ **餐饮推荐**

怀柔板栗、怀柔核桃、龙山矿泉水、怀柔虹鳟鱼、炒肝。

DAY2 中国科学院物理研究所党员教育基地—中国科学院力学研究所党建基地—中科算维智慧科技馆
（行驶里程 12 公里）

今日从海淀区出发，前往参观中国科学院物理研究所党员教育基地，这里以"信念·党旗·科学"为主题，记录了老一辈科学家以身许国、终身为党的感人事迹和崇高追求。接着前往中国科学院力学研究所党建基地，这里是以"人民科学家·强国奠基石"党员为主题的教育基地，展示了钱学森先生、郭永怀先生等老科学家们无私奉献、报效国家的事迹。最后前往中科算维智慧科技馆，了解和体验人工智能与未来智慧。

❯ **路况**

整体路况良好，沿中关村东路、北四环西路、万泉河路、西三环北路前行。

❯ **海拔情况**

海淀区：海拔 50 ~ 100 米。

❯ **沿途特色景区**

海淀公园——这里是全球首个 AI（人工智能）科技主题公园，到此可以体验到百度无人车、智能步道、小度智能语音亭等 AI 设施。可以在步道开始和结束处通过人脸识别进行运动数据的检测。

紫竹院公园——这里有江南园林特色的大型公园。公园以水景为主，以竹景取胜，可以看到水面广大，有大小湖泊三个，两座小岛，五座拱桥把湖、岛、岸连在一起。共栽有10余种、16万余株竹子。

中国剧院——这里是中国第一座现代化的大型歌舞剧院，外观是"工"字形的样子。是首都北京重要的文化活动场所之一。

海淀区文化馆——在《国家级非物质文化遗产代表性项目保护单位名单》中，北京市海淀区文化馆获得"面人（北京面人郎）项目"保护单位的资格。这里是广大人民群众休闲娱乐的好地方，文化底蕴深厚。

❯ **"大国重器"重点项目**

中国科学院物理研究所党员教育基地——通过参观基地可以知道研究所是主要从事物理学基础研究与应用基础研究的多学科、综合性研究机构，研究方向以凝聚态物理为主，包括凝聚态物理、光学物理、原子分子物理、等离子体物理、软物质物理、凝聚态理论和计算物理等。也能了解到研究所的战略定位是"面向世界科技前沿，面向国家重大需求，面向国民经济主战场"，发展目标是"建成国际一流物质科学研究基地"。为深入学习贯彻习近平有关科技创新重要讲话精神，引导全院科技人员弘扬爱国奋斗精神，建功立业新时代，"讲爱国奉献，当时代先锋"主题活动在中科院物理研究所启动。

中国科学院力学研究所党建基地——基地就在中国科学院力学研究所院内。这里深入发掘人民科学家钱学森等老一辈科学家的爱国奉献精神，整合力学所优势资源，构建"特色三地"（力学所中关村园区、怀柔园区，山东荣成郭永怀事迹陈列馆）、"六大板块"（大师·风范、风采·绽放、传承·奋斗、故事·聆听、初心·不忘、萌芽·希

望）展示内容，通过瞻仰钱学森、郭永怀塑像，参观他们曾工作过的办公室，观看信件、证书、书籍及使用过的物品等丰富实物，观看纪录片，聆听院士讲党课，重温入党誓词，参观实验室等，弘扬传承老一辈科学家顾全大局、忠诚于党的政治品格，报效祖国、献身科研的爱国情怀，引导青年科研人员牢固树立"不忘初心跟党走、科技报国为人民"的信念追求，践行爱国奋斗精神，建功立业新时代。

中科算维智慧科技馆——科技馆在北京中关村高科技园区内，这里有五大展区（国家重点实验室展览区、中国计算机事业摇篮发展史展览区、世界计算机发展史展览区、人工智能体验区、未来智慧空间）和六大实践活动空间（智慧航天、智慧医疗、智慧生活、智慧教育、智慧交通、编程体验）。科技馆作为北京市顺义区首批新时代文明实践科普基地，充分利用现有资源优势，整合各类科普资源，开展形式多样、吸引力强的社会性、群众性、经常性科普活动，广泛普及科学知识，促进科技成果全民共享，不断推动科普事业创新发展，为提升公民科学素质水平做出积极贡献。

❯ **旅行锦囊**

加油站：

在海淀区内，加油站遍布，非常方便找到。

> **友情提示：** 1. 紫竹院公园免票，园内的慈禧行宫需另行购票。
> 2. 紫竹院公园可乘船直达颐和园。

❯ **餐饮推荐**

北京烤鸭、海淀玉巴达杏、燕十一鸭血粉丝汤、炸佛手通脊、核桃酥。

△ 中国科学院力学研究所党员教育基地

△ 中国科学院物理研究所党员教育基地

No.2 千年大计 · 未来雄安

科技推动基础设施，感受绿色、现代、智慧的未来

手绘线路图

线路概况

雄安新区的设立是千年大计、国家大事。今天的雄安新区塔吊林立、基础建设热火朝天，交通、生态、生活、产业等重点领域不断取得新突破，基本公共服务均等化水平持续提高……雄安新形象、新功能、新人才以及新区建设发展也正在创造新的机遇。"千年大计·未来雄安"精品线路中，游客从北京大兴国际机场出发，直达雄安新区雄安高铁站，在雄安新区规划展示中心感受雄安新区的全景风貌，了解雄安新区市民服务中心"绿色、现代、智慧"的发展理念，切身感受一个日新月异的雄安正向我们走来。

大国重器

北京大兴国际机场、雄安新区雄安高铁站、雄安新区规划展示中心、雄安新区市民服务中心、"千年秀林"大清河片林一区。

周边文化体验

○ **非遗**：李氏灯彩、大兴诗赋闲、白庙村音乐会、吴式太极拳、西河大鼓、孤庄头五虎会、京簧竹刻、黑陶烧制技艺。

○ **文化公园**：中华文化园、大兴花卉园、北京野生动物园、南海子麋鹿苑、兴安湖生态运动公园、白洋淀景区。

○ **博物馆**：中国印刷博物馆、白洋淀雁翎队纪念馆。

行程规划

↷ **线路**：北京大兴国际机场—雄安新区雄安高铁站—"千年秀林"大清河片林一区—雄安新区市民服务中心—雄安新区规划展示中心

◎ **总里程**：120公里

⊕ **推荐时长**：2天

△ 北京大兴国际机场

DAY1 北京大兴国际机场—雄安新区雄安高铁站
（行驶里程 85 公里）

今天我们前往位于北京大兴区的北京大兴国际机场，领略这座世界级的航空枢纽的风采，随后前往河北省雄安新区，来看看亚洲最大的高铁站——雄安站。

⊙ 路况

整体路况良好，沿大兴机场北线高速、大广高速、津雄高速前行。

⊙ 海拔情况

北京大兴区：平均海拔 40 米。

⊙ 沿途特色景区

北京野生动物园——这里的野生动物是用散养和混养方式展示的，有散放的观赏区、步行的观赏区、动物表演娱乐区、科普教育区和儿童动物园等，着力营造"人、动物、森林"的氛围，拉近人与动物的距离。

兴安湖生态运动公园——公园是在原来永定河自行车运动公园的基础上扩建的，在原来的自行车主题的基础上

△ 雄安新区示范园区

增加了更多的新项目。现在公园分为运动赛道区、文化活动区、餐饮休闲区、运动急救站等功能区域。

北京梦幻紫海香草庄园——这里与古北水镇、司马台长城相邻。庄园主要种植薰衣草、蓝山鼠尾草等紫色香草，薰衣草和马鞭草组成的香草花海有 200 多亩，放眼望去，一片紫色的花海映入眼帘，是非常棒的网红拍照地。

万亩梨园——这万亩梨园是指梨花村、赵村、前曹各庄、北曹各庄、韩家铺的梨树林总和，一共 3.8 万亩，其中 80% 以上的梨树树龄都超过 100 年，最长的已达 410 岁。北京面积最大的古梨树林群非这里莫属。

⊙ "大国重器"重点项目

北京大兴国际机场——这里是 4F 级国际机场、世界级航空枢纽和国家发展新动力源。北京大兴机场拥有世界最大单体航站楼，被英国《卫报》评为"新世界七大奇迹"的榜首。机场形如凤凰展翅，呈现五指廊的造型，从出发层到登机口最远只有 600 米，步行仅需 8 分钟。大兴机场屋顶投影面积相当于 25 个足球场，穹顶仅用了 8 根 C 形柱做支撑，就支撑起了世界最大面积的屋顶。中国元素的加入同样是设计的一大亮点，在五指廊末端，还藏着让人很惊喜的"彩蛋"：以丝园、茶园、瓷园、田园、中国园为主题的 5 个露天庭院，中国风十足。设计者彻底解构了传统的建筑美学标准，大胆运用几何结构来构造空间，流线型的设计连接了各个独立功能区。

雄安新区雄安高铁站——雄安站的整体外观是水滴状椭圆造型，运用了"青莲滴露"的主题，设计理念以雄安水文化为灵感，椭圆形的屋盖轮廓如清泉源头，似一瓣青莲上的露珠；平整的建筑屋顶在中部高架候车厅处向

△ 雄安站

上抬起，边缘向内层层收进，如同微风荡漾时湖泊中泛起的层层涟漪；立面形态舒展，又似传统中式大殿，建筑造型与室内空间设计采用建构一体的理念，展现中华传统文化基因。雄安站屋顶拉开的缝隙形成了极具特色的"光谷"。"光谷"将京雄、京港台车场与津雄车场天然分割，同时也成为室外景观庭院，作为上下贯通的采光通廊，将自然光线和景观引入室内。雄安站的内部运用"站桥合一"模式，结构复杂，站房范围内是无闸轨道，这在国内是首创，在全世界都是很少见的。站房和大兴机场一样，采用的是钢结构架设，在亚洲可以称为第一。雄安站也是超大型的交通枢纽，辐射全国，在雄安站上车可以到达全国任何有高铁的城市，无须换乘。站内实现了雄安与北京、天津半小时通勤，石家庄1小时通勤圈。雄安站20%的电是太阳能发电，在它的顶部设有4.2万平方米的光伏材料，相当于每年节省1.8万吨的煤炭资源，减少42吨二氧化碳的排放，相当于植树植了12亿平方米。站内也设置了军人等候区，儿童游乐区，随处可见的扫地机器人，无一不体现出雄安站的高科技现代化。

❯ 旅行锦囊

加油站：

1. 北京大兴国际机场附近的加油站：中国航油加油站（大兴机场第四站）。

2. 高速上有中国石化加油站。

服务区：牛驼服务区

友情提示：1. 北京野生动物园可自驾入园，自驾范围仅限小火车区（除了门票外，另需支付200元行车费）。

2. 梨花村万亩梨园无门票，无须预约，免费停车。

❯ 餐饮推荐

八宝葫芦鸭、北京酥糖、京式绿豆糕、锅烘菜合、炸灌肠、白片肉。

DAY2 雄安站—"千年秀林"大清河片林一区—雄安新区市民服务中心—雄安新区规划展示中心
（行驶里程35公里）

今天从雄安站出发，围绕雄安新区进行参观，首先来到"千年秀林"大清河片林一区，这里与白洋淀构成了雄安的"蓝绿底色"；随后前往雄安新城市民服务中心了解雄安新区市民服务中心"绿色、现代、智慧"的发展理念；最后来到雄安新区规划展示中心，亲眼见证雄安新区未来的规划，切身感受一个日新月异的雄安正向未来大步迈进。

❯ 路况

整体路况良好，沿燕南路、保静线、白洋淀大道前行。

❯ 海拔情况

雄安新区：海拔7～19米。

❯ 沿途特色景区

白洋淀风景区——白洋淀是华北平原最大的淡水湖。这里水域辽阔，古有"北地西湖"之称，今有"华北明珠"美誉，绝对是京津地区短途游的理想去处，景区也是《小兵张嘎》的拍摄地，有着绵延无尽的芦苇荡。

雄安郊野公园——这里是中国最大的郊野公园，公园把河北省地市级行政区划成单元（11个地级市及雄安、定州、辛集），各以自己区域的特色，分别建成了14个展示园，参观者能一站式游遍"浓缩的"美丽河北。

△ 白洋淀风景区

△ 千年秀林 大清河片林一区

容城上坡遗址——这里属于新石器时代至商代的遗址。1981—1982年，省、地、县文物工作者对上坡遗址进行了发掘。遗址的文化层堆积在1～3米，一共4层，分别是磁山文化、仰韶文化、龙山文化、商文化。

白洋淀温泉城——这里有"北方小江南"之称。一年四季，气候湿润。城内已开采出天然含硒优质矿泉水，被誉为"神泉秀水"。从雄安新区规划馆出发，沿奥威东路到津雄高速往东行驶，到保静线向南行驶可到达。

▶ "大国重器"重点项目

"千年秀林"大清河片林一区——2017年11月13日，这里栽下了"千年秀林"的第一棵树。值得一提的是，千年秀林与以往造林项目有着诸多不同，就像雄安集团生态建设公司的工作人员所说，"每棵树都是雄安森林大数据系统的一分子，该系统详细记录每棵树的栽植、成长数据，以实现对树木的全生命周期管理"。个人可先搜索"雄安森林"小程序，再从小程序中扫描每棵树上的二维码，树种、科属、栽种时间、养护情况等一目了然，实现了对树木成长的全程监控。走在大清河片林一区的林间小道上，银杏、油松、国槐等不同树种错落有致，就如工作人员介绍的这里正在打造异龄、复层、混交的近自然林。大清河片林一区的"千年秀林"和白洋淀构成雄安的蓝绿底色；白洋淀有"华北之肾"称谓，是华北地区的"空调器"和"晴雨表"。雄安新区森林覆盖率已超过30%。根据规划，雄安未来蓝绿空间占比将稳定在70%。

雄安新区市民服务中心——外界普遍认为，这座由中国雄安集团投资的第一个高起点规划、高标准建设的城建项目——雄安市民服务中心，应是未来雄安缔造智慧城市、绿色城市的缩影，具有十分重要的样板意义。作为新区起步期的临时办公园区，雄安市民服务中心总建筑面积9.96万平方米，由公共服务区、行政服务区、生活服务区、入驻企业办公区四大区域建筑群组成。其中包括雄安新区党工委、管委会办公区、中国雄安集团办公区、生态公园区、生活用房区以及政务中心、会议中心等多个功能区。从雄安新区未来发展要求出发，从设计规划到施工过程，全面体现绿色、智慧新发展理念。"不建高楼大厦，不建水泥森林，不建玻璃幕墙。"雄安新区管委会此前对城市建设表达的"三个不建"，在雄安市民服务中心得到充分体现。同时，采用高效、低成本的综合建筑节能技术，比传统建筑节能70%左右。

雄安新区规划展示中心——这里占地面积10389平方米，全方位展现雄安新区的整体规划、智能城市理念。2019年1月16日，习近平总书记在这里仔细听取新区总体规划、政策体系及建设情况介绍。绘好新时代"雄安画卷"，规划是最重要的"起笔"。在规划展示中心，展示有雄安新区规划理念和京津冀协同发展战略的孕育历程，还用多媒体手段展示了《河北雄安新区规划纲要》和《河北雄安新区总体规划（2018—2035年）》。在这里，可以领略雄安新区规划建设的诸多"新"意。

▶ 旅行锦囊

加油站：
大平石油加油站、新城加油站。

▶ 餐饮推荐

白洋淀全鱼宴、白洋淀八蒸碗、白洋淀烹煠虾、鱼鳞冻、小虾糊饼、白肉火烧。

△ 雄安新区市民服务中心

No.3 民族工业·科技之星

感受企业的文化和温度，触摸发展和振兴的脉搏

手绘线路图

N

关东文化园

长春市长光卫星技术基地

🚉长春站

长春电影制片厂

长春孔子文化园

长春水文化生态园

长春一汽红旗文化展馆

长春空军航空大学航空馆

长春汽车经济技术开发区

长春世界雕塑园

线路概况

"长影""一汽""红旗""东北老航校""长光卫星"……这些熟悉的名称是一代代人关于新中国工业力量苦壮成长的记忆。"民族工业·科技之星"精品线路，串联起长春市长光卫星技术基地、长春一汽红旗文化展馆、长春电影制片厂等，让游客在触摸这些企业的文化和温度的同时，感受吉林发展和振兴的脉搏。

大国重器

吉林省长春市长光卫星技术基地、长春汽车经济技术开发区、长春一汽红旗文化展馆、长春空军航空大学航空馆、长春电影制片厂。

周边文化体验

- **非遗：** 赵氏煮炸鹿茸技法、满族赵氏家族祭祖习俗、宇平绢人、董丛仁草编技艺、郭氏森林木艺、于英刀刻画、张铁梅彩雕葫芦、梁氏武医推拿技艺、榆树二人转。
- **文化公园：** 长春世界雕塑园、长春水文化生态园、长春孔子文化园、关东文化园。
- **博物馆：** 伪满皇宫博物院、吉林省博物馆、吉林省自然博物馆、吉林省酒文化博物馆、长春博物馆、东北民族民俗馆。

行程规划

- **线路：** 长春市长光卫星技术基地—长春汽车经济技术开发区—长春一汽红旗文化展馆—长春空军航空大学航空馆—长春电影制片厂
- **总里程：** 60 公里
- **推荐时长：** 2 天

DAY1 长春市长光卫星技术基地—长春汽车经济技术开发区
（行驶里程 40 公里）

从长春出发，来到长春长光卫星技术基地，这里是中国第一颗自主研发的商用高分辨率遥感卫星"吉林一号"的诞生地。接着抵达长春汽车经济技术开发区，这里先后被授予"国家汽车零部件出口基地、国家汽车电子产业基地、国家新型工业化产业示范基地"等称号。

- **路况**
  长春市区，整体路况良好。
- **海拔情况**
  长春市区平均海拔 300 米。
- **沿途特色景区**
  长春水文化生态园——这里有全国省会城市中难得一

△ 长春水文化生态园

△ 长春汽开区红旗创新大厦

见的稀缺资源——35 万平方米生态绿地，也留下了一处不可复制的净水工业文化遗址。因其所肩负的重任和弥足珍贵的工业遗迹，成为长春供水文化的重要印记。

关东文化园——这里是吉林省首家在市区内集温泉度假、餐饮娱乐、文化博览、会议接待为一体的大型花园式文化乐园。春赏花、夏垂钓、秋采果、冬雾凇，四季美景，堪称市内天然氧吧。长春关东文化园是吉林省"十二五"重点文化产业建设项目，长春市"十二五"150项重点项目，还是乡村旅游示范点。

"大国重器"重点项目

长春市长光卫星技术基地——中国第一家商业遥感卫星公司。2015 年，这里自主研发的"吉林一号"组星成功发射，开创了我国商业卫星应用的先河，同时也创造了由一个研发团队一箭成功发射四星的历史。"吉林一号"卫星是我国第一颗自主研发的商用高分辨率遥感卫星、我国第一颗以一个省的名义冠名发射的自主研发卫星、我国第一颗自主研发的"星载一体化"商用卫星，我国

△ 长春市长光卫星技术基地

第一颗自主研发的米级高清动态视频卫星，也是我国第一次以灵巧方式在轨成功成像、国产 CMOS 第一次在轨技术验证。随着"吉林一号"卫星的发射成功，标志着中国航天遥感应用领域商业化、产业化发展迈出重要一步。

长春汽车经济技术开发区——这里是经中国国务院批准的中国国家级经济技术开发区，也是全国唯一一个以汽车产业命名的国家级开发区。建区以来，先后获得国家生态工业示范园区、国家外贸升级转型示范基地、国家第三批大众创业万众创新示范基地、国家新兴工业化产业示范基地等十多项国家级荣誉。开发区的核心产业为汽车产业，汽车及相关产业占区总产值的 95% 以上，现已成为全国乃至全世界重要的汽车整车和零部件生产研发基地。拥有一汽红旗、一汽解放、一汽轿车、一汽大众、一汽丰越五家主机厂和七大汽车品牌，一汽富维、一汽富晟、富奥、麦格纳、大陆、伟巴斯特、曼胡默尔等 340 家零部件企业。形成了"中、重、轿"三大系列多个车型的产品格局。

旅行锦囊

加油站：

1. 在长春市区内，加油站遍布各区，非常方便找到。

2. 长春汽车经济技术开发区附近：中国石油加油站（东岗派出所站）。

> **友情提示：**1. 长春市长光卫星技术基地参观须提前 3 天预约。
> 2. 长春汽车经济技术开发区参观采用"提前预约"的方式。

餐饮推荐

白肉血肠、酱骨头、排骨炖豆角、锅包肉、打糕。

△ 长春世界雕塑园

DAY2 长春一汽红旗文化展馆—长春空军航空大学航空馆—长春电影制片厂
（行驶里程 20 公里）

今日首先前往长春一汽红旗文化展馆，这里陈列着不同时期大阅兵的检阅车以及珍贵的历史文献和图片，包括新中国第一辆国产东风牌小轿车，真实地再现了中国第一个自主汽车品牌的创业故事。接着前往长春空军航空大学航空馆，这里是东北地区唯一以航空为主题的大型展馆，也是中国"爱国主义基地"和中国"国防教育基地"。随后前往长春电影制片厂，这里是新中国第一家电影制片厂，堪称新中国电影的摇篮，创造了新中国电影史上的诸多第一。

◈ **路况**

长春市区，整体路况良好。

◈ **海拔情况**

长春市区平均海拔 300 米。

◈ **沿途特色景区**

长春世界雕塑园——这里是国家 4A 级旅游景区，国家首批重点公园。通过举办长春国际雕塑作品邀请展等方式，园内汇集了来自 216 个国家和地区的 402 位雕塑家的 452 件（组）雕塑作品。作品展现了不同国家、民族、地域和不同历史时期的文化特点，材质丰富、风格迥异，堪称世界雕塑的百花园。

长春孔子文化园——这里也被称为"长春文庙"，始建于清同治十一年(1872 年)，距今已有百余年历史。2012 年，在长春文庙建成 140 年之际，孔子文化园正式建成开放，后被评为国家 4A 级旅游景区。文化园分为中、东、西三个区域，中部为文保区，东部为教育区，西部为文化区。

◈ **"大国重器"重点项目**

长春一汽红旗文化展馆——这里展现了"红旗"的发展、创新、传承和辉煌，代表着艰苦奋斗、开拓创新的民族精神，代表着与时俱进、敢为人先的时代精神。一汽红旗文化展馆是中国第一家以汽车品牌命名，展示产品发展、企业沿革和人文精神的文化展馆。红旗是由中国第一汽车集团直接运营的高端汽车品牌。1958 年，第一辆红旗牌轿车诞生，并成为国家重大活动的国事用车。改革开放后，"红旗"在继续承担"国车"重任的同时，开始了市场化进程。展馆由一座占地 3 万平方米的厂房改建而成，这座厂房位于一汽集团著名的 1 号门附近。沿着红旗的历史故事线，参观者可以很自然地规划出观展路线——叙事厅（历史）、今日厅（新红旗）以及畅想厅（未来）。不同材料的运用使各个展区具有显著的风格差异，为参观者带来截然不同的空间感受。

长春空军航空大学航空馆——这里分为东北老航校展区、航空大学展区、航空精英展区、航空航天展区，在

△ 长春一汽红旗文化展馆

这里你可以看到航天英雄杨利伟曾经搭载的神舟五号飞船返回舱，也可以在星球墙和模拟宇宙空间展区，进行一次奇妙的太空之旅。这里一共有五层，大厅两侧的 6 组浮雕展现了中国百年航空史；正中的巨大主题雕塑，象征着空军航空大学是飞行员的摇篮、将军的摇篮、英模的摇篮和航天员的摇篮。

长春电影制片厂——长影始终把电影创作作为企业之本、企业之魂，坚持弘扬主旋律，肩负国家和时代赋予的责任，积极走差异化电影创作之路；坚持站在全国和世界电影产业的高度和格局中谋划电影产业发展，探索并实施主业创品牌、产业促发展的“两轮驱动”战略；继续坚持深化改革，做大产业做强主业。新时期的长影，以电影创作为龙头，拉动旅游、电视等相关产业发展，繁荣影视创作、打造成集影视创作、影视制作、影视旅游、影视商务、影视演艺、影视教育、影视传媒、影视科技、影视金融、影视网络等多功能于一体的国内一流、在国际上具有较强竞争力的“航母”型文化企业集团。原老厂区正面主楼，如今已改建为长影旧址博物馆，向大众开放参观，主要介绍新中国电影的发展和创业史。

旅行锦囊

加油站：

在长春市区内，加油站遍布各区，非常方便找到。

友情提示： 1. 去长春一汽红旗文化展馆参观，一定要提前预约。

2. 长春空军航空大学航空馆接受预约参观。

3. 长影旧址博物馆门票：90 元 / 位。

4. 在冬日，衣着一定要有薄有厚，室外保证不冷，室内保证热了可脱。

△ 长春孔子文化园

△ 长影旧址博物馆

No.4 大国海陆空·科技向前冲

感受大国科技发展的进步

手绘线路图

安亭老街　上海汽车博览公园　古猗园

嘉定区

江

浦

闵行区

黄

上海世纪公园

上海市春秋航空模拟机基地（飞培中心）

中国商飞上海飞机制造有限公司浦东基地

上海迪士尼度假区

浦东新区

上海滨海森林公园

上海海昌海洋公园

上海中国航海博物馆

滴水湖

上海市洋山深水港

线路概况

上海是中国近代工业的发源地、现代工业的集聚地、先进制造业的抢滩地。"大国海陆空·科技向前冲"精品线路汇聚了上海汽车博览公园、上海洋山深水港、上海市春秋航空模拟机基地（飞培中心）等体现国内先进制造业水平的旅游资源。这条线路不仅可以让游客深入了解飞机制造流程、航空机队人员的训练情况，感受智能海洋工程的恢宏壮阔，也可体验人与自然、汽车文化与景观文化的和谐交融。

大国重器

上海汽车博览公园、上海洋山深水港、中国商飞上海飞机

制造有限公司浦东基地、上海市春秋航空模拟机基地（飞培中心）。

周边文化体验

- **非遗：**嘉定竹刻、浦东绕龙灯、浦东说书、琵琶艺术（浦东派）、锣鼓书。
- **文化公园：**临港滨河文化公园、临港体育公园、南汇嘴观海公园、上海滨海森林公园、上海海湾国家森林公园、上海世纪公园。
- **博物馆：**上海汽车博物馆、中国航海博物馆、四海恐龙博物馆、上海农垦博物馆。

行程规划

- **线路：** 上海汽车博览公园—上海市春秋航空模拟机基地（飞培中心）—中国商飞上海飞机制造有限公司浦东基地—上海洋山深水港
- **总里程：** 165 公里
- **推荐时长：** 2 天

DAY1 **上海汽车博览公园—上海市春秋航空模拟机基地（飞培中心）**
（行驶里程 90 公里）

今日来到嘉定区，这里是上海科学卫星城、科创中心重要承载区，上海汽车博览公园坐落于此，是本区工业旅游的重要标志之一。接着前往上海市春秋航空模拟机基地参观，这里是配合建设上海浦东国际航空枢纽、上海自贸区的重要战略保障性项目。

路况

整体路况良好，沿京沪高速、外环高速前行。

海拔情况

嘉定地区：海拔 3 米；浦东地区：海拔 5 米。

沿途特色景区

安亭老街——"十里一亭，以安名亭"，故得名安亭。老街保留了江南水乡"路·桥·街"的格局，建筑内敛而有气度，古时韵味扑面而至。徜徉在青堂瓦舍、飞檐斗角古意盎然的安亭老街，享受与众不同的慢时光。

古猗园——这里是上海最古老的名胜之一，也是江南名园。原名猗园，取"绿竹猗猗"之意。全园有逸野堂、戏鹅池、松鹤园、青清园、鸳鸯湖、南翔壁六个景区，散发着古园特有的古朴、素雅、清淡的气质。

上海世纪公园——公园犹如一枚绿色的翡翠镶接在壮观的世纪大道终点，展现了"人、自然、和谐"的主题，东西方园林艺术和"人与自然"理念在这里完美融合。公园有大面积的草坪、森林和湖泊，步行其中，宁静平和。

上海迪士尼度假区——这里是中国内地首座迪士尼主题乐园。有米奇大街、奇想花园、探险岛、宝藏湾、明日世界、梦幻世界等场景以及迪士尼城堡、漫威英雄总部、巴斯光年星际营救等游乐项目，深受游客的喜爱。

"大国重器"重点项目

上海汽车博览公园——这是有"汽车娱乐、汽车展览、汽车文化"三大主题的综合性公园。这里的设计理念也很有特色，它有着自然山水园般的景观外貌。"南湖北山"的传统山水格局，形成"山相湖而造势，水行山而生灵"的空间环境。具体有山系、水系、岛屿、湿地、绿地、水岸组成公园多样化的结构骨架，充分表达自然，塑造自然，还原自然，重新建立土地、山地、湖泊、动植物之间和谐统一的关系。公园分为会展博览区和游览休闲区两大相对独立的部分。会展博览区位于西部，形成一块建筑相对集中的园林式会展博览公共区域；游览休闲区位于东部，既是游赏的主要空间，也是汽车主题文化的集中体现地。游览休闲区由"自然山水园、各国风情园、汽车文化主题园"三部分内容叠加组合而成。

上海市春秋航空模拟机基地（飞培中心）——随着"十四五"的建设规划实施，中国将从民航大国迈向民航强国，同时上海的五个中心建设也呼唤全社会有更强大的航空人才储备和更浓厚的航空氛围，基地从 2014 年 8 月 1 日正式投入运行，2015 年 6 月 30 日已获得 CCAR-142 合格证。2019 年 9 月 26 日已获得飞行签派员训练机构合格证，成为上海首家飞行签派员训练机构。一期投资约为 3.5 亿元，地块面积为 20033 平方米，总建筑面积为 39357 平方米。目前已拥有 5 架 A320 全动模拟机，可满足 300 架飞机的飞行员训练。通过对上海市春秋航空模拟机基地（飞培中心）的参观，能充分

△ 古猗园

△ 飞行模拟器

△ 中国商飞

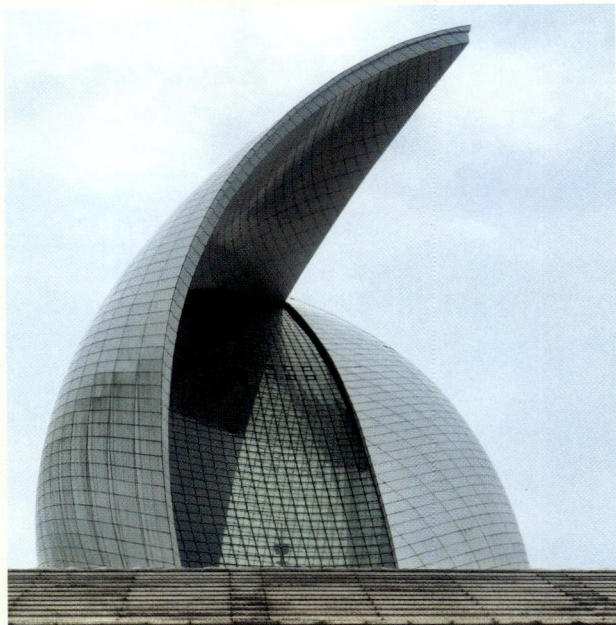

△ 上海中国航海博物馆

激发青少年对民航事业的热情，激励青少年未来共同参与到民航建设中。

> **旅行锦囊**

加油站：

中国石油加油站（环南站）。

> **友情提示：** 1. 上海市汽车博览公园：门票 60 元 / 人。
> 2. 上海市春秋航空模拟机基地（飞培中心）：团队参观要提前预约。

> **餐饮推荐**

蛋饺粉丝、菜肉汤团、鲳鱼、黄鱼、香菇面、草头大肠。

DAY2 中国商飞上海飞机制造有限公司浦东基地—上海市洋山深水港
（行驶里程 75 公里）

首先前往中国商飞上海飞机制造有限公司浦东基地参观，这里标志着中国商飞总装制造能力建设和大型客机研制保障条件建设迈出重要一步。随后来到上海洋山深水港，这里是中国发展上海自由贸易试验区、建设海洋强国的重要基地。

> **路况**

整体路况良好，沿两港公路、两港大道前行。

> **海拔情况**

浦东地区：海拔 5 米。

> **沿途特色景区**

上海滨海森林公园——这里远离尘嚣，舒缓压力，强健体魄，陶冶性情，是亲近自然的好去处。公园有高尔夫练习场、森林浴场、游船、自行车闲游、草坪广场、风电科普馆、森林公园酒店、烧烤区等场景。

滴水湖——这里上海临港新城主城区的地标，设计构思来源于德国 GMP 公司的总体规划方案："一滴来自天上

的水滴，落入大海，泛起层层涟漪，水滴落入处形成滴水湖。"

上海中国航海博物馆——这里是我国首个经国务院批准设立的国家级航海博物馆。馆内有航海历史、船舶、航海与港口、海事与海上安全、海员、军事航海六大展馆，渔船与捕鱼、航海体育与休闲两个专题展区。

上海海昌海洋公园——这里有人鱼海湾、极地小镇、冰雪王国、海底奇域、海洋部落五大主题区和海洋主题度假酒店；六大动物展示场馆——南极企鹅馆、海兽探秘馆、冰山北极馆、海底世界馆、火山鲨鱼馆、珊瑚水母馆。

> **"大国重器"重点项目**

中国商飞上海飞机制造有限公司浦东基地——第一架 C919 大型客机在这里总装下线，又从这里运往浦东机场第四跑道首次飞上蓝天。大型客机是典型的高技术、高附加值的高端装备，是现代制造业的一颗明珠，是衡量一个国家科技水平、工业水平和综合实力的重要标志。中国商飞是实施国家大型飞机重大专项中大型客机项目的主体，也是统筹干线飞机和支线飞机发展、实现我国民用飞机产业化的主要载体，主要从事民用飞机及相关产品的科研、生产、试验试飞，从事民用飞机销售及服务、租赁和运营等相关业务。坚持"发展民机、壮大产业、开拓创新、勇创一流"发展方针和"自主研制、国际合作、国际标准"技术路线，坚持"产业化、国际化、市场化"发展方向，全力打造更加安全、经济、舒适、环保的商用飞机，矢志让中国的大型客机翱翔蓝天。

△ 上海汽车博览公园

上海洋山深水港——进入洋山深水港，集装箱积木般整齐堆砌，连绵的红色桥吊一望无垠。这里有"无人码头"的硬核科技，这里也是全球规模最大、自动化程度最高的自动化集装箱码头。洋山港是上海在一座深海小岛上，吹沙填海，造就的超级大港。洋山港从这里走向深蓝、向海而兴。洋山港如巨轮劈波斩浪，扬帆远航，其背后正是肩负使命的浦东引领区、临港新片区。从黄浦江走向长江、再跨江入海，这块充满生机的港湾，无疑将成为浦东新区改革开放再出发的新战场，将成为上海国际航运中心新的承载地。

◉ 旅行锦囊

加油站：

中国石油加油站（国彝站）、中国石油加油站（环湖西三路）。

友情提示：1. 中国商飞上海飞机制造有限公司浦东基地：团队参观需提前预约。

2. 上海洋山深水港：门票免费。

◉ 餐饮推荐

浦东三黄鸡、本帮熏鱼、石锅香芋、三鲜煲、灶头菜饭、肉皮三鲜汤。

△ 上海洋山深水港

No.5 中国三峡·世纪工程（重庆段）

弘扬三峡移民精神，齐心共圆中国梦

手绘线路图

线路概况

三峡工程建设以来，库区百万移民搬迁、工矿企业的搬迁与结构调整、城镇的迁建、专业设施的复建、文物和生态环境的保护以及三峡工程兴建后库区在生态环境保护、新城镇建设、人民生活质量提高等方面发生了巨大变化。"中国三峡·世纪工程"精品线路（重庆段），让游客走进三峡原乡景区、三沱村移民文化墙、万州区三峡移民纪念馆、白鹤梁水下博物馆、渝中区重庆中国三峡博物馆等，游客可以深刻体会三峡库区人民舍小家、为大家的奉献精神，线路展示了社会主义制度集中力量办大事的优越性，全面阐释了三峡移民精神的深刻内涵。

大国重器

奉节县永乐镇白龙村、奉节县三峡原乡景区、奉节县安坪镇三沱村移民文化墙、万州区三峡移民纪念馆、白鹤梁水下博物馆、渝中区重庆中国三峡博物馆。

周边文化体验

- 非遗：万州茶叶制作技艺（涌湖绿茶）、四川竹琴、武陵板凳龙、涪陵榨菜传统制作技艺、赵氏雷火灸、花丝镶嵌。

- 文化公园：万州西山公园、丰都双桂山国家森林公园、丰都鬼城、石家花园、白鹤森林公园、重庆枇杷山公园。

- 博物馆：重庆自然博物馆、巫山博物馆、万州区博物馆、丰都汉墓博物馆、涪陵区博物馆。

行程规划

- 线路：奉节县永乐镇白龙村—奉节县三峡原乡景区—奉节县安坪镇三沱村移民文化墙—万州区三峡移民纪念馆—白鹤梁水下博物馆—渝中区重庆中国三峡博物馆

- 总里程：550公里

- 推荐时长：3天

△ 奉节县安坪镇三沱村

DAY1 奉节县永乐镇白龙村—奉节县三峡原乡景区—奉节县安坪镇三沱村移民文化墙—万州区
（行驶里程 260 公里）

今日来到重庆市的奉节县，参观县里的白龙村、三峡原乡景区和三沱村，这里通过对三峡原乡文化的打造，呈现出三峡地区原始风貌、传统文化以及三峡移民新风尚和新农村建设成效。

❱ **路况**

整体路况良好，途经巫恩路、G242、沪蓉高速、银百高速。全程多隧道，请注意通过隧道的车速。

❱ **海拔情况**

奉节县：平均海拔 100 米；万州城区：平均海拔 330 米。

❱ **沿途特色景区**

瞿塘峡——瞿塘峡，又名夔峡。它西起奉节县的白帝城，东至巫山县的大溪镇，全长约 8 公里。在长江三峡中，这里最短，但最雄伟险峻。主要景点有奉节古城、八阵图、古栈道、风箱峡和犀牛望月。

白帝城——白帝城是国家 4A 级旅游景区、全国重点文物保护单位。这里一面靠山，三面环水，背倚高峡，是观赏"夔门天下雄"的最佳地点。李白"朝辞白帝彩云间，千里江陵一日还"的诗句，更是脍炙人口。

三峡之巅风景区——这里是长江三峡物理形态的最高处，景观形态的最美处。游客可以在海拔 1388 米的长江三峡最高处，鸟瞰瞿塘峡两岸如诗如画的风景。正如"万里长江，最美三峡，延绵七百里，自奉节始"。

天坑地缝风景区——这里是国家级风景名胜区、国家 4A 级旅游景区。游客到此欣赏的是一幅绚丽多彩的丹青长卷，石林、溶洞、瀑布、天生桥、发育完整的地下

暗河系统、洼地、竖井包罗万象，美不胜收。

❱ **"大国重器"重点项目**

奉节县永乐镇白龙村——白龙村在瞿塘峡的峡口，与白帝城隔江相望，距县城 15 公里。全村面积 15.9 平方公里，辖内 1115 户、3616 人，以乡村近郊旅游、脐橙、蔬菜为主导产业。曾先后荣获国家森林乡村、重庆市智慧旅游乡村示范点等荣誉称号。白龙村充分挖掘山水田园的乡村资源，以呈现三峡地区原始风貌和传统文化为着力点，打造"文化休闲 + 自然观光 + 生态民俗 + 原乡度假"的乡村休闲游，推出了峡江民俗文化旅游景观及系列旅游、民俗旅游体验产品，游客可在这里品尝三峡原乡美食瞿塘乡厨和瞿塘橙园火锅。

奉节县三峡原乡景区——景区在奉节县兴隆镇的回龙村，景区总面积 823 亩，于 2020 年 7 月 1 日正式开园，2021 年获评国家 4A 级旅游景区，游客可以观赏到这里典型的喀斯特地貌，景区内两块巨大绝壁高 610 米，宽 420 米，相对而立，犹如一扇石门敞开，被地质界称为世界上最大的"山门"，又因酷似中华山水之门"夔门"，被当地人称为"旱夔门"。景区为游客营造出"原山原水老家原滋味、乡里乡亲邻里乡情浓"的三峡原生特色，强调赏原生态美景、住原住民客栈、吃原滋味美食、享原乡间生活的体验，已建成七彩花田、九曲花阶、桃花坞酒窖、田园牧歌面包屋、繁花清吧、幸福草坪、亲子牧场、漫游步道、无边水池等旅游体验项目。

奉节县安坪镇三沱村移民文化墙——安坪镇以乡村振兴为抓手，协调四川美院专家，结合三沱村实际，积极开展文化墙建设。安坪镇三沱村移民文化墙目前已完成 31 幅，主要展现安坪镇三沱村纤夫文化、脐橙文化、移民文化、渔民文化以及奉节古诗词、社会主义核心价值观

△ 三峡原乡景区

△ 三峡博物馆外景

等内容，文化墙把农家院墙作为营造乡风文明的载体，以群众喜闻乐见、通俗易懂的形式，展现出三沱移民新风尚、三峡移民新风貌，展现三沱新农村建设成效。

❯ **旅行锦囊**

加油站：

1. 中国石化加油站（江南站）、中国石化加油站（魏家站）。
2. 高速上有多个中国石油加油站。

服务区：云阳服务区、歇凤服务区。

❯ **餐饮推荐**

奉节神仙豆腐、夔门醉虾、奉节杜甫晒枣、紫阳鸡汤锅、汀来泡菜、盦子鸡。

DAY2 **万州区三峡移民纪念馆—涪陵区**
（行驶里程 190 公里）

今日前往位于重庆市万州区的三峡移民纪念馆参观，这里充分展示了社会主义制度集中力量办大事的优越性，全面阐释了三峡移民精神的深刻内涵。

❯ **路况**

整体路况良好，途经银百高速、石渝高速。全程多隧道，请注意通过隧道的车速。

❯ **海拔情况**

涪陵城区：海拔 200 ~ 800 米。

❯ **沿途特色景区**

万州西山公园——园内景观葱郁，曲径通幽，楼台亭榭相映成趣。钟楼、静园、五洲池、月台等景色无不让游客感知公园的美丽。园内还有一古茶花园，种满了各个品种的山茶花，这里也是全国著名古茶花园之一。

丰都鬼城——这里是国家 4A 级景区。可以看到奈何桥、

鬼门关、十八层地狱、报恩殿等景点。是长江黄金旅游线上最著名的人文景观之一。

雨台山风景区——这里因祈雨而得名，有丰富的祈雨文化。山上苍松翠竹，郁郁葱葱，蛙鸣鸟唱，蟋蟀唧啾。有木屋四栋，两间在竹林，两间在松林，是盛夏避暑的好去处。山上还有灵猴谷，有成群的野猴出没。

白鹤森林公园——这里是涪陵区有史以来投资最大、建设规模最大、建设档次最高的城市森林公园。每年樱花开放的季节，公园都是拍摄落樱缤纷的好去处。漫步园中抑或登上山顶，俯瞰涪陵，风景也是极好。

❯ **"大国重器"重点项目**

万州区三峡移民纪念馆——这里展现了"伟大壮举 辉煌历程"的三峡移民精神，用时间作主线，分成"百年宏愿、筑梦三峡""伟大壮举、百万移民""万众一心、破解难题""生态环境、永续发展""文物保护、历史传承""高峡平湖、沧桑巨变""彪炳史册、历史丰碑"七个单元，通过多种方式全景展示三峡工程的由来、百万移民搬迁的辉煌壮举、库区工矿企业的搬迁与结构调整、城镇的迁建、专业设施的复建、文物和生态环境的保护以及三峡工程兴建后库区在生态环境保护、新城镇建设、人民生活质量提高等方面发生的巨大变化，重点展示了在党中央、国务院的坚强领导下，全国人民共下移民这盘棋、共解移民这道题，共同完成了百万移民搬得出、稳得住、逐步能致富的艰巨任务，充分展示了社会主义制度集中力量办大事的优越性，全面阐释了三峡移民精神的深刻内涵。

❯ **旅行锦囊**

加油站：

高速上有多个中国石油和中国石化加油站。

服务区：新田服务区、燕山停车区、王场服务区、丰都服务区、涪陵东服务区。

友情提示：1. 万州西山公园：首门票免票（园内动物园门票 20 元 / 位）。

2. 丰都鬼城：首门票 100 元 / 位（内有缆车，收费）。山上需注意防晒，且没有小商店，建议自备干粮。

❥ **餐饮推荐**

万州烤鱼、鸡素子粑粑、豆花饭、油醪糟、油果子。

DAY3 白鹤梁水下博物馆——中国三峡博物馆
（行驶里程 100 公里）

随着三峡工程的开展，在长江中心的那块大石梁——白鹤梁完成了历史使命，淹没在滚滚长江之中，今日就来到位于涪陵区的白鹤梁水下博物馆参观。随后前往渝中区的中国三峡博物馆，领略这里所展示的巴渝文化、三峡文化、移民文化的魅力。

❥ **路况**

整体路况良好，途经石渝高速。全程多隧道，请注意通过隧道时的车速。

❥ **海拔情况**

渝中区：海拔 167 ~ 394 米。

❥ **沿途特色景区**

洪崖洞——这里是"成渝十大文旅新地标"，无论日夜都惊艳绝伦。它依山就势，沿江而建，可观吊脚群楼、洪崖滴翠，逛山城老街，赏巴渝文化，烫山城火锅、看两江汇流，品天下美食。

解放碑步行街——这里就是重庆的市中心，它以人民解放纪念碑为中心向周边扩展，现在已经是鼎鼎大名的"中国西部第一条商业步行街"。附近的十八梯、长江索道、八一路好吃街也都成了网红打卡景点。

枇杷山公园——这里原来是重庆旧城区最高点。现在这里竹木成荫，花草繁茂，漫步登上最高点红星亭，俯瞰整个渝中区，是观山城夜景的好地方。

重庆市人民大礼堂——这里是国家 4A 级景区，是重庆十大文化符号，也是山城建筑艺术的瑰宝。我们可以看到大礼堂的外观像明清时的宫殿，中轴对称，结构匀称，对比强烈，布局严谨，古雅明快。

❥ **"大国重器"重点项目**

白鹤梁水下博物馆——白鹤梁位于重庆涪陵城北长江中，全长 1600 米，均宽 15 米，因早年常有白鹤群集而得名。梁上镌刻有自唐广德年间历代题刻 165 段（石鱼 18 尾，观音 2 尊，白鹤 1 只）。题刻集历代名家文学、书法之大成，素有"水下碑林"之誉；记载了自唐迄今 1200 年间 72 个年份的枯水水位，具有极其重要的水文科学价值，故有"世界第一古代水文站"之称。白鹤梁水下博物馆是为保护白鹤梁题刻而专门修建的水下博物馆，世界唯一的水下博物馆，它建在水面下 40 米处，里面有亚洲最长隧道式自动扶梯。游客可以通过环形窗进行观察，仿佛置身在一个璀璨而透明的"水晶宫"中。1988 年 8 月，白鹤梁被国务院公布为全国第三批重点文物保护单位；2006 年，被国家文物局列入《中国世界文化遗产预备名单》。

渝中区重庆中国三峡博物馆——来到中国三峡博物馆，就可以领略到巴渝文化、三峡文化、抗战文化、移民文化和城市文化等博物馆的特色展示，它是中央地方共建国家级博物馆、国家文化和科技融合示范基地、首批国家一级博物馆、全国最具创新力博物馆、国家文物局重点科研基地、全国爱国主义教育示范基地、全国科普教育基地、全国青少年教育基地、全国古籍重点保护单位等。馆舍由主馆、白鹤梁水下博物馆、重庆宋庆龄纪念馆、涂山窑遗址、重庆三峡文物科技保护中心五个场馆组成。现有馆藏文物 11.5 万余件套。常设《壮丽三峡》《远古巴渝》《重庆·城市之路》《抗战岁月》等展览 13 个。博物馆位于重庆人民大礼堂的正西端，两者中间是 4 万平方米的重庆人民广场，三者共同形成"三位一体"的城市标志性建筑群。

❥ **旅行锦囊**

加油站：

高速上有多个中国石油和中国石化加油站。

服务区：涪陵西服务区、双河口服务区。

友情提示：1. 重庆市人民大礼堂需要公众号预约。

2. 白鹤梁水下博物馆：需要提前预约。参观场馆在水下，注意防止身体出现不适感。

❥ **餐饮推荐**

重庆火锅、重庆小面、棒棒鸡、毛血旺、奶油燕窝酥、酸辣粉。

△ 洪崖洞

No.6 科技湖南·动力中国

走近制造业高地，感受强劲动力"中国芯"

手绘线路图

图中标注：

N

湖南博物馆

长沙中联重科
麓谷工业园

长沙远大科技集团
远大城

岳麓山

橘子洲

长沙市

长沙花明楼景区

株洲动力谷

株洲市

衡山风景区

衡山县

衡阳工业博物馆

衡阳县

株洲炎帝陵景区

东江湖风景旅游区

郴州宝山工矿

郴州古城

郴州市

线路概况

装备制造业一直以来被视为工业的心脏、国民经济的生命线，更是全球各地产业竞争的制高点、产业链最上游的角力场。"科技湖南·动力中国"精品线路所串联的长沙中联重科麓谷工业园、长沙远大科技集团远大城、株洲动力谷、衡阳工业博物馆以及郴州宝山工矿，就是以京广高铁为主轴，通过展示飞机生产、中国高铁之"芯"制造等，展现出"科技湖南"快速发展的工业力量，让游客走近湖南制造业高地，感受到动力中国的强劲心跳。

大国重器

长沙中联重科麓谷工业园、长沙远大科技集团远大城、株洲动力谷（高铁机车、通用航空、新能源汽车相关产业展示）、衡阳工业博物馆、郴州宝山工矿。

周边文化体验

◑ 非遗： 湘绣、湘剧、花鼓戏、皮影戏、醴陵釉下彩瓷、湖南昆曲、炎陵客家藤牌阵、湘南木雕。

◑ 文化公园： 长沙世界之窗、长沙天心阁、株洲市神农城炎帝文化公园、衡阳印山文化旅游区、郴州莽山国家森林公园。

◑ 博物馆： 湖南博物馆、韶山毛泽东同志纪念馆、刘少奇同志纪念馆、长沙市博物馆、长沙简牍博物馆、湖南党史陈列馆、株洲市博物馆、郴州市博物馆。

△ 橘子洲

行程规划

● **线路:** 长沙中联重科麓谷工业园—长沙远大科技集团远大城—株洲动力谷—衡山县—衡阳工业博物馆—郴州宝山工矿

● **总里程:** 390 公里

● **推荐时长:** 2 天

DAY1 长沙中联重科麓谷工业园—长沙远大科技集团远大城—株洲动力谷—衡山县
（行驶里程 170 公里）

从长沙出发，来到长沙中联重科麓谷工业园，这里是中联重科的生产制造基地之一。接着抵达长沙远大科技集团远大城，这里是远大集团总部所在地。最后抵达株洲动力谷，这里拥有"中国电力机车的摇篮""中小型航空发动机产业基地""新能源汽车制造基地"三大标志性名片，给世界一颗"中国芯"。

● 路况

长沙市区，整体路况良好，后沿京港澳高速前行。

● 海拔情况

长沙：平均海拔 44.9 米；株洲：平均海拔 46 米；衡山县城：海拔 44 米。

● 沿途特色景区

橘子洲——毛主席《沁园春·长沙》："独立寒秋，湘江北去，橘子洲头。"词中提到的橘子洲就是这里，一个江中的长岛，长沙的重要名胜，也是世界上最大的内陆洲，被誉为"中国第一洲"。

岳麓山——古人称赞它"碧嶂屏开，秀如琢珠"。自古这里就以林壑幽美，山幽涧深闻名。其中六朝的罗汉松、唐宋的银杏、明清的松樟非常出名；还有爱晚亭、清风峡、蟒蛇洞、禹王碑、岳麓书院等景观闻名遐迩。

长沙花明楼景区——这里是我国独一无二的伟人故里"黄金环线"的重要组成部分，国家 5A 级旅游景区。整个景区主要由刘少奇同志故居、纪念馆、铜像广场、文物馆、花明楼和修养亭这几部分组成。

湖南博物馆——博物馆造型古拙，气势恢宏，以独特的风格展现出湖湘文化的丰富内涵，是古城长沙标志性建筑之一。馆内功能齐全，"马王堆汉墓""湖南名窑陶瓷"等常设陈列及临时展览在这里展出。

● "大国重器"重点项目

长沙中联重科麓谷工业园——这里是中联重科分布在全球各地的生产制造基地之一。中联重科股份有限公司创立于 1992 年，主要从事工程机械、农业机械等高新技术装备的研发制造，是一家持续创新的全球化企业。公司生产具有完全自主知识产权的 11 大类别、70 个产品系列，为全球产品链最齐备的工程机械企业。公司的两大业务板块混凝土机械和起重机械均位居全球前列。

长沙远大科技集团远大城——远大城是远大科技集团总部，在长沙东郊。1997 年挂牌"远大科技园"，是国家第一个以企业名字命名的科技园区。这里诞生了全球第一台发电尾气非电空调、洁净新风机、工厂化可持续建筑等数百项影响世界的科技发明。园区内所有 25 万平方米人居建筑都采用了 15 ~ 20 厘米厚保温、3 ~ 4 层玻璃窗、窗外遮阳和新风热回收，这里是一个向全世界 80 多国提供空调，自己却极少用空调的地方。远大城自产有机食品、自行粮油加工、自制反渗透水、奖励不购车员工、垃圾分类回收、超市无人值守、餐桌无一粒

△ 株洲动力谷

△ 郴州古城

剩饭、地面无一片纸屑，所有房间 100% 使用新风，且 99.9% 过滤 PM2.5，园区涵盖了剧场、运动馆、瑜伽馆、图书馆、精品酒店和 44 座伟人铜像，是一个环境价值与人文价值兼具的"小型城市"。

株洲动力谷——株洲有"中国电力机车之都"的美誉，为全球轨道交通各类用户提供从轨道交通器件、部件、系统到整机、大系统的全寿命周期系统解决方案，几乎覆盖了行业的所有领域，株洲也因此被称为中国"动力谷"。这里的中车株洲电力机车有限公司，展现了中国铁路机车发展鲜活历史。"中国第一台电力机车""中国第一台交流传动电力机车""世界功率最大的电力机车"……已创造了中国工业史上无数个"第一"。动力谷的范围包括株洲市的全地域，核心区域是石峰区的轨道交通通城、芦淞区的通用航空城、高新区的新能源汽车城和动力谷自主创新园。

❯ **旅行锦囊**

加油站：

高速上有中国石油和中国石化加油站。

❯ **服务区：**昭山服务区、朱亭服务区。

❯ **餐饮推荐**

长沙：臭豆腐、糖油粑粑、嗦螺、口味虾、酱板鸭、口味蟹。

株洲：醴陵酱板鸭、米线鱼、炎陵酿豆腐、血卤鸭、组庵鱼翅、菊花鱼。

衡山：衡山土头碗、红烧冬瓜、石鼓酥薄月饼、糖醋脆皮鱼、刮凉粉、茶油土鸡王。

DAY2 **衡山县—衡阳工业博物馆—郴州宝山工矿**
（行驶里程 220 公里）

今日首先前往衡阳工业博物馆，这里是湖南省第一座工业博物馆，也是中国首家在高科技产业园区内建设的工

业博物馆。随后前往郴州宝山工矿，这里以工矿文化体验为主题，既能看到复原的作业场景，又能欣赏到区域内的地质奇观，是非常具有代表性的工业旅游景区。

❯ **路况**

沿京港澳高速、泉南高速、许广高速前行，整体路况良好。

❯ **海拔情况**

衡阳：平均海拔 81 米；郴州：平均海拔 165 米。

❯ **沿途特色景区**

株洲炎帝陵景区——这里又称"天子坟"。相传上古时期，中华民族的始祖炎帝神农氏来南方巡视，尝草采药，为民治病，不幸误尝毒草身亡，安葬于此。因此炎帝一直受到历朝历代的炎黄子孙的无比敬仰。

衡山风景区——这里是"五岳"之一的"南岳"，著名的道教、佛教圣地，环山有寺、庙、庵、观 200 多处。主要山峰有回雁峰、祝融峰、紫盖峰、岳麓山等，最高峰祝融峰海拔 1300.2 米。有"高、奇、深、秀"为"南岳四绝"。

郴州古城——郴州是一座千年古城，人称"九仙二佛之地"，道教和佛教文化发展的福地，留下来许多神佛传说，其中苏耽、寿佛周全真、刘瞻、柳毅等人的传说还流传到了海外，成了我国宝贵的非遗财富。

东江湖风景旅游区——这里是一处自然景观与人文景观交相辉映的国家级风景名胜区。特别是"中华奇景"的小东江水雾，每年 4 月至 11 月，每逢太阳升空前和太阳落山后，江面之上，云蒸霞蔚，宛若一条玉带在空中飘拂。

❯ **"大国重器"重点项目**

衡阳工业博物馆——这里是湖南省第一座工业博物馆，也是中国首家在高科技产业园区内建设的工业博物馆。展馆总建筑面积 11000 平方米，馆藏各种工业遗存物 3000 余件，展现了衡阳古代手工业、近代机器大工业、现代工业的发展脉络。自 2017 年 9 月 29 日开馆以

△ 东江湖风景旅游区

来，衡阳工业博物馆先后多次接待国内外参观团体、重宾、客商、游客 18 万余人次，先后承办全国"双创周"湖南省分会场、衡州经济论坛、首届湖南工业版画精品展、纪念改革开放 40 周年工业摄影展等大型活动 50 余场次，是湖南省工业旅游示范基地、衡阳市科普教育基地、衡阳市研学教育基地、衡阳市青少年教育基地，已成为推荐衡阳的亮丽名片。

郴州宝山工矿——这里是一个真实的工矿旧址，是首个国家 4A 级工矿旅游景区。宝山工矿展示了郴州"有色金属之乡"的特色，成为"中国最神奇的探宝之旅"和"中国千年采矿史的教科书"。景区分为"一心七区"，有游客服务中心，井下探秘区、露采场景区、矿冶博览园区、子龙训练营区、古郡观景台、矿山风情园区、选冶工艺参观区。这里有国内罕见的露天单体采矿区、中南有色矿山较为现代化的竖井、世界最大的古铜币主题雕塑、财富大道；井下有色彩斑斓的孔雀石、晶莹剔透的冰晶针、刺激的矿井探险和 3D 电影，而古时遗留下来的众多老窿洞，更是一部千百年来宝山悠久的采矿史。

❯ **旅行锦囊**

加油站：
高速上有多个中国石油和中国石化加油站。

服务区：衡山服务区、雁城服务区、洪市服务区、常宁服务区、欧阳海服务区。

❯ **餐饮推荐**

衡阳：衡阳鱼粉、茅市烧饼、渣江假羊肉、常宁凉粉、耒阳坛子菜。

郴州：栖凤渡鱼粉、东江鱼、临武鸭、马田豆腐、汝城麻鸭。

△ 衡阳工业博物馆

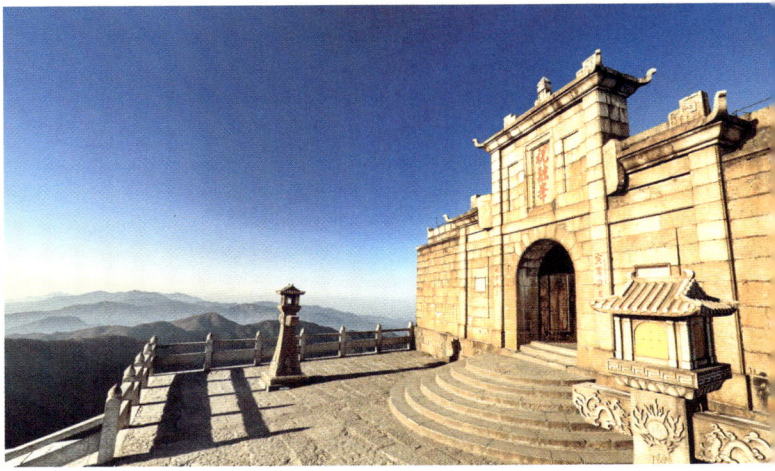

△ 衡山风景区

No.7 创新驱动·造福人类

沪苏联动，科技振兴长江经济带

手绘线路图

线路概况

创新实现了中国的"大国重器"真正取得世界级的自主创新和企业的核心竞争力，驱动了中国装备制造业实现超越。如今，全球顶级制造企业大手笔接纳中国机器的时代已经开启。当中国的机器制造能力越来越扎实、越来越稳健地向高端攀升，创新的能力也开始大规模出现。"创新驱动·造福人类"精品线路，让游客走入上海汽轮机厂、振华重工、沪东中华集团、中交天和、双良集团展示馆等，整条线路展现了产业升级带来的创新动力，让游客在"创新精神"的氛围中，了解创新驱动如何助力中国企业一步步走向世界高端制造领域。

大国重器

上海汽轮机厂、上海振华重工集团、沪东中华造船厂、中交天和机械设备制造有限公司、无锡透平叶片有限公司、江苏双良集团展示馆。

周边文化体验

- 非遗：民族乐器制作技艺（上海民族乐器制作技艺）、

传统面食制作技艺（南翔小笼馒头制作技艺）、素食制作技艺（功德林素食制作技艺）、惠山泥人、紫砂器（壶）、江南丝竹、鱼篮虾鼓舞。

- 文化公园：上海迪士尼乐园、上海野生动物园、虞山国家森林公园、惠山国家森林公园、江苏学政文化旅游区、江阴双泾农渔文化体验园、环球恐龙城。

- 博物馆：上海博物馆、上海自然博物馆、上海科技馆、上海邮政博物馆、常熟博物馆、无锡博物院、中国吴文化博物馆、江阴博物馆、江阴军事文化博物馆。

行程规划

- 线路：上海汽轮机厂—上海振华重工集团—沪东中华造船厂—常熟市—中交天和机械设备制造有限公司—无锡透平叶片有限公司—江苏双良集团展示馆

- 总里程：280公里

- 推荐时长：2天

△ 上海外滩夜景

DAY1 上海汽轮机厂—上海振华重工集团—沪东中华造船厂—常熟市

（行驶里程 160 公里）

今天从上海出发，沿着上海的"母亲河"黄浦江开始了解整个港口重机生产企业、船舶动力顶尖企业及船舶制造皇冠企业，它们已在全世界拥有举足轻重的地位，一路走来为所见所闻的大国重器感到自豪。

❯ 路况

整体路况良好，沿沪金高速、外环高速、上海市内道路、沪嘉高速、沈海高速前行。

❯ 海拔情况

上海：平均海拔 2.19 米；常熟：海拔 4～7 米。

❯ 沿途特色景区

红园——这里前身是上海汽轮机厂的专用绿地，后经改造到 1962 年改名为"红园"。园内大量种植着红叶李、青枫、红枫、三角枫等红叶树种，依山傍水，聚散相成，景色优美，自然生态极佳，鸟类众多。

上海迪士尼度假区——这里是中国内地首座迪士尼主题乐园。有米奇大街、奇想花园、探险岛、宝藏湾、明日世界、梦幻世界等场景以及迪士尼城堡、漫威英雄总部、巴斯光年星际营救等游乐项目，深受广大国人的喜爱。

上海科技馆——这里展现了"自然·人·科技"的主题，有教育与科研、合作与交流、收藏与制作等很多的功能，并用学科手段寓教于乐，让每个参观者能在互动活动中，接受科技知识的教育和科学精神的熏陶。

嘉北郊野公园——这里有连绵成片的农田和四旁树林，是参与休闲养生、康乐疗养、农田体验、文化科普等活动的好去处。公园内买食物的地方不多，只有两处嘉北小集，可以自带食物野餐，别有一番风味。

沙家浜·虞山尚湖旅游区——虞山是国家森林公园，因商周吴地先祖虞仲卒葬于此而得名，是我国吴文化的重要发源地；尚湖与虞山相依，因商末姜太公在此隐居垂钓而得名，湖内湿地遍布，是我国最佳生态休闲旅游湖泊。

❯ "大国重器"重点项目

上海汽轮机厂——这里建立于 1953 年，是中国第一家汽轮机制造厂。50 多年来，上汽人制造了中国第一台 6 千千瓦汽轮机、第一台引进型 30 万千瓦汽轮机、第一台 31 万千瓦核电汽轮机和第一台超超临界 100 万千瓦汽轮机，创造了中国汽轮机制造史上的多项"第一"。上汽以设计、制造火电汽轮机、核电汽轮机和重型燃气轮机为主，兼产船用汽轮机、风机等其他动力机械。是中国首家通过 ISO 9001 质量体系认证的机械行业企业，并通过了 ISO 14001 环境管理体系及 OHSMS 职业健康安全管理体系的认证；还获得了"全国创建和谐劳动关系模范企业""全国实施卓越绩效模式先进企业""中国机械 500 强"等多项荣誉称号。

△ 上海科技馆

△ 沪东造船厂

上海振华重工集团——这里是全球最大的港口机械装备生产企业，重型装备制造行业的知名企业，"一带一路"百强之一。连续 19 年所在领域份额全球第一。现在，世界上有 150 多个港口用的装备，都是上海振华重工生产的。尤其是塔吊，整体制造完成之后，直接由整机运输船通过大洋送达客户。目前塔吊在全球市场的占有率已达到 86%。上海作为集团总部，在长兴岛基地就有近 5 公里的深水岸线，除此之外在南通、江阴、扬州等地设有 8 个生产基地。

沪东中华造船（集团）有限公司——这里是中国船舶工业集团公司下属五大造船中心之一，中国造 24000TEU 全球最大集装箱船在这里顺利出坞，这是由沪东中华自主设计，拥有完全自主知识产权，是长荣集团订造的 6 艘 24000TEU 超大型集装箱船项目的首制船。当中国造船业拿下世界造船第一大国的地位后，发现仅仅会制造低附加值的散装船不是我们赶超世界的方法。中国人要建造高附加值船舶，才能走向造船强国之路。沪东中华集团把目光锁定在造船业公认的三颗"明珠"之一的 LNG 船，登上造船极端制造赶超的顶峰。而沪东人当时对 LNG 船的制造技术完全陌生。一份图纸，给沪东带来了机会。获得机会的沪东人，抱着必胜的信念研发 LNG 船，摘下了世界造船业"皇冠顶上的明珠"。

◈ 旅行锦囊

加油站：

上海市内加油站非常方便找到，高速上也有若干加油站。

服务区： 朱桥服务区、太仓沙溪服务区。
友情提示： 嘉北郊野公园：免费不免票，关注微信公众号预约。

◈ 餐饮推荐

蟹壳黄、南翔小笼、上海八宝饭、鲜肉月饼、条头糕、排骨年糕、常熟叫花鸡、梅花糕。

DAY2 中交天和机械设备制造有限公司—无锡透平叶片有限公司—江苏双良集团展示馆
(行驶里程 120 公里)

从常熟出发，来到中交天和机械设备制造有限公司，这里是中国自主专利重型盾构机远销海外的开始。接着前往无锡透平叶片有限公司，这里的产品遍布我国每一台 300MW 功率以上的电站机组，并且远销全球，声誉卓著。最后前往双良集团展示馆，这里将双良集团的产业发展、企业使命、核心优势全面呈现，打造了大国重器企业的优秀形象。

◈ 路况

整体路况良好，沿沪武高速，到海港大道前行。

◈ 海拔情况

无锡：平均海拔 8 米；江阴：平均海拔 6 米。

◈ 沿途特色景区

惠山古镇——我们可以看到这里有大片古祠堂，祠堂群始建于唐，盛于明清，在古镇看到的多是清代祠堂。这些祠堂涉及 80 多个姓氏。镇上的无锡泥人是不错的手信，美食也值得品尝。

太湖鼋头渚风景区——鼋头渚在太湖之滨的充山西面，因为有石渚像鼋头一样伸入湖中，所以称为鼋头渚。有充山隐秀、鹿顶迎晖、鼋渚春涛、横云山庄、万浪卷雪、湖山真意、十里芳径、太湖仙岛等十多处景点。

华西村风景区——华西村又名"天下第一村"，是中国"社会主义新农村建设"的典范。如今，在喧嚣和沉寂中找到了一个完美的平衡点，旧日农村的宁静祥和与现代都市的进步变革在这里得到了很好的融合。

新龙生态林——这里是常州最大的生态林工程，"林"为核心，为游客营造了野趣的自然景观。如绿野仙踪一般，有种误入仙境的错觉。碧绿的湿地胡泊、错落的潺潺小溪、幽静的临水栈道，随手一拍都是大片。

◉ "大国重器"重点项目

中交天和机械设备制造有限公司——这里是国资委下属中国交通建设股份有限公司成员公司。这里生产的重器主要是隧道掘进机（盾构机）、大型抓斗挖泥船（18米以上）、大型钢结构、船用锚机、拖缆机等；已拥有发明专利9项、实用新型专利10项，已具备年产盾构机40台（最大直径达16米）、大型钢结构5万吨的生产能力。特别在盾构机系统集成设计、研发与制造、全断面硬岩掘进机（TBM）系统集成设计、研发与制造等方面，这里已经能提供自有产品的现场安装、转移、大修、施工等服务。2018年9月29日，自主研发的出口海外高铁用超大直径盾构机在这里的总装车间下线，这台盾构机将用于印尼雅万高铁工程。

无锡透平叶片有限公司——这里是国内领先、全球知名的透平叶片专业供应商。主要为大型电站汽轮机、燃气轮机，航空发动机及各类透平动力装备提供各种叶片。产品被广泛应用于能源电力、航空航天、船舰装备及石化等领域。这里拥有先进的专业化工艺技术、制造装备和可靠的质量保证体系，在30年的产业实践中，已累计制造装备各类叶片超过200万片，现年产各类叶片可达30万片以上。产品遍布我国每一台300MW功率以上的电站机组，覆盖火电、气电、核电三大领域，具备生产百万千瓦等级超超临界及核电机组大叶片的先进工艺制造水平，拥有国内70%以上的大叶片市场份额。产品更远销日本、德国、意大利、法国、美国、印度等国家，服务于全球多家著名电气公司，声誉卓著。

双良集团展示馆——双良集团在"节能、节水、环保"

△ 惠山古镇

高端制造领域具有核心竞争力，溴化锂机组被评为国家"单项冠军产品"，被中国制冷协会誉为"挽救了中国溴化锂制冷机行业"，被央视聚焦记录，誉为"造福人类，大国重器"，获得中国工业"奥斯卡"大奖的"中国工业大奖"，是中国企业500强、中国制造企业500强。这个磅礴大气的企业展馆，将双良集团的产业发展、企业使命、核心优势全面呈现。

◉ 旅行锦囊

加油站：
中国石化加油站（滨江西路站）、双良集团园区附近有中国石化加油站。

服务区： 新桥服务区。
友情提示： 双良集团展示馆无须预约，可参观。

◉ 餐饮推荐

江阴马蹄酥、拖炉饼、刀鱼馄饨、酱排骨、油面筋、阳山水蜜桃、马山杨梅、无锡小笼包。

△ 鼋头渚

No.8 山东舰·国威扬

新时代，双航母，护卫共和国万里海疆

手绘线路图

线路概况

2019年12月17日，我国第一艘完全自主设计、自主建造、自主配套的国产航空母舰——山东舰，在海南三亚某军港交付海军。回顾国产航母起航之路，我国突破了船体结构、动力核心设备这两项制约航母发展的重大技术瓶颈，仅用时2年多建造完成。"山东舰·国威扬"精品线路，引领游客走进大连船舶重工集团有限公司、大连造船新厂、大连重工起重集团有限公司等建造卫国重器的重点企业，展现了中国已经具备自行设计、建造航空母舰的能力，也标志着中国海军进入了双航母时代。

大国重器

大连重工起重集团有限公司、大连船舶重工集团有限公司、大连船用柴油机有限公司、大连造船新厂、渤海船舶重工有限责任公司。

周边文化体验

◎ **非遗：** 糖鼓火烧、大连贝雕、大黑山剪纸、庄河面塑灯、庄河皮影戏、庄河双管乐、金州龙舞、金州梅花螳螂拳之六合棍。

◎ **文化公园：** 大连老虎滩海洋公园、大连横山北普陀主题文化公园、大连石葵人口文化公园、葫芦岛文化公园、

△ 大连老虎滩海洋公园

葫芦岛人文纪念公园、葫芦岛龙兴国家湿地公园。

🌿 **博物馆：**大连博物馆、大连贝壳博物馆、大连生命奥秘博物馆、大连市世纪留声音乐文化博物馆、葫芦岛博物馆、葫芦收藏博物馆。

🟩 行程规划

🧭 **线路：**大连重工起重集团有限公司—大连造船新厂—大连船舶重工集团有限公司—大连船用柴油机有限公司—渤海船舶重工有限责任公司

📍 **总里程：**437 公里

🕐 **推荐时长：**2 天

DAY1 大连重工起重集团有限公司—大连造船新厂—大连船舶重工集团有限公司—大连船用柴油机有限公司
（行驶里程 12 公里）

今日来到大连，让我们沿着"山东舰"的历程参观这些建造大国重器的重点企业。中国首艘国产航母在 2013 年 11 月开工，2015 年 3 月开始坞内建造。从设计到建造，全部由中国自主完成。6 万吨的航母，仅用时两年多建造完成。这样的速度，在全球航母建造史上首屈一指。

▶ 路况

整体路况良好，沿大连市内道路前行。

▶ 海拔情况

大连：平均海拔 29 米。

▶ 沿途特色景区

大连老虎滩海洋公园——这里能看到亚洲最大以展示珊瑚礁生物群为主的大型海洋生物馆——珊瑚馆，世界最大、中国唯一的展示极地海洋动物及极地体验的场馆——极地馆，全国最大的半自然状态的人工鸟笼——鸟语林。

棒棰岛——我们可以看到整个棒棰岛其实像一个"棒槌"，这里有 500 米长的沙滩，沙质洁白细柔，海水清澈，是大连最好的海水浴场之一。沿海生长着海蟹、海螺、海参等海珍，游客都喜爱来体验捕捞的乐趣。

金石滩国家旅游度假区——这里是国家级风景名胜区、国家 5A 级景区。震旦、寒武纪的地质地貌和古生物化石形成了近百个景点。它奇特的地质景观被誉为"神州独一无二"、世界罕见、全球不能再生的"神力雕塑公园"。

大连旅顺潜艇博物馆——馆内通过文字和模型展出中国潜艇文化发展史和世界潜艇文化发展史，主要介绍不同发展阶段的潜艇功能及在历史上发挥的作用。作为国内首个潜艇巡航体验馆，馆内还展示着国产 033 型潜艇实物。

▶ "大国重器"重点项目

大连重工起重集团有限公司——这里是我国装备制造业的大型骨干企业和新能源设备制造企业。企业始终以振兴民族装备制造业为己任，向各时期的工程建设及国内外客户提供了 400 多万吨重大装备，创造了近 200 多个"中国第一"，为我国经济发展和现代化建设做出了重大贡献。企业建有国家级技术中心，主要为钢铁、电力、能源、矿山、交通运输等行业提供成套技术装备、高新技术产品和服务，现已形成冶金机械、起重机械、港口机械、散料装卸机械四大类传统主导产品和兆瓦级风力

发电核心部件、大型船用曲轴、核电站用起重设备、隧道掘进设备、大型高端铸锻件五大类成长型产品。企业将进一步提升自主创新能力，推动企业稳定、科学、可持续发展，力争综合竞争能力国内行业第一，致力于打造国际一流装备制造企业集团。

大连造船新厂——这里是按当代世界先进水平设计建立的国内最大规模的船舶总装厂，是国家批准的大型船舶出口基地。主要生产设备有：德国制造成的被誉为"亚洲第一吊"的900吨龙门起重机和处理流水线；具有世界先进水平的等离子切割机及各种高效焊机；国产先进水平的冷压、冷弯设备和各种动力设备。可建造30万吨以下油轮、货轮等各种类型船舶及海洋工程项目。目前中国具有建造5万吨以上巨型船舶能力的造船厂有40多个，其中拥有建造5万吨以上巨型军用船舶的造船厂有两个，其中之一就是大连造船厂，船厂拥有一个超大型船坞，专用于建造航母、两栖攻击舰等巨型军用船。在2013年，大连造船厂就被证实正在建造新航母，结构类似"辽宁舰"，属于中型滑跃起飞常规动力航母，它就是"山东舰"，是中国真正意义上的第一艘国产航空母舰。

大连船舶重工集团——这里是目前国内规模最大、建造产品最齐全、最具有国际竞争力的现代化船舶总装企业，也是拥有军工、造船、海洋工程、修船和重工五大产业的综合企业集团。始建于1898年，历经俄日殖民统治、苏联接管、独立经营、企业分建、整合重组和新大船等发展阶段，创造了中国造船史上80多个"第一"，见证了中国船舶工业从小到大的发展历程，成就了共和国海军由弱变强的历史跨越，更是以建造两艘航空母舰的卓越功勋，彰显了百年船厂的雄厚实力。这里也被誉为中国"海军舰艇的摇篮"，中华人民共和国成立以来共建造了40多个型号、800多艘舰船，是我国水面舰船研制生

产实力最强、为海军建造舰船最多的船厂。第一艘炮艇、第一艘导弹潜艇、第一艘导弹驱逐舰等都诞生于此。威武的战舰劈波斩浪，树起了坚不可摧的海上长城。

大连船用柴油机有限公司——这里是中国船舶重工集团柴油机有限公司在大连的制造基地，承担中大缸径低速柴油机生产、试验和发运基地的角色。现公司主要生产瓦锡兰（DMD-WARTSILA）系列和曼恩·B&W系列（DMD-MAN）系列重型船舶主机，同时进行重大工艺装备制造。总隶属于中国船舶工业集团公司。以船舶动力领域优秀专家组成的DMD造机团队用最大的智慧和努力，以最先进的技术、设备和系统，为一艘艘巨轮装备了主动力源，献给用户莫大喜悦。企业价值观："人人尽心尽力，达到顾客满意。"凭着对用户的真诚和20多年积累的技术、经验，DMD造机水平始终保持与世界先进水平同步，并通过全球网络迅速为用户提供主机技术支持、零部件的更换和维修等优质服务，在国际上被客户誉为"可以满足最高标准的工厂"。该公司接受团体参观。

❯ **旅行锦囊**

加油站：

中国石油加油站（付家庄站）、中国石油加油站（白云站）。

❯ **餐饮推荐**

大连铁板鱿鱼、海鲜焖子、咸鱼饼子、蚬子芸豆面、大连烤鱼片、拌海凉粉、海菜包子。

DAY2 **大连市—渤海船舶重工有限责任公司**
（行驶里程425公里）

今日来到位于葫芦岛港的渤海船舶重工参观，这里力争创建中国最强最大、国际一流船舶集团，成为我国海军装备最强最大的供应商，成为中国造船业的主导力量。

△ 大连造船新厂

△ 大连自然博物馆

路况

整体路况良好，沿沈海高速、丹锡高速、京哈高速前行。

海拔情况

葫芦岛：平均海拔 17 米。

沿途特色景区

大连自然博物馆——这里是一幢海边的现代欧式建筑，远看像极了一座欧洲城堡。在这里参观特别要关注海洋生物标本和"热河生物群"化石标本，其中重达 66.7 吨的黑露脊鲸标本，在国内独一无二，在亚洲也属罕见。

大连森林动物园——这里是国家 4A 级旅游景区。有北京动物园赠送的熊猫、日本北九州动物园赠送的袋鼠等珍贵动物。动物园给游客"绿色和生命"的整体感观，处处展现着"动物是人类永远的朋友"这一主题。

葫芦岛龙兴国家湿地公园——这里是国家级湿地公园。地理环境优越，游客既可以观赏近海与海岸湿地，又能看到河流湿地与沼泽湿地。在生物方面，近海海域潮间带及底栖生物物种类型多样，是鸟类迁徙通道，也是观鸟的好地方。

兴城古城——这里是我国保存最完整的四座明代古城之一。古城是一座方形卫城，有东、南、西、北四门。各城门上修筑高耸的箭楼，各门内侧沿城墙修有蹬道。古城正中心有钟鼓楼，游客登楼眺望可看全城风光。

"大国重器"重点项目

渤海船舶重工有限责任公司——这里是中国船舶重工集团公司所属骨干企业之一，前身是渤海造船厂，现在是我国造船、修船、钢结构加工、大型水电设备制造的大型现代化企业和国家级重大技术装备国产化研制基地。公司位于中国内海渤海湾北岸，这里有北戴河海滨、山海关长城、古兴城风光旅游带东端，依山傍海，风景秀

△ 葫芦岛

丽。著名的葫芦岛港就是公司所在地。这里拥有中国最大的七跨式室内造船台、两个 30 万吨级船坞、15 万吨级半坞式船台、5 万吨级可逆双台阶注水式干船坞等世界先进的造船设施和一流设备。现已设计建造各类船舶 190 多艘，开发研制了 50 多种新船型，在转炉和水轮机转轮制造市场享有极高声誉。产品多次获国家级科技进步奖、国家级新产品奖。该公司接受团体参观。

旅行锦囊

加油站：

高速上有多个中国石油和中国石化加油站。

服务区：三十里堡服务区、复州河服务区、西海服务区、辽河服务区、凌海服务区、塔山服务区。

餐饮推荐

红螺蚬干豆腐、绥中黏豆包、绥中水豆腐、建昌杏仁小米粥、烤明虾、兴城全羊席。

△ 大连船舶重工集团

No.9 工业重镇·智慧创新

古有"汉阳造"，今有"东风造"，"光谷造"未来风光无限

手绘线路图

线路概况

"汉阳造"代表着近代中国的工业革命，它彰显了中华民族的觉醒。"东风造"代表着当今中国"东方风起"计划的实施和中华民族伟大复兴的中国梦的实现。"工业重镇·智慧创新"精品线路，让游客走进东风汽车集团、中国光谷、武汉葛化集团、中国建筑科技馆等，整条线路见证了华中地区最大制造业城市的光辉历程，让游客在"工业重镇"的范围内，感受我国汽车制造、计算机、通信和生物科技创新产业的"武汉智慧"。

大国重器

东风汽车集团股份有限公司、汉阳造（兵工厂旧址）、中国建筑科技馆（中建三局）、光谷展示中心、激光科技馆（华工科技）、光谷生物城创新成果展示交易馆、武汉未来科技城展示中心、中小尺寸显示屏展（华星光电）、武汉葛化集团展馆。

周边文化体验

- **非遗**：大禹治水传说、木兰传说、黄鹤楼传说、伯牙子期传说、汉剧、木偶戏、湖北评书、湖北小曲、武汉杂技、汉绣。
- **文化公园**：武汉大禹文化馆、木兰文化景区、首义文化

公园，沙湖公园、解放公园、荷兰风情园、汉水公园、常青公园、武昌廉政文化公园。

- **博物馆**：湖北省博物馆、中国地质大学逸夫博物馆、武汉市革命博物馆、辛亥革命博物馆、武汉博物馆、武钢博物馆、武汉中华奇石馆。

行程规划

- **线路**：东风汽车集团股份有限公司—汉阳造（兵工厂旧址）—光谷展示中心—激光科技馆（华工科技）—光谷生物城创新成果展示交易馆—中国建筑科技馆（中建三局）—武汉未来科技城展示中心—中小尺寸显示屏展（华星光电）—武汉葛化集团展馆
- **总里程**：60公里
- **推荐时长**：2天

DAY1 东风汽车集团股份有限公司—汉阳造（兵工厂旧址）—光谷展示中心—激光科技馆（华工科技）
（行驶里程60公里）

今日首先来到东风汽车集团参观，这里是中国汽车行业内产业链最齐全、产品阵营最丰富的汽车企业。接着前往参观汉阳造，这里代表着中国的"工业革命"，代表着中华民族的觉醒。随后来到光谷展示中心，这里通过

△ 黄鹤楼

△ 汉阳造

梦想东湖、光谷足迹、产业辉煌三个部分展示，呈现了东示范区 20 多年的创新创业成就。最后来到激光科技馆（华工科技），展馆以"传播激光科普知识、推广激光技术应用、助力激光产业发展"为目标，打造激光行业专业科技馆。

◆ 路况
整体路况良好，沿二环线、高新大道前行。

◆ 海拔情况
武汉：平均海拔 37 米。

◆ 沿途特色景区
黄鹤楼——黄鹤楼与岳阳楼、滕王阁、蓬莱阁并称中国四大名楼，有"天下江山第一楼"之美誉。主楼高 49 米，共五层，层层飞檐，大厅正面墙上可以看到黄鹤楼传说的大片浮雕，五层有瞭望厅可俯瞰壮丽大江。

武汉园博园——第十届中国园博会成功举办后，武汉园博园作为城市公园永久保留，市民游客不用出武汉，就能轻松欣赏全国各地的园林之美。要想逛完整个公园，至少需要一天时间，建议提前规划好游玩路线。

武昌首义文化旅游区——这里是为了纪念辛亥革命 100 周年而倾力打造的经典红色旅游景区，有辛亥革命博物馆、首义广场、起义门、首义碑林等诸多红色景点，并与武昌起义军政府旧址、烈士祠牌坊等同处一条轴线。

武汉博物馆——这里现有藏品 5 万多件，展出文物 2000 多件。文物包括了青铜器、玉器、竹木牙雕、砚台、印章、鼻珐琅、陶瓷、书画等诸多门类的珍贵文物，其中既有清宫造办处的御制秘器、也有历代名家高手的杰作。

◆ "大国重器"重点项目
东风汽车集团有限公司——这里是中央直管的特大型汽车企业，主营业务涵盖全系列商用车、乘用车、新能源汽车、军车、关键汽车总成和零部件、汽车装备以及汽车相关业务。特别是自主研发的多功能作战平台"东风猛士"，已经多次参加国庆大阅兵，曾获国家科学技术进步奖一等奖，第三代东风猛士现已列装部队。东风公司是中国汽车行业内产业链最齐全、产品阵营最丰富的汽车企业。主要产品覆盖高档、中档和经济型各区隔，业务还包括汽车金融等。国内产业基地主要分布在武汉、十堰、襄阳、广州、柳州、郑州、成都、重庆、大连等全国 20 多个城市；公司在瑞典建有海外研发基地，并入股 Stellantis 集团。东风公司与十多家国际整车和零部件企业开展全球合作和协同，产品销往全球 80 多个国家。该公司接受团体参观。

汉阳造——汉阳造艺术区又名"824 创意工厂"，艺术区所用的废弃工业厂房，原为中国洋务运动时期张之洞汉阳兵工厂和 824 工厂的一部分。充满了旧工业时代的气息，高架的行车、悬空的工业排风扇等，还有随处可见的涂鸦、行为艺术、创意雕塑。汉阳造文化创意产业园，是由清政府洋务运动时期，汉阳兵工厂改造的一座集摄影、画廊、书店、广告、青旅等文创、设计、商务于一体的园区。这里，有带来创意时空和斑驳年代的视觉撞击的涂鸦墙，也有随处可见另类怪诞的雕塑和摆件的抽象行为艺术，充斥着阴柔特质的民国风。

光谷展示中心——展示中心是东湖高新区管委会用于重要政务、招商接待的大型科技展馆，2013 年正式启用。中心规划面积 6400 平方米，展厅常设面积约 5100 平方米，包含对东湖高新区发展历程、产业体系等基本情况的全面介绍，设有数字化三维立体沙盘系统和放映系统，并长期展陈光谷代表性企业的主要展品，全方位展示东湖高新区的发展足迹、创新举措与改革成效，目前在展企业 80 余家、展品超 400 件。

激光科技馆（华工科技）——在华工科技智能制造产业

园内的激光科技馆，展示面积约 3000 平方米，2019 年建成运行，是国内首个以激光展示和激光应用工艺研究为主题的激光科技馆。科技馆依托激光技术研发及应用，以"光无界 智未来"为展示主题，集合光电互动、8K 曲面巨幕等先进技术手段，结合代表性产品实物，全面生动地展示了激光的原理及应用，为参观者带来覆盖遥感勘测、娱乐媒介、3D 打印、3C 电子、5G 通信、汽车制造、船舶桥梁、医疗美容等多个领域的激光应用科普与展示。

◆ 旅行锦囊

加油站：

中国石油加油站（四新北路站）。

> **友情提示：** 1. 东风汽车集团：该集团接受团体参观，团队参观要提前预约。
> 2. 汉阳造艺术区：参观免费。
> 3. 光谷展示中心：团队参观要提前预约。
> 4. 激光科技馆（华工科技）：团队参观要提前预约。

◆ 餐饮推荐

热干面、三鲜豆皮、酱鸭脖子、蟹黄灌汤包、清蒸武昌鱼。

DAY2 光谷生物城创新成果展示交易馆—中国建筑科技馆—武汉未来科技城展示中心—中小尺寸显示屏展（华星光电）—武汉葛化集团展馆
（行驶里程 25 公里）

今日首先前往光谷生物城创新成果展示交易馆参观，这里陈列着"磁控胶囊胃镜系统""植物源重组人血白蛋白""高通量基因测序仪"等国内领先的生物类科技成果。接着来到中国建筑科技馆，这里有古代、荆楚、现代及未来四大展厅以及一个临展厅，充分展示了中国古今建筑科技发展历程。继续前往武汉未来科技城展示中心，从这里的沙盘展区鸟瞰未来科技城整体空间布局、设计理念、绿色节能系统、产业发展概况等。随后来到

中小尺寸显示屏展（华星光电），展厅主要展示中小尺寸显示面板创新技术产品、智能制造工厂、企业文化及荣誉等内容。随后前往武汉葛化集团展馆参观，这里展示着作为 1958 年建厂的"武字头"国有企业和"化工龙头企业"，葛化 60 余载的漫漫征途对武汉乃至华中地区经济发展起到了重要的促进作用。

◆ 路况

整体路况良好，沿高新大道、左岭大道前行。

◆ 海拔情况

武汉：平均海拔 37 米。

◆ 沿途特色景区

武汉东湖——这里有秀丽山水、丰富植物、浓郁楚风情和别致园中园的四大特色。湖面广大，浩渺明净，港汊交错，岸线曲折，有"九十九弯"之称，东湖环境适宜，有丰富的植物资源，最著名的就数梅花和荷花。

湖北省博物馆——这里是湖北唯一的省级综合性博物馆，有综合陈列馆、楚文化馆、临时展览馆等，博物馆高台基、宽屋檐、大坡面屋顶的外观仿古建筑三足鼎立，呈现出一个巨大的"品"字，展现了古楚中轴对称的建筑风格。

木兰文化生态旅游区——这里是武汉市面积最大、人口最多的新城区。景区历史文脉十分悠久，最著名的就是木兰代父从军的传奇故事，还有市井的黄陂泥塑、花鼓戏等，堪称文化名片。

马鞍山森林公园——公园有森林和湿地两大生态特色，希望让游客感受到"自然、生态、清新和野趣"。园内植被主要是马尾松为主的针叶林和樟树、枫香、女贞为主的阔叶林混交而成，滨湖湿地还有大片池杉林。

◆ "大国重器"重点项目

光谷生物城创新成果展示交易馆——在光谷生物城生物创新园里的创新成果展示交易馆，于 2013 年 11 月建成投

△ 武汉东湖

△ 武汉东湖高新区

入使用。这里主要介绍武汉国家生物产业基地（光谷生物城）的总体建设和产业发展情况，按照生物医药、生物医学工程、生物农业、精确诊疗、智慧医疗、生物服务等产业领域，通过实物产品展示、文字介绍、影片宣传等方式，全方位展示光谷生物城内的创新成果，让参观者充分了解光谷生物城内的创新创业成就。馆内包含人福医药、禾元生物、华大基因等代表性企业展品，是对东湖高新区"221产业体系"中生命健康产业集群的生动介绍。

中国建筑科技馆（中建三局）——这里是我国第一个建筑主题的科技展览馆，2020年8月正式开馆，旨在传承中国建筑文化、促进建筑科技发展，打造中国建筑文博、展览、科普领域的重要文化传播平台。场馆地上四层、地下三层，建筑面积6.95万平方米，由序厅、公共大厅、常设展、临展、科普互动区和文创区组成。常设展览内容包含古代建筑、荆楚建筑、现代建筑和未来建筑四部分，并增设"雷神山火神山医院"建设专题展。其中，常设展览展品极为丰富，南北集萃，中西杂糅，包括五台山佛光寺东大殿模型、应县木塔结构模型及清华大学相关领域的珍贵照片等，"雷神山火神山医院"建设专题展再现医院极速建成的过程、热火朝天的建设场景，凸显万众一心、携手抗疫的中国力量。

武汉未来科技城展示中心——武汉未来科技城展示中心于2012年建成投用，展厅面积约1000平方米，对外展示武汉未来科技城空间规划、产业布局、发展概况等基本情况。展示中心包括园区鸟瞰沙盘区、"马蹄莲"特写沙盘区、东湖高新区人才展区、休闲区等。其中，园区鸟瞰沙盘展区展示未来科技城整体空间布局，同时播放约8分钟宣传片，介绍园区建设发展情况，"马蹄莲"特写沙盘区展示光谷地标建筑"马蹄莲"大楼的设计理念、绿色节能系统、产业发展概况等，东湖高新区人才展区展示人才聚集概况、人才政策、人才创新产品等，

充分展示光谷"人才特区"建设发展成效。

中小尺寸显示屏展（华星光电）——TCL科技集团在汉半导体显示面板产业板块唯一对外形象展示窗口，总面积约800平方米。其中，序厅及沙盘区域直观展示了t3、t4高端显示面板项目在光谷的总体建筑布局和建设大事记；产品实物展示区通过手机真机展示了全球屏幕演变发展史，通过世代线及屏幕构造介绍使观众清晰了解屏幕的各尺寸发展路线及内部构造原理，通过手机、平板、笔记本电脑、车载显示屏等创新技术产品，展示了屏幕未来发展方向，播放厅可通过环绕大屏幕播放企业智能工厂宣传片及人机互动，尾厅区域展示了公司企业文化及所获企业荣誉等内容。

武汉葛化集团展馆——展馆在2021年1月底落成，展厅面积420余平方米。一楼主要展现1958年到2012年葛化的历史发展；二楼呈现2012年以来，企业实施转型产业转型，融入光谷发展的历程；三楼着力展现三个光谷发展和企业"两区三园"未来规划。通过打造葛化集团主题教育基地，旨在展示让老葛化人有念想、青年人有梦想、当代人有理想，激励一代代光谷人不忘初心、牢记使命，融入光谷接续奋斗，奋发图强创新发展，不断开拓企业的美好未来。

❯ **旅行锦囊**

加油站：
中国石化加油站（南湖北路站）。

友情提示： 1.光谷生物城创新成果展示交易馆：团队参观要提前预约。
2.中国建筑科技馆：团队参观要提前预约。
3.武汉未来科技城展示中心：团队参观要提前预约。
4.中小尺寸显示屏展（华星光电）：团队参观要提前预约。
5.武汉葛化集团展馆：团队参观要提前预约。

❯ **餐饮推荐**

武汉欢喜坨、牛肉豆丝、云梦鱼面、糊汤粉、武汉面窝。

△ 中国建筑科技馆

△ 武汉未来科技城展示中心

No.10 迎难而上·百炼成钢

汇集工业发展与自然风光，见证湛江城市变迁的钢铁之路

手绘线路图

线路概况

这里融合了钢铁产业、石化产业、滨海港湾风貌等工业旅游资源，展现了湛江城市改革变迁的成果以及打造省域副中心城市的发展愿景。"迎难而上·百炼成钢"精品线路，让游客走入宝钢湛江钢铁基地、湛江中科炼化一体化基地、巴斯夫湛江一体化项目基地、广东能源集团湛江海上风电清洁能源基地等，整条线路见证了"湛江工业"成为大国重器的历程，让游客在各项高精尖产业的参观中，了解我国东南沿海地区通过优质产品，不断满足国内各类需求，从汽车海上风电到道路工程，处处可见湛江的身影。

大国重器

湛江城市规划馆、宝钢湛江钢铁基地、湛江中科炼化一体化基地、巴斯夫湛江一体化项目基地、广东能源集团湛江

海上风电清洁能源基地。

周边文化体验

非遗： 龙舞（湛江人龙舞）、傩舞（湛江傩舞）。

文化公园： 湛江森林公园、廉江樱花公园、美景湖公园、大塘公园、海滨公园。

博物馆： 湛江博物馆、湛江水生生物博物馆、雷州市博物馆、湛江遂溪县博物馆。

行程规划

线路： 湛江市城市规划馆—巴斯夫湛江一体化项目基地—湛江中科炼化一体化基地—宝钢湛江钢铁厂—广东粤电湛江外罗项目基地

总里程： 250公里

推荐时长： 2天

△ 湛江风光

DAY1 湛江市城市规划馆—巴斯夫湛江一体化项目基地—湛江中科炼化一体化基地—宝钢湛江钢铁基地
(行驶里程 65 公里)

今日来到湛江市的城市规划馆参观，规划馆在多个展区设置了旅游隔空互动体验空间、特色小镇互动体验空间等，让公众在轻松愉悦的心情下认识规划、了解规划、参与规划。接着前往巴斯夫湛江一体化项目基地，这是一个综合性化学品生产基地，通过采用尖端技术，全面落实智慧生产理念并遵循最高安全标准。随后参观湛江中科炼化一体化基地，这里充分发挥石化产业集群效应，对推动湛江乃至珠三角大西南区域经济有着极大的作用。最后来到宝钢湛江钢铁厂参观，这里钢铁产品质优，从华南区域汽车厂商、家电产品到阳江海上风电项目，到深中通道工程，处处可见湛钢身影。

◆ **路况**

整体路况良好，沿新湖大道、疏港大道前行。

◆ **海拔情况**

湛江地区：海拔 80 ~ 250 米。

◆ **沿途特色景区**

湛江市森林公园——这里是湛江市最大的绿色保护屏障，有湛江的"市肺"和"城市后花园"之称。西南面的三岭山海拔 140.1 米，是湛江的最高山，登上山顶可以饱览滨海城市风光；园内还有赤溪湖等水文、湿地景点。

湖光岩——湖光岩国家地质公园包括北面的交椅岭，东面的湛江海洋学校，南面到湛江糖厂，西边以山狗吼与拱桥村为界，北面到南亚热带作物研究所。游客能看到火山口及玛珥湖周围的环形火山丘的地质遗迹。

湖光岩玛珥湖——这里是距今 14 万 ~ 16 万年前由平地

火山爆炸后冷却下沉形成的玛珥式火山湖。湖水在火山堆的保护下自成水系和长期自然沉积形成的湖底沉积层是十几万年地球演变留下的"天然年鉴"和"自然博物馆"。

金沙湾滨海休闲旅游区——金沙湾景区内可见到国内罕见的白色大沙丘、碧绿的椰林、蓝色大海的奇妙组合，构成一幅十分壮美秀丽的海洋大漠景观。这里也一直是湛江的避风塘，每逢台风季节，渔船都会回来避风。

◆ **"大国重器"重点项目**

湛江市城市规划馆——我们来到湛江国际会展中心 3 号展厅，就可以参观在此的湛江市城市规划馆。这里展示内容丰富，有序厅、城市足迹、城市概况、规划历程、专项规划、隔空互动体验空间、综合交通系统规划、全域旅游规划、战略机遇专项规划、总规模型秀、未来影院、县市区规划、特色小镇风采、重点产业规划等展厅。这里经过两次升级，已经成了湛江城区的一处新景观。展馆内容全面，互动性强，通过现代化多媒体技术，营造生动有趣的观赏体验环境，是湛江市对外宣传和招商引资的"金名片"，是展示湛江形象的"会客厅"。

巴斯夫湛江一体化项目基地——这里是德国巴斯夫集团迄今为止最大的海外投资项目，基地已经成了巴斯夫在全球的第三大一体化生产基地，仅次于德国路德维希港和比利时安特卫普基地。项目首批装置将生产工程塑料及热塑性聚氨酯（TPU），为汽车、电子产品以及新能源汽车等领域提供材料。整个一体化基地预计将于 2030 年建成。建设计划年产能为 100 万吨乙烯的蒸汽裂解装置，后续阶段将建立多套下游装置，为交通和消费品行业等提供更多产品和解决方案。首批装置最晚 2026 年竣工，整个项目将于 2030 年左右完工。未来，巴斯夫将采用尖端技术全面落实智能制造理念，完全建成后将

△ 金沙滩

为广东精细化工等先进制造业发展再添新动力。

湛江中科炼化一体化基地——基地在湛江经济技术开发区东海岛新区的海边，总用地面积约 12.26 平方公里，其中首期用地 6.33 平方公里；首期总投资约 90 亿美元，规划炼油 1500 万吨 / 年，生产乙烯 100 万吨 / 年，配套建设湛江港东海岛港区 30 万吨级原油码头，内塔罐高耸林立，管廊纵横交错，仿佛进入了一个巨型的钢铁森林，从高空俯瞰能感受到它的宏大气势。中科项目炼化一体，前港后厂，从顶层设计对标世界一流，着眼自主创新，它的国产化率超过 90%，多项技术应用甚至打破了国外垄断。

宝钢湛江钢铁基地——这里是全球领先的现代化钢铁联合企业——"宝山钢铁股份有限公司"的四大基地之一。

厂区在广东省湛江市的东海岛，占地面积 12.58 平方公里。建设规模为年产铁水 823 万吨、钢水 892.8 万吨、钢材 689 万吨。主要品种包括热轧板、冷轧薄板、热镀锌板、电工钢及宽厚板等，同时预留热轧超高强钢生产能力。产品满足中国南方市场和"一带一路"新兴经济体对中高端钢铁产品的需求。通过优质钢铁产品，湛钢不断满足广东省内各类用钢需求，从华南区域汽车厂商、家电产品到阳江海上风电项目，到深中通道工程，处处可见湛钢身影。

▶ 旅行锦囊

加油站：
中国石油加油站（湛江恒港站）。

△ 湖光岩玛珥湖

友情提示: 湛江市城市规划局、巴斯夫湛江一体化项目基地、湛江中科炼化一体化基地、宝钢湛江钢铁厂:团队参观,均需提前预约。

餐饮推荐

八宝饭、河唇鱼头汤、番薯丝干粥、羊三味、树叶塔、凉拌粉、白切鸭、麻通、糖胶、杂鱼汤。

DAY2 湛江市—广东粤电湛江外罗项目基地
(行驶里程 185 公里)

今日前往位于湛江市外罗海边的广东粤电湛江外罗项目基地,这里自主开展的海上风电项目,正推动着我国东南沿海台风区海上风电的规模化发展,让大国重器屹立于广东之滨。

路况

整体路况良好,沿东雷高速、沈海高速前行。

海拔情况

湛江地区:海拔 80 ~ 250 米。

沿途特色景区

硇洲岛旅游区——这里是湛江市的岛外之岛,风景秀丽,一年四季气候宜人。岛中名胜古迹众多,有南国著名的度假胜地——那晏海石滩,有十分理想的天然海浴场和世界著名三大灯塔之一的"硇洲灯塔"。

茂德公鼓城——茂德公鼓城度假区是我国首个"鼓"文化主题一站式度假目的地,它源于天下四绝之首的"雷州换鼓"。参观者不仅可以游览别样风情的古街,还能观赏大型雷州民俗文化舞台剧《神鼓》。

三元塔公园——因园内有闻名遐迩的省级文物保护单位三元塔而得名。公园大门很有特色,是一座红顶,四柱,三间贴大理石的牌坊式建筑。步行到园中后区的"园中之园",就能看到三元塔文物古迹区了。

新寮岛——这里的古民居多为土角墙茅草厝,是摄影的绝佳素材。岛上遍布椰子树,还盛产菠萝。滩涂养殖的青蟹、贝类等游客可一饱口福。特别是当地人的热情、豪爽,也让小岛成为一个地美人美的自然景点。

"大国重器"重点项目

广东粤电湛江外罗项目基地——它在湛江市徐闻县外罗以东的海边,是由粤电集团开发、中国能建广东院承建,是我国首个以 EPC 总承包方式建设的海上风电项目,项目总装机容量 20 万千瓦,计划安装 36 台明阳智能 MySE5.5/7.0MW 半直驱机组,是国家示范工程项目。随着明阳智能与业主方粤电集团、总承包方中国能建广东院等多家单位成功完成外罗项目首台机组吊装,为项目工程的顺利推进打下基础。通过此示范工程项目,可以积累广东省海上风能资源评估、微观选址、勘察设计、风机设计制造和建设安装、运行维护等经验,评估广东省海上风电开发建设成本,将对后续批量化项目起到示范和带动作用。

旅行锦囊

加油站:

1. 中国石化加油站 (广东湛江东海岛恒利站)。
2. 高速上有中国石化加油站。

服务区: 白沙停车区、雷州服务区。

友情提示: 广东粤电湛江外罗项目基地:团队参观需提前预约。

餐饮推荐

白切鸭、白灼海虾、清蒸蟹黄、干炸鲳鱼、蒜蓉蒸鲍鱼、蒜蓉蒸沙虫。

△ 宝钢湛江钢铁厂

△ 三元塔公园

No.11 大国重器·挺进深蓝

探索海洋宝藏，拓展能源版图，开启双鲸钻海新时代

手绘线路图

渤

海

蓬莱阁

烟台中集来福士海洋工程
有限公司

蓝鲸1号

烟台市

烟台龙口南山景区

泰山吊

昆嵛山

黄

河

淄博市

鲁山溶洞群风景区

山东鲁阳股份有限公司

青岛崂山风景区

青岛市

泰山

日照市

青岛金沙滩景区

黄　海

浮来山

万泽丰海洋开发集团

深蓝1号

线路概况

长久以来，我国在海洋资源勘采方面一直处于相对薄弱地位，以前的钻井技术、设备都需从国外引进。全球最大、钻井深度最深的半潜式海上钻井平台"蓝鲸1号"的出现，使我国在海洋勘探上的实力从一无所有到傲视群雄。这无不体现中华民族的聪明才智和不懈坚持。"大国重器·挺进深蓝"精品线路让游客走近蓝鲸1号、深蓝1号、泰山吊等的诞生地，整条线路见证了这些大国重器的发展历程，让游客在"布局海洋"的架构内，了解我国正向着依海富国，以海强国，建设海洋强国和创新发展的"蓝色中国梦"越来越近。

大国重器

山东鲁阳股份有限公司、万泽丰海洋开发集团、深蓝1号、烟台中集来福士海洋工程有限公司、蓝鲸1号、泰山吊。

周边文化体验

非遗： 八仙过海传说、孟姜女传说、剪纸、花鼓、道教音乐、海洋渔号、胶东大鼓、鲁菜烹饪技艺。

文化公园： 清风湖廉政文化公园、日照姜太公文化园、烟台田横山文化公园、青岛奥林匹克雕塑文化园、青岛国学公园。

博物馆： 淄博中国古车博物馆、临淄足球博物馆、青岛啤酒博物馆、青岛葡萄酒博物馆、中国海军博物馆、张裕酒文化博物馆。

行程规划

线路： 山东鲁阳股份有限公司—万泽丰海洋开发集团—深蓝1号—日照市—烟台中集来福士海洋工程有限公司—蓝鲸1号—泰山吊

总里程： 530公里

推荐时长： 2天

△ 泰山

DAY1 山东鲁阳股份有限公司—万泽丰海洋开发集团（深蓝1号）

（行驶里程 210 公里）

今日我们来到山东鲁阳股份有限公司，这里是亚洲最大的陶瓷纤维生产基地，是蓝鲸 1 号钻井平台上防火绝缘材料的研制者。随后前往万泽丰海洋开发集团参观，深蓝 1 号和深蓝 2 号海洋牧场都是从这里启航，挺进深蓝。

➤ 路况

整体路况良好，沿青兰高速、维日高速、日兰高速前行。

➤ 海拔情况

淄博：平均海拔 34.5 米；日照：平均海拔 37 米；青岛：平均海拔 50 米。

➤ 沿途特色景区

泰山——又名岱山、岱宗。主峰玉皇顶海拔 1545 米，气势雄伟磅礴，有"五岳之首""五岳之长""天下第一山"之称。这里最著名的是"泰山四大奇观"：旭日东升、晚霞夕照、云海玉盘、碧霞宝光。

鲁山溶洞群风景区——这里也称"九天洞"，神话传说中天有九层，即九天，而这里就有景致媲美九天的九大洞厅：天地之间厅、步天厅、天河厅、天宫厅、天街厅、天国花园厅、巡天厅、梦幻天堂厅、别有洞天厅。

浮来山风景区——这里有千年古刹定林寺、千年古观朝阳观、天下银杏第一树、世界之最檀根王等景观，每年吸引海内外游客前来驻足观赏。"浮来晚照"是莒州八

景之一，所以一定要到傍晚时分观赏美景过后再离开。

青岛金沙滩景区——这里有我国沙质最细、面积最大、风景最美的沙滩，号称"亚洲第一滩"。到金沙滩来游玩，可千万别忘了趁海上升明月的时候品尝海鲜。这里有海鲜三宝：海参、鲍鱼和螃蟹。

➤ "大国重器"重点项目

山东鲁阳股份有限公司——公司创立于 1984 年，目前已壮大发展成为亚洲最大的陶瓷纤维生产基地，公司先后被认定为"中国最大硅酸铝耐火纤维生产基地"，公司产品中含锆纤维、陶瓷纤维纸等产品荣获"国家级重点新产品"等荣誉称号，并先后取得专利技术 42 项、科技成果 28 项。作为我国防火绝缘材料生产制造的龙头企业，山东鲁阳为我国第一台深海钻井平台提供了高品质的防火绝缘材料，为蓝鲸 1 号提供了一套质量好的防火服。它为我们的护国神器蓝鲸 1 号注入了鲁阳的力量。该公司接受团体参观。

万泽丰海洋开发集团——成立于 2013 年的万泽丰海洋开发集团，2015 年为响应我国农业部、海洋与渔业厅等部门发展深远海养殖示范试点，万泽丰启动深远海的三文鱼养殖项目，并出资委托武船集团建造了世界上首座全自动深海半潜式智能渔场——"深蓝 1 号"。2021 年 6 月 21 日，国家深远海绿色养殖试验区的"深蓝 1 号"网箱中的三文鱼正式收鱼，这标志着全球首次低纬度远海养殖三文鱼获得技术成功，此举开创了中国深远海规

△ 日出中的蓝鲸 1 号

模化养殖的先例。该公司接受团体参观。

深蓝 1 号——它是中国第一个远海渔业养殖装备，也是全球第一座全潜式深海渔业养殖装备。它是中船重工武船集团为万泽丰渔业有限公司建造的中国第一个"深海渔场"。2018 年 5 月 4 日，"深蓝 1 号"在山东日照港口下水，这个"海上巨无霸"它的全部养殖水体大约在 5 万立方米，相当于 40 个标准游泳池大小，质量超过 1500 吨，同时可以养殖 30 万条三文鱼，它强壮结实的身躯还能抵抗 14 级台风。深蓝 1 号的诞生也标志我国的渔业养殖从近海养殖向深海养殖转变，从传统人工式养殖向自动化智能化转化。2019 年 7 月更先进更庞大的"深蓝 2 号"已开始设计、准备投入建造。"深蓝 2 号"养殖容积是 1 号的 3 倍，可养殖近百万尾三文鱼。

❯ **旅行锦囊**

加油站：

高速上有多个中国石油和中国石化加油站。

△ 蓬莱阁

服务区： 沂水杨庄服务区、诸城西停车区、五莲北服务区、五莲街头停车区。
友情提示： 泰山风景名胜区：提前 24 小时预约，门票 127 元 / 位。

❯ **餐饮推荐**

博山烤肉、欢喜团子、西河煎饼、日照西施舌、莒县羊汤、酸辣乌鱼蛋汤。

DAY2 日照市一烟台中集来福士海洋工程有限
公司（蓝鲸 1 号）一泰山吊
（行驶里程 320 公里）

今日前往烟台参观中集来福士海洋工程有限公司，这里是设计研制我国首款，世界最大，钻井深度最深的半潜式深海钻井平台"蓝鲸 1 号"和世界提升量最大的起重机"泰山吊"的重要基地。

❯ **路况**

整体路况良好，沿青沈海高速前行。

❯ **海拔情况**

烟台：平均海拔 47.8 米。

❯ **沿途特色景区**

青岛崂山风景区——这里有"海上名山第一"之称，最高峰崂顶海拔有 1133 米，是中国的道教名山之一。有太清宫、太平宫、北九水、华楼宫、鹤山和崂顶巨峰等景点。历代道士邱处机、张三丰等都曾来过此地。

昆嵛山——这里是我国道教全真派的发祥地，自古以来有着"海上仙山之祖"盛名。景区现有五大景区，分别是泰礴顶景区、九龙池、无染寺和烟霞景区。主峰是泰

礴顶，海拔 923 米，也是胶东半岛第一高峰。

蓬莱阁——这里有三清殿、吕祖殿、苏公祠、天后宫、龙王宫、弥陀寺等庙堂。蓬莱自古以来就有着"八仙过海"的神话传说和时而显现的"海市蜃楼"。蓬莱阁连同滕王阁、岳阳楼、黄鹤楼并称"中国古代四大名楼"。

烟台龙口南山景区——龙口南山古时被称为"卢山"，也有"东莱第一山"的美誉。景区有宗教文化园、历史文化园和东海旅游度假区三部分。这里还能看到在山巅的巍巍大佛，是高 38.66 米的世界第一锡青铜释迦牟尼坐佛。

▶ "大国重器"重点项目

烟台中集来福士海洋工程有限公司——公司前身是 1977 年建成的烟台造船厂。目前，公司在烟台、深圳、上海、挪威、瑞典拥有五个海洋研究院，在烟台、海阳、龙口拥有三个建造基地。它核心产品的自主设计、自主知识产权实现了从 0 到 100% 的突破，跻身世界海工装备 EPC 的第一梯队。截至目前，公司累计交付了近百座各种类型的大型海洋装备，包括 11 座深水半潜式钻井平台，占据了全球 25% 的市场份额。实现自主设计、自主知识产权从零到 100% 的突破，中集来福士 10 余年的经历可以说是从"一无所有"到"世界领先"。中集来福士用 10 年，走完了欧美 40 年所走的路，成功跻入世界海工装备的高端领域。2021 年 7 月由中集来福士自主设计的"蓝鲸 1 号"系列超深水钻井平台交付成功，并已作为核心钻探装备，先后助力我国可燃冰首轮和第二轮试采成功。该公司接受团体参观。

蓝鲸 1 号——它是中集来福士海洋工程有限公司自行设计研制的半潜式钻井平台，"蓝鲸 1 号"的最大作业水深达 3658 米，最大钻井深度达 15250 米。要知道，目前已探明的地球最深处马里亚纳海沟的最深点也仅为 11034 米，可以说它已经能"钻"到了地球最深点。"蓝鲸 1 号"拥有 27354 台设备，40000 多根管路，电缆拉放长度 120 万米。2018 年它获得被誉为中国"奥斯卡"的中国工业大奖项目奖，蓝鲸 1 号荣获了 2014 年《World Oil》颁发的最佳钻井科技奖以及 2016 OTC 最佳设计亮点奖。

泰山吊——它的故事是源于最新一代的蓝鲸 2 号是一座巨型钻井平台，迫切需要一个专门的起吊设备，因此我国的科研人员研制出了"泰山吊"，泰山吊的设备总体高度为 118 米，相当于 40 层楼高度，坐电梯从底到顶足足需要 3 分钟。这座近乎巴黎凯旋门高度和跨度的龙门吊，正如它的名字"泰山"一样，高大威猛。它的最大起升重量高达惊人的 20160 吨，这是目前为止全世界起重能力最大的桥式起重机。它是吉尼斯世界纪录中"世界提升能力最大的起重机"的纪录保持者，革新了世界半潜平台建造技术。

▶ 旅行锦囊

加油站：

高速上有多个中国石油和中国石化加油站。

服务区：黄岛服务区、胶州服务区、莱西服务区、栖霞服务区、福山服务区。

友情提示：1. 烟台中集来福士海洋工程有限公司的烟台港口：接受团体参观，需提前 7 天预约参观。

2. 青岛崂山景区：实行实名制分时段预约，需提前通过官方公众号预约。门票 150 元 / 位。

▶ 餐饮推荐

烟台鲅鱼水饺、蓬莱小面、福山拉面、烟台焖子、蓬莱卤驴肉、芙蓉干贝。

△ 泰山吊

△ 烟台中集来福士海洋工程有限公司

No.12 大国重器 · 横空出世

北斗卫星全球组网，见证中国由航天大国迈入航天强国

手绘线路图

中科院紫金山天文台

南京长江大桥

汤山风景区

侵华日军南京大屠杀
遇难同胞纪念馆

钟山风景区

夫子庙秦淮风光带

江

南京市

长

中科院上海天文台

东

朱家角古镇

上海迪士尼度假区

佘山天文台

上海市

上海科技馆

海

中科院微小卫星创新研究院

线路概况

进入 20 世纪，全球局势发生了翻天覆地的变化，回顾海湾战争中 GPS 的战略领先优势让全球各国为之震撼。不忘落后就会挨打的历史，我国决心自行研制"北斗"全球卫星导航系统。"大国重器·横空出世"精品线路让游客走进中国科学院微小卫星创新研究院、中国科学院上海天文台，整条线路见证了"北斗系统"从诞生到成功组网的伟大历程，让游客在"民族自豪感"的氛围中，感知北斗系统作为护国重器对中华民族伟大科技复兴起着举足轻重的作用。

大国重器

中国科学院微小卫星创新研究院、中国科学院上海天文台、南京长江大桥、中国科学院紫金山天文台。

周边文化体验

🎭 **非遗：** 金山农民画、金陵剪纸、南京葫芦雕刻、秦淮灯彩的制作。

🏛 **文化公园：** 上海世博文化公园、上海静安雕塑公园、南京青奥文化体育公园、南京梅山文化公园。

🏛 **博物馆：** 上海博物馆、上海自然博物馆、上海气象博

物馆、南京博物院、南京市博物馆、南京中国近代史博物馆。

行程规划

🔄 **线路：** 中国科学院微小卫星创新研究院—中国科学院上海天文台—无锡市—南京长江大桥—中国科学院紫金山天文台

📍 **总里程：** 430 公里

🕐 **推荐时长：** 2 天

DAY1 中国科学院微小卫星创新研究院—中国科学院上海天文台—无锡市
（行驶里程 210 公里）

今日首先前往参观中国科学院微小卫星创新研究院，这里是我国科研卫星领域的主战部队，是北斗导航卫星的主要研制机构。接着来到中国科学院上海天文台，它参研了北斗导航卫星的"眼睛、大脑和心脏"，即激光测距系统，时间频率系统和星载氢原子钟。

🔹 **路况**

整体路况良好，沿上海市内道路、上海绕城高速、沪昆高速前行。

△ 上海科技馆

❯ 海拔情况

上海：平均海拔 2.19 米。无锡：平均海拔 8 米。

❯ 沿途特色景区

上海迪士尼度假区——这里是中国内地首座迪士尼主题乐园。有米奇大街、奇想花园、探险岛、宝藏湾、明日世界、梦幻世界等场景以及迪士尼城堡、漫威英雄总部、巴斯光年星际营救等游乐项目，深受广大国人的喜爱。

上海科技馆——这里展现了"自然·人·科技"的主题，有教育与科研、合作与交流、收藏与制作等很多的功能，并用学科手段寓教于乐，让每个参观者能在互动活动中，接受科技知识的教育和科学精神的熏陶。

佘山天文台——这里的前身是法国天主教耶稣会在 1900 年建造的欧洲古典建筑风格的天文台，天文台装备了当时"远东第一"的 40 厘米双筒折射望远镜。现今在百年老台基础上，落成了国内首家专业天文博物馆。

朱家角古镇——这里上千栋明清时期古典建筑依水而建，36 座石桥仿佛穿越古今。1991 年被上海市政府命名为首批四大文化名镇之一。朱家角古镇独特的水乡风情还吸引了海内外很多影视名剧来这里取景拍摄。

❯ "大国重器"重点项目

中国科学院微小卫星创新研究院——这里是我国微小卫星及相关技术领域的总体单位之一，主要从事小卫星、微、纳、皮卫星及相关技术的科学研究、技术开发和科学实验，涵盖卫星系统与工程、卫星科学与技术，重点开展通信、遥感、导航、科学、微纳五个领域航天技术的研究与开发，作为我国科学卫星领域的主力军、应用卫星领域的方面军，已成功发射包括北斗三号组网卫星、暗物质粒子探测卫星、量子科学实验卫星、天宫二号伴随卫星、太极一号卫星等 76 颗卫星。卫星创新院致力于成为我国先进卫星科学技术的创新引擎、航天科技成果转化和产业化示范基地、政学研产用紧密结合的桥梁纽带和国际交流合作的开放平台，为国家战略需求和重大科学突破提供有力支撑。创新院实行"一院三区"模式，即卫星创新院，临港总部园区、张江园区、松江工厂园区。

中国科学院上海天文台——它成立于 1962 年，有徐家汇园区和佘山科技园区两处园址，我们参观的就是作为总部的徐家汇园区。上海天文台以天文地球动力学、天体物理以及行星科学为主要学科方向，同时积极发展现代天文观测技术和时频技术，努力为天文观测研究和国

△ 佘山天文台

家战略需求提供科学和技术支持。在基础研究方面，拥有若干具有国际一流竞争力的研究团队，在应用研究方面，上海天文台在国家导航定位、深空探测等国家大工程中发挥重要作用，其中就有为北斗导航卫星研制的被称为"导航卫星眼睛、大脑和心脏"的激光测距系统，时间频率系统和星载氢原子钟。这里设有天文地球动力学研究中心、天体物理研究室、射电天文科学与技术研究室、光学天文技术研究室、时间频率技术研究室5个研究部门。

❯ 旅行锦囊

加油站：

1. 中国石化加油站（龙华站）。

2. 高速上有多个中国石油和中国石化加油站。

> **服务区：** 阳澄湖服务区、梅村服务区。
> **友情提示：** 1. 中科院上海天文台：参观需实名制预约，须提前7个工作日预约。
> 2. 上海科技馆：参观需实名制预约，入馆需凭有效身份证件。

❯ 餐饮推荐

上海酱鸭、南翔小笼、富春汤包、油豆腐线粉汤、四喜烤麸、五香熏鱼。

DAY2 无锡市—南京长江大桥—中国科学院紫金山天文台
（行驶里程15公里）

今日首先来到这座被评为中国不可移动文物的"南京长江大桥"。它是中华人民共和国成立之后，第一座完全由中国人建造的长江大桥。随后前往中国科学院紫金山天文台参观，这里被誉为"中国现代天文学的摇篮"，在南极天文观测、"嫦娥工程"等方面有着非常杰出的贡献。

❯ 路况

整体路况良好，沿沪蓉高速、宁洛高速、南京市内道路前行。

❯ 海拔情况

南京：海拔20～30米。

❯ 沿途特色景区

钟山风景区——景区以中山陵为中心，与明孝陵景区、灵谷景区、头陀岭景区和其他景点一共五部分。在这里经常能看到山顶有紫云萦绕，又名"紫金山"。龙蟠虎踞，山水城林浑然一体，是南京山水人文之钟萃。

夫子庙秦淮风光带——景区围绕着夫子庙和秦淮河，东起东水关淮青桥秦淮水亭，越过文德桥，直到中华门城堡延伸至西水关的内秦淮河地带，还有秦淮河两岸的街巷、民居、古迹和风景点，是南京最繁华的地方。

侵华日军南京大屠杀遇难同胞纪念馆——这里曾是侵华日军集体屠杀南京同胞遗址和遇难同胞丛葬地，是全国爱国主义教育基地和全国文物保护单位。这段历史警示我们永远铭记战争的痛苦和落后就会挨打的道理。

汤山风景区——这里是世界著名温泉疗养区，中国四大温泉疗养区之首，是中国唯一获得欧洲、日本温泉水质

△ 南京长江大桥

国际双认证的温泉。2012 年世界温泉及气候养生联合会授予汤山"世界著名温泉小镇"称号。

"大国重器"重点项目

南京长江大桥——它是第一座完全由中国自行设计和建造的双层式铁路和公路两用的长江大桥,漫步桥面可以尽观车水马龙与滚滚长江。大桥是南京市的重要地标,横跨长江之上,南端在鼓楼区,北端在浦口区,它建于20 世纪 60 年代。大桥未建造前,人们过江只能靠摆渡船,火车得靠车轮渡。1968 年通行后,为南北两岸的交通带来了极大的方便。南京长江大桥是继武汉长江大桥、重庆白沙陀长江大桥之后第三座跨越长江的大桥,是三座中最大的一座,也是第一座完全由中国人建造的长江大桥,有"争气桥"的美誉。大桥南、北有引桥,正桥长 1576 米,分两层。上层为公路桥,可容 4 辆大型汽车并行,两侧各有 2 米多宽的人行道。下层为铁路桥,可容两列火车同时对开,纵横交错的钢筋构成了铁路桥的护栏。桥下高度 24 米,可通过千吨巨轮。

中国科学院紫金山天文台——它的前身是成立于 1928年的国立中央研究院天文研究所,1950 年更为现名。这里是我国自己建立的第一个现代天文学研究机构,被誉为"中国现代天文学的摇篮"。紫金山天文台坚持面向世界科技前沿,面向国家战略需求,建设我国一流的天文基础和应用研究及战略高技术研究基地、高层次人才培养基地,广泛开展高水平国际合作。近期努力建设国际先进或国内领先的以暗物质粒子探测为核心的空间天文探测研究基地;以太赫兹探测技术为支撑,面向天文学重大科学问题的南极天文和射电天文研究基地;以人造天体动力学和探测技术为支撑,面向国家战略需求的空间目标和碎片观测研究中心;以近地天体探测研究为基础,面向深空探测的行星科学研究中心。

旅行锦囊

加油站:

南京市内加油站遍布,加油非常便捷。

> **友情提示:** 1. 南京夏季极其炎热,请自备防暑用品(遮阳伞、防晒霜等)。
> 2. 中科院紫金山天文台:实名预约参观,门票 15 元/位(游客参观仅限紫金山天文台科普园区)。
> 3. 侵华日军南京大屠杀遇难同胞纪念馆:预约免费参观。

餐饮推荐

南京盐水鸭、桂花糖芋苗、龙袍蟹黄汤包、鸭血粉丝汤、鸭油酥烧饼、什锦豆腐涝。

△ 紫金山天文台

No.13 极北之地·卫国重器

观中国军工基地创新发展，感东北工业名城与时俱进

手绘线路图

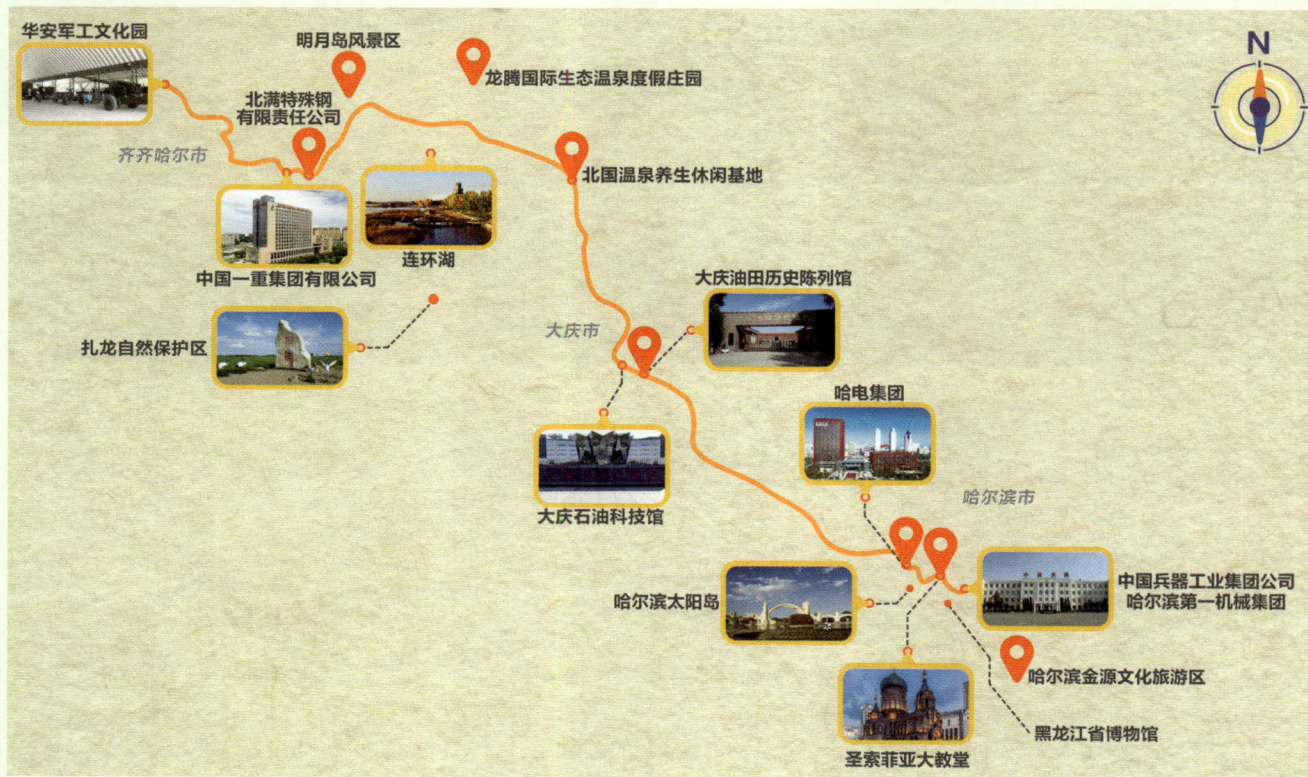

华安军工文化园
明月岛风景区
龙腾国际生态温泉度假庄园
北满特殊钢有限责任公司
齐齐哈尔市
北国温泉养生休闲基地
中国一重集团有限公司
连环湖
大庆油田历史陈列馆
扎龙自然保护区
大庆市
哈电集团
大庆石油科技馆
哈尔滨市
哈尔滨太阳岛
中国兵器工业集团公司哈尔滨第一机械集团
哈尔滨金源文化旅游区
黑龙江省博物馆
圣索菲亚大教堂
N

线路概况

北方工业基地，历史悠久、积淀深厚，是中华人民共和国成立初期我国装备制造业战略布局的重点城市，是国家装备工业基地。"极北之地·卫国重器"精品线路，让游客走入中国兵器工业集团公司哈尔滨第一机械集团、北满特殊钢有限公司、中国一重集团有限公司、华安军工文化园等，整条线路见证了"中国军工"成为卫国重器的历程，让游客在"铁人精神"的感召下，了解中国制造能力已达到了国际先进水平，实现了从跟跑向并跑、领跑的重大转变。

大国重器

中国兵器工业集团公司哈尔滨第一机械集团、哈电集团、大庆油田历史陈列馆、大庆石油科技馆、北满特殊钢有限责任公司、中国一重集团有限公司、华安军工文化园。

周边文化体验

⊘ **非遗：** 达斡尔族鲁日格勒舞、麦秆剪贴、老汤精配制、鼓吹乐（武家鼓吹乐）、达斡尔族乌钦、婚俗（达斡尔族传统婚俗）。

⊘ **文化公园：** 哈尔滨太阳岛、哈尔滨文化公园、哈尔滨音乐公园、大庆市廉洁文化公园、世界石油文化公园、齐齐哈尔阳光文化公园。

⊘ **博物馆：** 黑龙江省博物馆、黑龙江省地质博物馆、黑龙江省民族博物馆、大庆博物馆、大庆石油科技博物馆、齐齐哈尔市博物馆、齐齐哈尔红太阳博物馆。

行程规划

⊘ **线路：** 中国兵器工业集团公司哈尔滨第一机械集团—哈电集团—大庆油田历史陈列馆—大庆石油科技馆—北满特钢—中国一重集团有限公司—华安军工文化园

⊘ **总里程：** 460公里

⊘ **推荐时长：** 3天

DAY1 哈尔滨第一机械集团—哈电集团—大庆市
（行驶里程180公里）

今日首先来到中国兵器工业集团公司哈尔滨第一机械集

△ 哈尔滨太阳岛

△ 圣索菲亚大教堂

团参观，这里是新中国第一台轻型坦克、第一门大口径履带式自行火炮和全军第一个军事代表室（装甲兵军事代表室）的诞生地。接着前往参观哈电集团，这里是在原哈尔滨"三大动力厂"（电机厂、锅炉厂、汽轮机厂）基础上组建而成的我国最早的发电设备研制基地，也是中央管理的关系国家安全和国民经济命脉的国有重要骨干企业。

● 路况

整体路况良好，沿剧院二路、世纪大道、绥满高速前行。

● 海拔情况

哈尔滨市区：海拔 132 ~ 140 米。

● 沿途特色景区

哈尔滨太阳岛——太阳岛碧水环绕，景色迷人。这里四季变化分明，春天山花烂漫，芳草萋萋；夏日柳绿花红，草木茂盛；秋时枫红柏绿，金叶复径；冬季飞雪轻舞，玉树银花，有"北国风光赛江南"的美誉。

哈尔滨金源文化旅游区——这里是古时金朝都城，是我国迄今保存较为完好的唯一一处金代都城遗址，全国重点文物保护单位。至今，皇城午门及宫殿建筑遗址都保存完好，外城城墙、瓮城、马面、角楼及护城河遗址尚存。

黑龙江省博物馆——这里是国家一级博物馆，是收藏、保护、研究和展示黑龙江省历史文化、自然资源和艺术品的综合性博物馆。它的前身是莫斯科商场，为哈尔滨最早的商场之一，是典型的欧洲巴洛克式建筑风格。

圣索菲亚大教堂——这是远东地区最大的东正教堂，富丽堂皇，典雅超俗，宏伟壮观，能容纳 2000 人礼拜。可以看到建筑平面呈现希腊十字方式，既有拜占庭风格的影响，主穹顶和钟楼又有俄罗斯传统的"洋葱头"造型。

● "大国重器"重点项目

中国兵器工业集团公司哈尔滨第一机械集团——这里的发展历经了坦克大修、坦克制造、自行火炮和军用工程车辆研制生产等阶段，先后完成了"8910""9910""0910"工程等重点工程和外贸 155 产品等重点任务，为装甲兵、炮兵、工程兵开发研制生产了几十个品种的武器装备。在国庆 35 周年、50 周年、60 周年、纪念抗战胜利 70 周年、建军 90 周年阅兵式上，企业的多种产品通过天安门广场，接受了党和国家领导人的检阅。企业研制生产的各类火炮和军用工程车辆不但满足了国防现代化建设的需要，而且多种产品出口中东、东南亚及非洲等国家和地区。建厂以来共获得科技进步奖 23 项，其中国家级 15 项、省部级 8 项，1 种产品获国家质量金牌奖。工厂现有科研人员 267 名，高级工程师以上人员 143 名，1 人当选为中国工程院院士，1 人被聘为兵器工业集团公司首席专家，4 人被聘为兵器工业集团公司级科技带头人，兵器工业集团公司关键技能带头人 5 名，黑龙江省级技能大师工作室领班人 2 名……形成了一支层次完善的人才队伍。该集团接受团体参观。

哈电集团——这里是"中国发电设备摇篮""共和国长子"和"中国动力之乡"，哈电集团经过 70 多年的发展和积累，现已形成核电、水电、煤电、气电、风电、船舶动力装置、电气驱动装置、电站交钥匙工程等为主导产品的产业布局。累计创造 200 余项"共和国第一"，生产发电设备 4.7 亿千瓦，产品装备了海内外 500 余座电站，大型水电机组占国产装机总量的二分之一，煤电机组占国产装机总量的三分之一，重型燃气轮机占国内市场份额的三分之一，具备年产 4~6 台/套百万千瓦级核岛、常规岛主设备制造能力，产品出口到亚洲、非洲、欧洲、美洲的 60 多个国家和地区。该集团接受团体参观。

● 旅行锦囊

加油站：

高速上有多个中国石油和中国石化加油站。

△ 大庆石油科技馆

△ 大庆油田历史陈列馆

服务区：肇东服务区、安达服务区。

友情提示：1. 中国兵器工业集团公司哈尔滨第一机械集团：团队参观需提前预约。

2. 哈电集团：团队参观需提前预约。

> **餐饮推荐**

三鲜水饺、炖菜、烤冷面、锅包肉、红肠、酱骨、东北烤串、杀猪菜。

DAY2 大庆油田历史陈列馆—大庆石油科技馆—齐齐哈尔市
（行驶里程 160 公里）

今日我们走进大庆，去了解新中国油田发展史、感受石油科技发展，学习体会"铁人精神"。

> **路况**

整体路况良好，沿绥满高速前行。

> **海拔情况**

大庆：平均海拔 146 米；齐齐哈尔：平均海拔 149 米。

> **沿途特色景区**

连环湖——这里分布着一连串浅水小湖，哈布塔泡、他拉红锅、马圈泡、德龙泡、北津泡、羊草壕泡、西葫芦泡、二八股子泡、小尚泡、红源泡、亚门气泡、敖包泡、那什代泡、火烧黑泡、铁哈拉泡、阿木塔泡、牙门喜泡等 18 个像气泡般的小湖泊就组成了连环湖。

北国温泉养生休闲基地——这里是东北三省面积最大，娱乐性最强的寒地露天温泉度假休闲基地。温泉水含人体所需的 40 余种微量元素，其中有偏硼酸、偏硅酸、锂、锶、钡、锰、镭、氡等 16 种具有较高医疗价值的矿物元素。

大庆博物馆——这里是国内首家以东北第四纪古环境、古动物与古人类为主题的综合性博物馆。馆藏化石、标本和文物超过 20 万件，填补了国内东北第四纪哺乳动物化石系统收藏的空白，成为全国乃至世界上专业性收藏猛犸象—披毛犀动物群化石种属最全、数量最多的博

物馆之一。

> **"大国重器"重点项目**

大庆油田历史陈列馆——我们能够看到馆内陈列着"岁月大庆""松辽惊雷，油出大庆""艰苦创业，光辉历程""大庆赤子，油田脊梁""大庆精神，民族之魂""巨大贡献，卓越品牌""春风沐雨，光耀征程""油田百年""百年油田畅想"九大部分内容。通过采用编年体和专题式有机结合的方式，全面展示了大庆油田 46 年的辉煌发展历程，油田领导的泱泱风范，企业文化的继承创新，大庆油田的巨大贡献，中央领导的亲切关怀等内容，突出表现了党领导建设社会主义工业企业成功典范的主题。大庆油田历史陈列馆开馆以来，展馆秉承"发扬大庆精神，铸就精品展馆"的核心理念，坚持贴近实际、贴近群众、贴近生活的方针，优化全国先进教育模式，面向社会实行免费开放，为大众走进展馆、亲近历史、接受教育敞开绿色通道。

大庆石油科技馆——这里是一栋三层楼的漂亮建筑物。1995 年 9 月，博物馆又重新进行了改造，增加了化工展厅和恐龙化石等内容。馆内充分显示了大庆油田油气勘探、油田开发现状和石油生产的辉煌历史，并将复杂深奥的石油科学和石油生产技术用显明的手法展现在观众面前，让人受到切实的启发和教育。为此，馆内设立了 35 个电动模型，陈列岩芯、化石、矿物标本 1280 件，其他实物 527 件，技术图表 282 张，大中型电子屏 2 个，模型 25 个。为了更增加观众的实感，在主展厅内陈列了"大庆油田地面建设模型（显示油田局部、龙南小区和油田注剂厂）"的巨大沙盘，还在院内建造了一处油田地下储油层模型，参观者可以进到里面观看石油储存状况和原油出露地表的简要工艺过程，一目了然。

> **旅行锦囊**

加油站：

1. 中国石油加油站（大庆康平街站）。

2. 高速服务区加油站。

> **服务区：**扎龙服务区。
> **友情提示：**1. 大庆油田历史陈列馆：团队参观需提前预约。
> 2. 大庆石油科技馆：免费参观。

⊙ 餐饮推荐

干锅鸭头、肇州酸菜鱼、烂糊白菜、铁锅炖大鹅、猪手、大庆扒鸡、红烧鹿肉、鲇鱼炖豆腐、大庆麻辣烫。

DAY3 北满特殊钢有限责任公司—中国一重集团有限公司—华安军工文化园
(行驶里程 120 公里)

今日首先来到北满特殊钢有限责任公司，这里是一个有着光荣与辉煌历史的特殊钢企业，前身是齐齐哈尔钢厂，是我国"一五"期间兴建的重点工程中唯一的特殊钢企业。随后前往中国一重参观，这里是中国核岛装备的领导者、国际先进的核岛设备供应商和服务商，也是当今世界炼油用加氢反应器的最大供货商、冶金企业全流程设备供应商。最后去往华安军工文化园，这里依托于华安集团试验基地深厚的军工资源和悠久的历史文化底蕴而创建，是国家首批命名的"国家级工业旅游示范区"。

⊙ 路况

整体路况良好，沿齐富公路、G232 前行。

⊙ 海拔情况

富拉尔基区：海拔 150～160 米；碾子山地区：平均海拔 215 米。

⊙ 沿途特色景区

扎龙自然保护区——这里是湿地系的生态保护区，是乌裕尔河水溢成的一大片永久性弱碱性淡水沼泽地。我们来此可以看到小型浅水湖泊和广阔的草原，还有很多的飞鸟。其中丹顶鹤、白枕鹤、白头鹤、闺秀鹤、白鹤和灰鹤都是国家重点保护的一、二级动物。

明月岛风景区——这里是嫩江上的一座四面环水的江心岛，因形同一弯明月倒映在嫩水之上而得名，是黑龙江省内的一座著名公园，知名度仅次于太阳岛。两岛南北遥相呼应相成一对美丽的"姐妹岛"，是一处难得的北国园林山水风景区。

龙腾国际生态温泉度假庄园——庄园犹如乌裕河上的一条龙的图腾，栩栩如生。这里的龙腾国际温泉会馆，具备洗浴、保健、餐饮、住宿、会议接待等功能。洗浴大厅造型新颖别致、宽敞明亮。温泉水来自地下 1651 米，富含硅酸盐等多种人体健康所必需的有益矿物成分。

⊙ "大国重器"重点项目

北满特殊钢有限责任公司——北满特钢先后为我国自行研制的第一门重型火炮、第一辆重型坦克、第一艘核潜艇、第一架歼击机、第一颗人造地球卫星、第一艘万吨远洋巨轮、第一座原子能反应堆、第一枚洲际导弹等多个国家第一提供了关键性合金钢材，填补了我国多项空白，为我国的航空、航天、军工、汽车、铁路、矿山、能源、石油、化工等行业以及黑龙江省的经济发展做出了巨大贡献。投产几十年来，先后有多位党和国家领导人亲临北满特钢视察，北满特钢以其特殊的贡献和地位曾被敬爱的周总理亲切地誉为祖国的"掌上明珠"。在数十年的发展历程中，北满特殊钢有限责任公司曾荣获国家一级企业称号。

中国一重集团有限公司——它的前身是中国第一重型机器厂，是 1954 年国家"一五"期间建设的 156 项重点工程项目之一。当年，工厂实行"边建设、边准备、边生产"的"三边"方针。建设高潮时，这里一度集中了 2.5 万余人的建设队伍，汇聚了当时国内最先进的施工机械。中国一重自诞生起，就肩负着振兴和发展我国重型装备制造业的任务与使命。让"中国制造"站上世界舞台，"台下"是数十载的研发苦功。近 5 年来，中国一重研发投入年均增长率高达 32.9%，累计承担国家重点科研任务 28 项，7 项"卡脖子"技术中已完成 3 项攻关任务。中国一重的初心，就是发展壮大民族装备工业，维护国家安全、科技安全、产业安全和经济安全，代表国家参与全球竞争。

华安军工文化园——我们到此旅游参观就能观摩到军工的生产，这里是国家级军工试验基地、国家首批命名的工业旅游示范点，隶属于中国兵器工业集团公司，华安公司是毛主席亲自选址的老军工企业。1951 年建成并投产，产品多次获得国家发明奖、国家银质奖、飞龙奖。公司自行研制的军品为抗美援朝、中印、中越、珍宝岛反击战，"两弹一星"的发射上天和击落第一架美式 U2 型高空侦察机都立下了赫赫战功，多次受到党中央、国务院通令嘉奖。为了满足多年来人们企盼看到神秘的军品生产、军工产品成形和靶场实射的全过程，文化园开辟了一条军工旅游线路，并筹备了各种武器装备和实弹，使广大游客近距离地了解军工。还设置了休闲、游乐、垂钓、游泳、漂流、射击、球类、棋类等文化娱乐活动场所。

⊙ 旅行锦囊

加油站：

中国石油加油站（迎宾街站）、中国石油加油站（龙江第四加油站）、中国石油加油站（鲁河站）。

> **友情提示：**1. 北满特钢：团队参观需提前预约。
> 2. 中国一重：团队参观需提前预约。
> 3. 华安军工文化园：团队参观需提前预约。

⊙ 餐饮推荐

太东乡的干豆腐、杀猪菜、海米拌菜花、鱼头泡饼、鱿鱼炒饭、鲇鱼炖茄子、酒焖松子鸡、熘三样。

No.14 科技创新·驱动江淮

走进科技力量部署重地，感受中国智造与科技创新魅力

手绘线路图

线路概况

安徽已成为国家战略科技力量部署重地，一批具有国际影响力的重大创新平台获批落地，一批具有国际领先水平的重大创新成果不断涌现，一批具有国际竞争力的重大产业化项目建成投产。"科技创新·驱动江淮"精品线路，让游客走入京东方光电科技、安徽创新馆、合肥科学岛、长鑫存储技术有限公司、奇瑞智能网联"未来工厂"等科技创新基地，在探访科技创新奥秘的同时，近距离感受中国智造与科技创新的魅力。

大国重器

合肥市京东方光电科技、合肥市包河区安徽创新馆、合肥市合肥科学岛（合肥现代科技馆、人造小太阳）、合肥市长鑫存储技术有限公司、芜湖市奇瑞智能网联"未来工厂"。

周边文化体验

- 非遗：包公故事、庐州大鼓、火笔画、门歌、洋蛇灯、芜湖铁画锻制技艺、繁昌民歌、十兽灯。
- 文化公园：包公园、三国新城遗址公园、合肥滨湖国家森林公园、大蜀山国家森林公园、赭山公园、芜湖滨江公园、镜湖公园、神山公园、芜湖中江公园、芜湖人民公园。
- 博物馆：安徽博物院、源泉徽文化民俗博物馆、安徽名人馆、渡江战役纪念馆、三国历史文化馆、芜湖市博物馆。

行程规划

- 线路：合肥市长鑫存储技术有限公司—合肥市合肥科学岛—合肥现代科技馆—合肥市京东方光电科技—合肥市包河区安徽创新馆—合肥市—芜湖市奇瑞智能网联"未来工厂"
- 总里程：250公里
- 推荐时长：3天

△ 包公园

△ 三国遗址公园

DAY1 合肥市长鑫存储技术有限公司—合肥市合肥科学岛—合肥现代科技馆
(行驶里程 40 公里)

今日从合肥市出发，来到长鑫存储技术有限公司，这里致力于成为技术领先与商业成功的半导体存储芯片公司，以存储科技赋能信息社会，改善人类生活。接着前往合肥科学岛，这里是中国科学院在安徽设立的一个综合性科研基地和人才培养基地，也是中国主要的核聚变研究基地之一，是世界实验室在我国设立的核聚变研究中心。

⊘ 路况

整体路况良好，沿合肥市内道路前行。

⊘ 海拔情况

合肥：平均海拔 25 米。

⊘ 沿途特色景区

三国遗址公园——合肥素有"三国故地，包公家乡"之称。三国合肥新城遗址至今犹在，园内空气清新，景色秀丽，三国历史文化积淀深厚，有新城文物陈列馆、金虎台、聚贤堂征东门、东侧门遗址、练兵指挥台等景点。

包公园——这里前身是包河公园，园区有包公祠、包公墓、清风阁、浮庄等景点。全园用最权威、最翔实的历史资料来展现这位宋代重臣包拯的爱民如子、清正廉明、不畏权贵、执法不阿、铁面无私的人格魅力。

合肥大蜀山国家森林公园——这里就像一个以山为主的大型园林，在传统建筑的基础上，精心恢复开福寺、蜀井、龙王庙等名胜古迹，已经成为一个环境优雅、文化品位较高、娱乐功能较强的现代化综合森林公园。

⊘ "大国重器"重点项目

合肥市长鑫存储技术有限公司——2016 年 5 月，长鑫存储技术有限公司的事业在"创新之都"——安徽合肥启动。作为一体化存储器制造商，公司专业从事动态随机存取存储芯片（DRAM）的设计、研发、生产和销售，目前已建成第一座 12 英寸晶圆厂并投产。DRAM 产品广泛应用于移动终端、电脑、服务器、虚拟现实和物联网等领域，市场需求巨大并持续增长。特别是内存芯片自主制造项目的投产，与国际主流 DRAM 产品同步的 8Gb DDR4 的亮相，标志我国在内存芯片领域实现量产技术突破，拥有了这一关键战略性元器件的自主产能。

合肥市合肥科学岛——这里是由 5 座科研楼、3 幢雅致大方的幅湖别墅与其他附属设施组成的具有雄厚科技实力的"科学城"。1965 年，国务院批准在合肥建立一个综合性科研基地以来，岛上先后建成了中科院光学精密机械研究所、等离子物理研究所、智能机械研究所、固体物理研究所。"科学岛"的设备和潜能都是国内一流的，有些领域的研究已在国际领先，如等离子所的托卡马克装置，正是解决人类未来能源研究的重要设备。目前，"科学岛"正从事着一系列高精尖的科学研究。

合肥现代科技馆——在合肥科学岛上的合肥现代科技馆，承担了合肥研究院的各项科普活动组织工作，多年来持续开展"科学家面对面"、青少年科普讲堂、蒲公英科普活动进校园、科普大篷车进校园等。除常规展陈外，每年面向社会公众开展多场的院士报告会，以及结合科技创新、社会热点、文化建设等开展专项科普临展活动，针对省市中小学学生设计开发了系列研学课程，将高端科研资源科普化，传播科学文化、弘扬科学家精神。

△ 合肥科学岛

旅行锦囊

加油站：

滨湖绿岛加油站、中国石化（合肥环湖路加油站）。

友情提示：1. 合肥市合肥科学岛：免费参观开放区域，岛上科技馆每周一开放本周参观预约。

2. 合肥市长鑫存储技术有限公司：团队参观需提前预约。

餐饮推荐

三河米饺、吴山贡鹅、庐州烤鸭、麻饼。

DAY2 合肥市京东方光电科技—合肥市包河区安徽创新馆—合肥市
（行驶里程 50 公里）

今日前往京东方光电科技有限公司，这里有国内第一条第六代液晶显示器件（TFT-LCD）生产线，是一家研发、设计、生产、销售电视、显示器用 TFT-LCD 显示屏的高科技企业。随后前往安徽创新馆，这里是中国首座以创新为主题的场馆，是安徽创新发展的引领性工程。

路况

整体路况良好，沿合肥市内道路前行。

海拔情况

合肥：平均海拔 25 米。

沿途特色景区

安徽博物院——这里整体建筑造型沧桑厚重，体现了"四水归堂、五方相连"的徽派建筑风格。博物院现馆藏文物近 22 万件套，特色藏品有商周青铜器、汉代画像石、古代陶瓷器、宋元金银器、文房四宝、明清书画等。

合肥滨湖国家森林公园——园内有植物 280 多种，呈现了多层次的植物系统。其中，上层以杨树为主；中层以香樟等为主；下层由棕榈等植被组成。

合肥融创乐园——这里将徽派优秀文化精髓与现代尖端

科技完美结合，有徽州古韵、梨园春秋、欢乐水乡、巢州古城、梦蝶仙境、淝水之战六大主题区域，是全球首座，也是唯一一座大型徽文化主题乐园。

三河古镇——三河镇是有丰乐河、杭埠河、小南河三条河流贯穿其间而得名，这里也是一个典型的水乡古镇，人文景观丰富，展现了江淮地区独有的"八古"景观，即古河、古桥、古庙、古圩、古街、古居、古茶楼和古战场。

"大国重器"重点项目

合肥市京东方光电科技——这里自主建设了国内首条第六代 TFT-LCD 生产线，包括阵列、彩膜、成盒和模组等全部工序。这条生产线的主要产品为 37 英寸及以下电视机、显示器用液晶面板屏，并填补大陆在液晶显示领域没有六代线的历史，结束大陆液晶显示器件长期依赖外购的现状。该生产线每月生产玻璃基板产能达 90000 片（可扩产至 120000 片），包括阵列、彩膜、成盒和模组等全部工序。

合肥市包河区安徽创新馆——全馆由三栋独立的场馆组成。1 号馆展示了安徽创新发展的历史、资源、成果和未来。2 号馆是包括综合运用人工智能、大数据等新技术，打造集研发转化、技术转移、成果转化、人才培养的科技创新成果转化交易平台。3 号馆则是具有全球路演中心、科技成果发布中心、媒体创新传播中心、科技中介服务中心等功能。创新馆汇聚了创新成果展示，着重体现展示窗口功能，集中展示千余件展品，涉及信息技术、高端装备、新材料、新型能源和节能环保等战略性新兴产业。游客身处声、光、电等现代科技手段所营造的环境中，能够观看到同步辐光源、稳态强磁场、全超导托卡马克装置、量子通信以及未来的合肥先进光源等科学装置模型，也能通过大屏幕播放的视频了解有关全超导托卡马克等装置的构造、原理和运行过程。

◉ **旅行锦囊**

加油站：

中石油加油站（铜陵路站）。

> **友情提示：** 1. 合肥市京东方光电科技：团队参观需提前预约。
> 2. 合肥市包河区安徽创新馆：需通过馆方微信公众号网上预约参观。

◉ **餐饮推荐**

老母鸡汤、泥鳅挂面、鸭油烧饼、烘糕。

DAY3 合肥市—芜湖市奇瑞智能网联"未来工厂"
（行驶里程 100 公里）

从合肥出发，前往位于芜湖市的奇瑞智能网联"未来工厂"，这里展现了汽车智能化变革，开始了从"制造"到"智造"的新旧"动能转换"。

◉ **路况**

整体路况良好，沿合肥绕城高速、芜合高速前行。

◉ **海拔情况**

芜湖：海拔 10 米。

◉ **沿途特色景区**

浮槎山森林公园——公园的特色是主峰四周分布着 9 座山峰，似九龙腾跃，形态各异。浮槎山峰峦叠嶂，怪石峥嵘，松柏挺秀，云雾缭绕，清幽宜人，景色奇丽。顶峰有清白二泉并悬，水位稳定，久旱不涸，充雨不涨。

芜湖市方特旅游区——这里是我国规模最大的第四代主题乐园、国家 5A 级旅游景区。其中的方特欢乐世界采用当今最先进的理念和技术精心打造，有阳光广场、方特欢乐大道、渔人码头、太空世界等 15 个区域组成。

鸠兹古镇——古镇是传统的徽派建筑群，以扁担河为界

划分东西两块：西边是静态区域，以书院、会馆、名人故居为主；东边是动态区域，这边能看到风情酒店、特色小吃、互动体验、客栈和酒吧等休闲场景。

马仁山风景区——这里是国家 4A 级旅游景区和国家级森林公园。亿万年来，风雨如刀，雕刻出这里如梦幻般的奇峰、幽谷和绝壁；亿万年来，岁月似水，洗尽浮华和杂芜，显露出这边所特有的灵秀、宁静与清逸。

◉ **"大国重器"重点项目**

芜湖市奇瑞智能网联"未来工厂"——这里为中国汽车产业勾勒出一幅"智慧"+"绿色"完美融合的"智能制造"新蓝图。"十四五"期间，奇瑞将以这里的"未来工厂"为引擎，加快从传统汽车向智能汽车方向彻底转型。奇瑞"未来工厂"项目将致力于成为探路中国汽车产业高质量发展的"样板工厂"，为中国汽车工业牢牢掌握核心技术、实现高质量发展探索新模式；成为安徽省、芜湖市战略性新兴产业发展的示范基地，在产业集聚、提质升级等方面发挥领头示范作用；成为奇瑞加快发展的"新引擎"，助力奇瑞产能提升、技术水平提升、制造水平提升、企业管理水平提升，进一步完善全价值链汽车产业布局，加快实现打造国际一流品牌的目标。

◉ **旅行锦囊**

加油站：

高速上有多个中国石油、中国石化加油站。

> **服务区：** 肥东服务区、巢湖服务区、福山服务区。
> **友情提示：** 芜湖市奇瑞智能网联"未来工厂"：团队参观需提前预约。

◉ **餐饮推荐**

渣肉蒸饭、赤豆酒酿、炒凉粉、酥烧饼、虾子面、藕稀饭、红皮鸭子。

△ 安徽创新馆

△ 合肥市京东方光电科技

No.15 盛世中国·奥运圆梦

感受冬奥会的魅力，中国自信和力量助力实现"三亿人参与冰雪运动"

手绘线路图

线路概况

2021年1月18日至20日，习近平总书记先后到北京、河北等地，实地了解北京2022年冬奥会、冬残奥会筹办情况，"办好北京冬奥会、冬残奥会是党和国家的一件大事，是我们对国际社会的庄严承诺，做好北京冬奥会、冬残奥会筹办工作使命光荣、意义重大"。"盛世中国·奥运圆梦"线路将北京冬奥会的各项筹办成果展现在公众面前，让游客可以近距离感受冬奥会的魅力，感受中国的自信、中国的力量，让中国人"三亿人参与冰雪运动"从愿景走向现实。

大国重器

北京奥林匹克公园、北京奥林匹克森林公园、国家速滑馆"冰丝带"、北京首钢园、延庆区国家高山滑雪中心、国家雪车雪橇中心、河北省张家口市崇礼区国家跳台滑雪中心、国家冬季两项中心（2022年北京—张家口冬季奥林匹克运动会项目比赛场馆）。

周边文化体验

- 非遗：北京面人郎、京绣、茶膏制作技艺、剪纸。
- 文化公园：世界葡萄博览园、松山国家森林公园、北京野鸭湖国家湿地公园、妫水河森林公园。
- 博物馆：北京奥运博物馆、北京工艺美术博物馆、居庸关长城博物馆、中国紫檀博物馆、中国航空博物馆。

行程规划

- 线路：北京奥林匹克公园—北京奥林匹克森林公园—国家速滑馆"冰丝带"—北京首钢园—延庆区国家高山滑雪中心—国家雪车雪橇中心—河北省张家口市崇礼区国家跳台滑雪中心—国家冬季两项中心
- 总里程：230公里
- 推荐时长：3天

△ 奥林匹克公园

DAY1 北京奥林匹克公园—北京奥林匹克森林公园—国家速滑馆—北京首钢园—延庆冬奥村
（行驶里程 132 公里）

今天在北京朝阳区参观北京奥林匹克公园、北京奥林匹克森林公园及国家速滑馆"冰丝带"，以上场景都是在同一个区域。依次游览后沿京藏高速、京礼高速一路北上，前往延庆区。

❱ 路况
北京市区，整体路况良好；沿京藏高速、京礼高速前行。

❱ 海拔情况
石景山区：平均海拔 75 米；朝阳区：平均海拔 34 米。

❱ 沿途特色景区
中国紫檀博物馆——这里是我国首家规模最大，收藏研究、陈列展示紫檀艺术，鉴赏中国传统古典家具的专题类民办博物馆，填补了中国博物馆界的一项空白。

明十三陵——这是明朝十三代皇帝及皇后陵墓的简称。目前已开放的景点有长陵、定陵、昭陵和神路，其中定陵的地宫可供游客参观，可以从明十三陵的建筑中感受大明风华。各景点之间较远，需要驾车或乘公交车前往。

国家游泳中心（水立方）——这里是 2008 年北京奥运会的主游泳馆，承担游泳、跳水、花样游泳等比赛，奥运期间可容纳观众座席 17000 座。现已成为具有国际先进水平的游泳、运动、健身、休闲的场所。

中国科学技术馆——在这里能看到"科学乐园""华夏之光""探索与发现""科技与生活""挑战与未来"五大主题展厅、公共空间展示区及球幕影院、巨幕影院、动感影院、4D 影院四个特效影院。

❱ "大国重器"重点项目
北京奥林匹克公园——公园作为北京双奥城市的核心区和主承载区位于北京市朝阳区，地处北京中轴线北端。体现了"科技、绿色、人文"三大理念。2008 年奥运会

比赛期间，有鸟巢、水立方、国家体育馆、国家会议中心击剑馆、奥体中心体育场、奥体中心体育馆、英东游泳馆、奥林匹克公园射箭场、奥林匹克公园网球场、奥林匹克公园曲棍球场 10 个奥运会竞赛场馆。奥运会后，奥园始终围绕"国际交往联络窗口、世界文化交流平台、国家体育休闲中心"三大功能定位，在区域发展建设方面取得了一定的成就。

北京奥林匹克森林公园——公园位于北京市中轴线北端，奥林匹克公园北部，第 29 届奥运会的绿色大背景，市民休憩娱乐的天堂，是广泛应用低碳技术的综合性超大型生态城市公园。

国家速滑馆"冰丝带"——这里是北京 2022 年冬奥会速度滑冰项目的比赛场馆，又名"冰丝带"，是北京冬奥会标志性新建场馆。冬奥会后，国家速滑馆将在具备举办所有冬季冰上项目国际顶级赛事条件的基础上，进行综合利用，成为集"体育赛事、群众健身、文化休闲、展览展示、社会公益"五位一体，百姓对冬季美好生活向往的综合性体育场馆。国家速滑馆采用 CO_2 跨临界直冷制冰系统，成为史上第一个使用天然工质 CO_2 作为制冷剂的速度滑冰场馆；世界最大跨度正交双向单层马鞍形屋顶索网，荣获第十三届"中国钢结构金奖"和"中国钢结构金奖年度杰出工程大奖"；22 根"冰丝带"环

△ 水立方

△ 国家速滑馆"冰丝带"夜景

△ 长城

绕的曲面幕墙系统，展现了速度滑冰运动的速度与激情；智慧场馆建设将集成最先进的信息技术、最优质的观众体验、最精细的管理于一体的体育场馆建设运营解决方案。

北京首钢园——昔日粗犷的炼钢炉，融合了现代体育和文化元素，首钢园变得越来越精致了。作为 2022 年北京冬奥会会场之一，首钢园利旧改造，打造现代化的体育设施。冬奥会期间，在首钢园内的首钢滑雪大跳台"雪飞天"是中国冬奥天团的"双金福地"，大跳台凭借着中国风外形及其背后炫酷的工业风建筑"吸粉"无数。首钢园一经对外开放，就有不少游客前来一睹"雪飞天"真容，很快这里成了网红打卡景点。继"鸟巢""冰立方"后，"雪飞天"也成为"双奥之城"的又一大标志性奥运遗产。首钢滑雪大跳台是北京赛区唯一的雪上项目比赛场馆，也是世界上第一个永久保留的滑雪大跳台。北京冬奥会后，首钢滑雪大跳台将继续承办世界级赛事，成为专业运动员训练场地、青少年后备人才选拔基地，直接服务冰雪运动发展。

◉ 旅行锦囊

加油站：

高速上有中国石油和中国石化加油站。

△ 北京首钢园

服务区： 百葛服务区、阪泉服务区。

友情提示： 1. 中国科技馆：周一闭馆。

2. 中国紫檀博物馆：周一闭馆。

◉ 餐饮推荐

老北京炸酱面、驴打滚、豌豆黄、涮羊肉、京酱肉丝。

DAY2 **国家高山滑雪中心—国家雪车雪橇中心—崇礼太子城小镇**
（行驶里程 97 公里）

北京 2022 冬奥会和冬残奥会的圆满落幕，成为最美冬奥城延庆历史上极为珍贵的一页。今日来到延庆区参观承办冬奥会滑降、回转、大回转和雪车、雪橇、高山滑雪项目的国家高山滑雪中心和国家雪车雪橇中心。

◉ 路况

整体路况良好，沿京礼高速前行。

◉ 海拔情况

延庆区：平均海拔 500 米。

◉ 沿途特色景区

八达岭长城——八达岭长城蜿蜒腾跃在燕山山脉的崇山峻岭间，是万里长城千百座名关险隘中，历史最为悠久、文化最为丰富、建筑最为宏伟、景色最为壮观、声名最为远扬、保存最为完整的精华一段。

居庸关——这里自古就是京畿西北的屏障。如果说八达岭是西北进入北京的第一道门户的话，这里就是第二道门户。居庸关两侧高山耸立，翠峰重叠，峭壁陡不可攀。中间只有一径相通，地势十分险要。

中国航空博物馆——这里是我国第一座对外开放的大型航空博物馆。由山洞大展厅、珍宝馆展厅和露天展区组成。这里展品有近代引进国外的航空器，还有国产的各种类型飞机和博物馆自行制作的各类飞机模型。

◉ "大国重器"重点项目

延庆区国家高山滑雪中心——这里是 2022 年北京冬奥会

滑降、回转、大回转、超级大回转、全能项目及团体项目的雪上项目竞赛场馆。冬奥会期间主要的滑雪项目都是在此举行，高山滑雪中心坐落于小海坨山，雪道是根据山形山势设计的，一共有7条，落差在800～900米，整个场地就像一条盘旋的金龙。国家高山滑雪中心的雪道是国内最高等级的高山滑雪赛道，也是国内唯一符合冬奥会标准的赛道。坐上缆车真的超级壮观，天、云与山，上下一白。2022年北京冬奥会赛后，高山滑雪中心将进行四季运营，将继续举办高山滑雪赛事，为专业滑雪队提供训练场地，并向滑雪技能高级别大众爱好者开放。还将利用回村雪道形成训练雪道，面向最广大群众提供舒适且富有趣味性的滑雪运动场地。非雪季时期作为山地观光和户外运动场所，可以进行山地探险活动，包括山地越野跑、自行车、滑索、攀岩等多种方式。

国家雪车雪橇中心——北京冬奥会雪车雪橇比赛在此举行，是我国建设的第一条雪车雪橇赛道。整个雪道自北向南蜿蜒在山脊上，由北向南高低落差在150米，采用了中华文化图腾"龙"的创意，有16个弯道的赛道为核心，其中第11个弯道为全球独具特色的360度回旋弯道。俯瞰下去正如一条蜿蜒的游龙盘踞在山脊之上，被形象地称为"雪游龙"。国家雪车雪橇中心是中国国内第一条、也是唯一一条符合冬奥会标准的雪车雪橇赛道，为中国国内外观众讲述属于中国的文化与故事。国家雪车雪橇中心在2022年北京冬奥会赛后将继续作为比赛场地，用于承接和举办各类高级别相关赛事，同时为国家队提供专业的训练场地。

旅行锦囊

加油站：

高速上有多个中国石油和中国石化加油站。

> 服务区：大海陀服务区、赤城服务区、和平驿站。
> 友情提示：1.八达岭长城：需提前预约，长城徒步入口处可免费寄存行李。爬长城要轻装上阵，一定要穿舒适的鞋子。
> 2.中国航空博物馆：周一闭馆。

餐饮推荐

延庆火勺、搅傀偏、柳沟火盆豆腐。

DAY3 张家口市崇礼区国家跳台滑雪中心—国家冬季两项中心
（行驶里程1公里）

2022年北京冬奥会，张家口作为协办城市，承办除雪车、雪橇、高山滑雪和自由式滑雪大跳台之外的所有雪上项目，也是50块冬奥会金牌的产生地。我们在参观国家跳台滑雪中心和国家冬季两项中心的同时，更能看到国家对奥运的支持，让崇礼当地的交通网络有了跨越性的发展。

路况

整体路况良好，沿古棋路前行。

海拔情况

崇礼区：海拔813～2174米。

沿途特色景区

世界葡萄博览园——这里是北京地区最大的葡萄采摘基地，堪称"葡萄业博物馆"。园区很大，一进去就能看见一大片草坪，有大片芦苇、葡萄园、露营基地。

水关长城——水关长城历史悠久，是明长城的遗址，距今已有400余年的历史，是护卫京畿的重要关口之一，由抗倭名将戚继光督建。古道、古树、古藤，峻山灵水、古关老城，就是一幅幅原生态的水墨画。

北京野鸭湖国家湿地公园——这里经过50多年的发展，已经成为北京地区甚至华北地区重要的鸟类栖息地之一。野鸭湖四季分明，景观独特，有观植、观鸟、观景三大特色，观鸟已成为目前最热门的旅游活动之一。

"大国重器"重点项目

河北省张家口市崇礼区国家跳台滑雪中心——中心竞赛场馆是清华大学建筑设计研究院设计的，场馆外形与中国传统饰物"如意"契合，因此又名"雪如意"。中心包括山上顶峰俱乐部、山下看台、竞赛区以及综合区等。是张家口主办区工程量最大、技术难度最高的竞赛场馆，符合国际雪联建造标准，是中国第一个以跳台滑雪为主要用途的体育场馆。

国家冬季两项中心——国家冬季两项中心主要由场馆核心区、功能区、赛道组成，距离场馆群入口1400米，距离奥运村3000米。设置11个比赛项目，产生11枚金牌。赛道分为东侧山谷的竞赛赛道和位于南侧山谷的训练赛道，赛道总长度11.7公里，宽度为8～14米。场馆核心区自北向南依次布置靶场，设备存放区，赛道与起终点区，地下通道，场馆技术楼。

旅行锦囊

加油站：

中国石油加油站（古琪路站）。

餐饮推荐

崇礼蚕豆、坝上口蘑。

△ 世界葡萄博览园

No.16 福建发展·晋江经验

"晋江经验"引领主线，铸就工匠精神，成就历史使命

手绘线路图

线路概况

习近平总书记在福建工作期间，6年7次深入晋江调研，总结形成"六个始终坚持"和"处理好五大关系"的"晋江经验"。18年来，晋江始终以"晋江经验"为引领，不断传承创新发展"晋江经验"，逐步闯出了一条具有晋江特色的全面发展道路。"福建发展·晋江经验"精品线路以"晋江经验"馆为核心，将福州市福清核电站、宁德市锂电新能源小镇、新能源汽车生产基地、全球最大的不锈钢生产基地等进行串联，让游客零距离感受核工业人所担负的"建华龙一号，铸国之重器"的历史使命和"大国工匠"精神。

大国重器

福州市福清核电站（第三代核电技术"华龙一号"全球首堆）、晋江市"晋江经验"馆、宁德市锂电新能源小镇（全球最大的聚合物锂离子电池生产基地）、上汽集团福建宁德生产基地（新能源汽车生产基地）、福安青拓集团（全球最大的不锈钢生产基地）。

△ 湄洲岛妈祖文化旅游区

周边文化体验

- **非遗：**俤舞、高甲戏（柯派）、木偶戏（晋江布袋木偶戏）、畲族民歌、平讲戏。
- **文化公园：**晋江罗裳生态公园、晋江世纪公园、福清玉融山公园、福清龙山公园、福清玉屏山公园、宁德南岸公园、宁德南漈山公园、宁德镜台山公园。
- **博物馆：**晋江博物馆、福清侨乡博物馆、福清市博物馆、宁德市博物馆（闽东畲族博物馆）。

行程规划

- **线路：**晋江市"晋江经验"馆—福州市福清核电站—宁德市锂电新能源小镇—上汽集团福建宁德生产基地—福安青拓集团
- **总里程：**360公里
- **推荐时长：**3天

DAY1 晋江市"晋江经验"馆—福州市福清核电站

（行驶里程160公里）

今日来到晋江市"晋江经验"馆，这里展示的是一部典型的改革开放史，展示的是党的富民政策指引下，晋江市党委政府解放思想、抢抓机遇、开拓创新，主动带领晋江人民对中国特色社会主义发展道路进行大胆探索和成功实践的奋斗历程，并创造"晋江模式"的地方经济发展史。随后前往福州市福清核电站参观，这里的"华龙一号"首座核反应堆引领了我国核电产业由规模发展向创新发展迈进，也向着实现核电强国的目标迈进。

路况

整体路况良好，沿沈海高速、渔平高速前行。

海拔情况

晋江：海拔23米；福清：海拔119米。

沿途特色景区

清源山景区——这里因山峰间时常云霞缭绕，也称齐云山。自古以来，清源山就以36洞天和18胜景闻名于世，洞天胜景中以老君岩、千手岩、弥陀岩、碧霄岩、瑞象岩、虎乳泉、南台岩、清源洞、赐恩岩等最为出名。

崇武古城——这里是我国现存最完整的花岗岩滨海石城，也是全国重点文物保护单位。古城在我国海防史上一直占有重要地位，所以这里就像堡垒。四面设门，东西二门筑有月城，城墙上有烽火台、瞭望台和这放铳炮的虚台。

仙游九鲤湖风景区——这里有"四奇"：湖、洞、潭、石。尤其是飞潭，有"鲤湖飞潭天下奇"之誉。明代旅行家徐霞客把它与武夷山、玉华洞并称福建"三绝"。传说古代有九兄弟在此炼丹，丹成跨鲤升仙，九鲤湖从此得名。

湄洲岛妈祖文化旅游区——这里是湄洲湾湾口的一个小岛，岛上妈祖庙闻名海内外。全岛林木葱郁，港湾众多，岸线曲折，沙滩连绵，风景秀丽，是理想的度假胜地。湄洲湾东南临台湾海峡，与宝岛台湾遥遥相望。

"大国重器"重点项目

晋江市"晋江经验"馆——这里是晋江对外宣传和展示城市形象的重要窗口，是游客感受晋江美好城市的第一站，是全国唯一一家系统介绍"晋江经验"的专题馆。晋江经验馆以馆中馆的布局共有三层，一层是"晋江经验"主题馆，二层是规划建设主题馆，三层是产业经济主题馆，三层展览展示区以图片、文字、模型、影片为主要展示手段，通过影视、珍贵图片、实物展示和情景

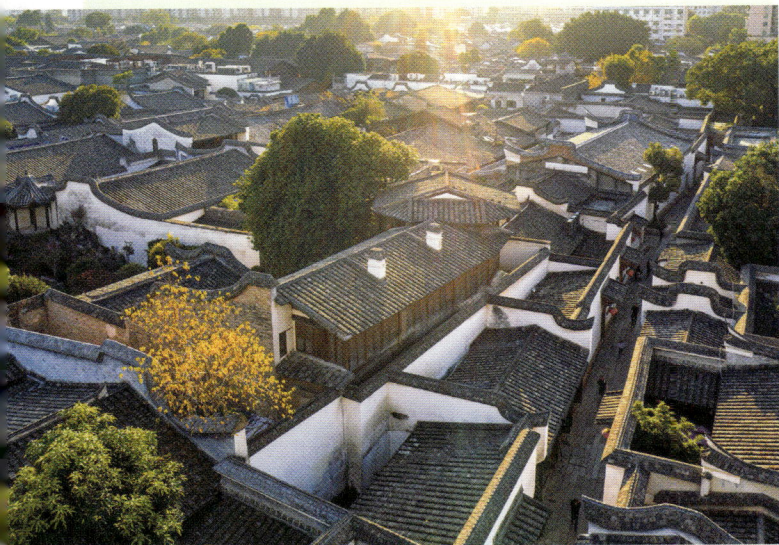
△ 三坊七巷

△ 宁德市锂电新能源小镇

再现等手法，辅以数码互动、多媒体查询系统、数字沙盘等现代技术，多视角、全方位、全媒体地展示了习近平总书记总结提出"晋江经验"的实践探索和理论思考，以及晋江市践行发展"晋江经验"所取得的辉煌成就。

福清核电站——这里是"华龙一号"所在地，2008年11月开工建设，项目一次规划6台百万千瓦级压水堆核电机组，2017年9月4号机组投入商运，1～4号机组全面建成。2021年1月30日，"华龙一号"全球首堆福清核电5号机组投入商业运行。2022年1月1日，国内第二台"华龙一号"福清核电6号机组并网发电。"华龙一号"是我国在30余年核电科研、设计、制造、建设和运行经验基础上，研发设计的具有完全自主知识产权的三代核电技术，连续2年入选央企十大国之重器，是继飞机、高铁之后，我国的又一张"国家名片"。作为"华龙一号"示范工程基地，福清核电肩负"建华龙一号，铸国之重器"的重大使命。使我国成为继美国、法国、俄罗斯之后世界上具有三代核电技术和自主品牌的少数国家之一，跻身先进核电技术第一阵营。建成后极大地缓解当地电力需求，将为海峡西岸经济发展增添新的动力，更好地满足福建和华东地区电力和环保的需求，为福建省和华东地区能源结构调整和经济发展做出新的更大贡献。

旅行锦囊

加油站：
高速上有多个中国石油和中国石化加油站。

服务区： 洛阳江服务区、驿坂服务区、赤港服务区。
友情提示： 1."晋江经验"馆：团队参观须提前三天预约，个人参观凭有效证件登记后入场。
2.福清核电站：需要提前在公众号预约参观。

餐饮推荐

龙湖鲈鱼、深沪鱼丸、深沪糖芋、安海土笋冻、壶仔饭、甜润饼卷、猪肉粕、炸菜粿。

DAY2 前薛村—宁德市锂电新能源小镇—宁德市
（行驶里程160公里）

今日前往宁德市锂电新能源小镇参观，小镇位于福建省宁德市东侨经济技术开发区，周边配套设施完善。我们来到这里可以看到一个有着中国特色的新能源小镇。

路况

整体路况良好，沿京岚线、福厦高速、福州绕城高速、甬莞高速前行。

海拔情况

福州地区平均海拔90米；宁德市蕉城区海拔3米。

沿途特色景区

三坊七巷——三坊七巷是南后街两旁从北到南十条坊巷的简称。三坊是衣锦坊、文儒坊、光禄坊；七巷是杨桥巷、郎官巷、塔巷、黄巷、安民巷、宫巷、吉庇巷。由于部分坊巷已改成干道，实际这里是二坊五巷。

福州鼓山风景区——这里四季常青、岩秀谷幽、苍松滴翠、奇葩流江，名胜古迹遍布全山，是福建省"十佳"风景区之一。鼓山摩崖石刻到处可见，保留有宋蔡襄、李钢、朱熹等人的手迹。

闽江河口国家湿地公园——在这里能看到河口水域、潮间带沙滩、红树林沼泽等7种湿地类型，许多种类的候鸟会迁徙到此过冬，水鸟也在这里栖息，其中不乏一些濒危鸟种。公园的多项指标已经达到国际重要湿地的标准。

福州国家森林公园——这里有木棉树、钻天杨、樟树、油松、银杏、水杉等全国各地及 36 个国家 2500 多种国内外珍贵树种。龙潭溪流贯园中，有苏铁园、棕榈园、珍稀植物园、竹类观赏园、树木观赏园等多个植物专类园。

◆ "大国重器"重点项目

宁德市锂电新能源小镇——宁德锂电新能源特色小镇位于宁德市北部新城、国家级经济开发区东侨经济开发区，以赤鉴湖公园为中心，周边环绕新能源特色产业区，主要是新能源（ATL）和时代新能源（CATL）公司总部、厂区及生活服务区，是以新能源"锂电"为主题的小镇公园。近年来，宁德市紧紧抓住国家实施新能源汽车发展规划等的有利时机和产业红利，依托时代新能源、新能源科技两家龙头企业打造锂电新能源千亿元产业集群目标，积极补链建群，促进锂电新能源产业不断发展壮大。锂电新能源产业从无到有、发展壮大、领跑全球。

◆ 旅行锦囊

加油站：

高速上有多个中国石油和中国石化加油站。

> **服务区**：荣长乐服务区、透堡服务区。

◆ 餐饮推荐

宁德肉丸、宁德鱼丸、畲族乌米饭、芋蒸螃蟹、宁德扁肉、福鼎肉片、宁德煎包、魔芋糕。

DAY3 宁德市—上汽集团福建宁德生产基地—福安青拓集团
(行驶里程 40 公里)

今日首先前往上汽集团福建宁德生产基地，这里是上汽乘用车第四大生产基地，走进基地感受上汽宁德全新自动化工厂是如何将车辆自动化和智能化进行生产。随后来到福安青拓集团，可以看到世界知名不锈钢城。

◆ 路况

整体路况良好，沿福宁北路、荣威大道、沈海高速前行。

◆ 海拔情况

福安地区海拔 147 米。

◆ 沿途特色景区

白水洋鸳鸯溪——白水洋是世界唯一的"浅水广场"，它有平坦的河床，干净无沙砾，人走在上面，水只到脚踝，阳光下波光潋滟，就像一片白炽。白水洋中段有一条近百米长的天然水道，赤身下滑不伤肌肤，是天然的冲浪泳池。白水洋的下游就是鸳鸯溪，因为每年有数千对的鸳鸯从北方到此过冬而得名。

九龙漈——这里峰奇石秀、峡谷幽深，龙江溪在危崖断壁之间层层跌落，形成了九级瀑布群。瀑布群的总落差

约有 300 米，其中第一级瀑布落差约 47 米，瀑宽 76 米，丰水期宽达 83 米。飞瀑溅起的浪花高达 10 余米，百米开外仍然水雾弥漫。

太姥山——这里山海相依，傲岸秀拔，气势恢宏，景致独特，被誉为"海上仙都"。景区有太姥山岳、九鲤溪瀑、晴川海滨、福瑶列岛、桑园翠湖五个景区，还有冷城古堡、瑞云寺两个景点，以及历代名人摩崖石刻"天下第一山""山海大观"等几十处景观。

◆ "大国重器"重点项目

上汽集团福建宁德生产基地——2018 年 4 月 28 日，上汽宁德基地项目正式破土动工。实现了 8 个月完成厂房主体结构建设、14 个月完成首台通线车下线、17 个月正式投产的惊人速度，上汽宁德基地项目刷新宁德项目建设的新纪录，是福建省目前设计产能最大的新能源乘用车生产项目，2020 年，上汽宁德基地荣膺了"2020年中国标杆智能工厂"称号，其自动化设备应用比例高于行业标准，拥有比肩一线豪华品牌质量控制标准。

福安青拓集团——青拓集团自 2008 年入驻福安湾坞半岛，经过十余年发展，青拓集团成为福建省首家年产值超千亿元民营企业，全球最大的不锈钢生产基地在此强势崛起。青拓集团青山实业系统四大集团之一，主要从事镍铁与不锈钢冶炼、不锈钢加工及经营销售。旗下有鼎信实业、青拓镍业等子公司，拥有不锈钢从采矿、冶炼、加工到销售的完整产业链条。该集团接受团体参观。

◆ 旅行锦囊

加油站：

中国石化森美加油站（宁德闽东路站）、中国石油加油站（福安湾坞站）。

> **友情提示**：1.上汽集团福建宁德生产基地：团队参观需提前预约。
> 2.福安青拓集团：该集团接受团体参观，团队参观需提前预约。

◆ 餐饮推荐

穆阳线面、穆阳烤肉、穆阳扁肉、福安拌面、福安炖罐、大肠粉扣、溪柄豆腐干、畲家三宝。

△ 青拓集团

No.17 工业旅游·扬帆起航

威武青岛港，海耕烟台山

手绘线路图

线路概况

向海而兴、向海图强，科技赋能正推动海洋经济挺进新蓝海。"工业旅游·扬帆起航"精品线路涵盖了青岛、威海、烟台三市的重大科技、新能源、海洋牧场等一批明星企业及展陈馆，将旅游、科普、教育结合在一起，通过工业场景加科普内容，让游客不仅可以在"耕海1号"海洋牧场综合体平台上休闲垂钓，更有机会了解"大国重器"的诞生过程，体会强烈的民族自豪感。

大国重器

青岛奥林匹克帆船中心（上海合作组织青岛峰会主会场）、青岛港工业旅游基地、青岛市海尔工业园、青岛市海信工业旅游基地、荣成市国家电投新能源科技馆、烟台市"耕海1号"海洋牧场。

周边文化体验

🔹 **非遗**：鸳鸯螳螂拳、胶东大鼓、胶州秧歌、东夷渔祖郎君庙会、刘氏泥塑、即墨花边传统手工技艺、锡镶技艺、胶东回水咸鱼干、蓝关戏、烟台面塑、吕村年画。

🔹 **文化公园**：珠山国家森林公园、信号山公园、荣成成山森林公园、樱花湖体育公园、烟台毓璜顶公园。

🔹 **博物馆**：青岛贝壳博物馆、中国海军博物馆、青岛海产博物馆、北极星钟表文化博物馆、张裕酒文化博物馆。

行程规划

🔹 **线路**：青岛市海信工业旅游基地—青岛港工业旅游基地—青岛奥林匹克帆船中心—青岛市海尔工业园—荣成市国家电投新能源科技馆—烟台市"耕海1号"海洋牧场

🔹 **总里程**：460公里

🔹 **推荐时长**：3天

DAY1 青岛市区—青岛市海信工业旅游基地—青岛港工业旅游基地—青岛奥林匹克帆船中心
（行驶里程 40 公里）

从青岛出发，行程贯穿青岛三个相互连接的老城区：市南区、市北区及崂山区。沿途感受青岛港的威武雄壮，历经百年历史，通过不懈努力，以亿吨吞吐量屹立于世界大港之林。驰名中外的海尔集团，著名的工业品牌，拥有多元化的产品体系，记录着青岛民族工业的发展史。

❯ 路况

整体路况良好，沿青岛市内道路前行。

❯ 海拔情况

青岛市区：平均海拔 50 米；崂山区：平均海拔 931 米。

❯ 沿途特色景区

青岛森林野生动物世界——这里的野生动物是放养、圈养和笼养结合，游客可在指定区域步行或车行，近距离和动物亲近，体验人与动物共享自然和谐相处的乐趣。而猛兽区则在峡谷之中，游客可在峡谷上的自由观光桥观赏。

珠山国家森林公园——珠山主峰海拔 724.9 米，是青岛西海岸最高峰，巍峨挺拔，周围有釜台筒、大庵山、扎营山等大小山峰 40 多座，森林覆盖率高达 70% 以上。公园内有菩提寺、齐长城遗址和杜鹃谷等景点。

凤凰岛旅游度假区——整个度假区金沙奇礁，海抱山连。这里有金沙滩、银沙滩、石雀滩、月牙湾等多处天然海水浴场，有独具特色的竹岔岛、连三岛等天然岛屿，有省级休闲渔业示范点——水湾休闲渔业民俗村等景点。

栈桥——青岛的地标景点之一，"青岛十景"之一的"飞阁回澜"就在这里。当来到中山路的南端，就能看到桥身从岸边探入青岛湾的深处。桥身既能徒步参观，又能停靠游船，可乘船在海上观赏青岛美景。

❯ "大国重器"重点项目

青岛市海信工业旅游基地——海信总部位于中国青岛。

海信坚持"诚实正直、务实创新、用户至上、永续经营"的核心价值观和"技术立企、稳健经营"的发展战略，业务涵盖多媒体、家电、IT 智能信息系统和现代服务业等多个领域。以彩电为核心的 B2C 产业，海信始终处在全球行业前列；在智慧交通、精准医疗和光通信等新动能 B2B 产业，海信也占据了全国乃至全球领先位置。家电板块与科技板块相得益彰，海信正在实现由传统"家电公司"向"高科技公司"的华丽转身。海信已经连续 6 年成为海外民众最熟悉的排名前十位的中国品牌，产品远销 160 多个国家和地区，连续赞助了 2016 年欧洲杯、2018 年世界杯和 2020 年欧洲杯等世界顶级体育赛事，并成为巴黎圣日耳曼俱乐部全球官方赞助商。

青岛港工业旅游基地——山东港口青岛港始建于 1892 年，距今已经有 130 年的历史。是我国重点的国有企业，也是我国第二个外贸亿吨吞吐大港，百年港口文化与青岛城市发展相伴而生，厚重的港口历史、浓郁的企业文化、先进的发展理念，使港口工业旅游成为不可复制的旅游产品。山东港口青岛港工业旅游基地分为青岛大港区、前湾新港区、集装箱自动化码头三条线路，三条路线将港口历史发展、海洋知识、邮轮知识、码头知识等串联起来，从知识性、观光性、教育性上展示山东港口创新发展、绿色智慧的爱国情怀和国企担当。时至今日已然成为太平洋西海岸重要的国际贸易口岸和海上运输枢纽。

青岛奥林匹克帆船中心——这里是国家 4A 级旅游景区，"国家滨海旅游休闲示范区"，"国家体育旅游示范基地"水上运动基地创建单位，"体育旅游十佳精品景区"。坐落于美丽的海滨城市青岛市中心位置，毗邻五四广场、青岛市政府，依山面海、风景优美，"青岛十景"之一的"燕岛秋潮"就在这里。作为 2008 年北京奥运会和残奥会帆船比赛举行地，首次在奥运史上设立观众大坝、海

△ 青岛栈桥

△ 青岛港自动化码头

上颁奖平台和奖牌轮,增设胜利者返航线、帆板障碍滑航线,被国际帆联称为"青岛模式"。建筑体现了"绿色奥运、科技奥运、人文奥运"的理念。景区有两大主体建筑,分别是奥运祥云火炬雕塑和帆船雕塑建筑,扬帆起航、向海而兴、蔚为壮观。奥运会后,奥帆中心以此承担相应级别、规模的世界级帆船比赛,如克利伯环球帆船赛、沃尔沃环球帆船赛、国际极限帆船系列赛、帆船世界杯、CCOR 帆船赛等国际性帆船赛事。奥帆中心是青岛面向世界的窗口,更是青岛时尚文化的集聚地、时尚体育的引领地、时尚会展的新高地和时尚旅游的目的地,是青岛时尚城建设的示范区。

❥ 旅行锦囊

加油站:

在青岛市区内,加油站遍布各区,非常方便找到加油站。

❥ 餐饮推荐

海鲜、青岛凉粉、鸡汤馄饨、青岛脂渣、鲅鱼水饺、崂山菇炖鸡、青岛锅贴。

DAY2 青岛市海尔工业园——荣成市国家电投新能源科技馆
(行驶里程 280 公里)

青岛被誉为"帆船之都",今日前往青岛市海尔工业园,这里是海尔集团全球总部所在地。接着来到目前国内规模最大、新能源展示最全的科技馆,就是荣成市的国家电投新能源科技馆。

❥ 路况

整体路况良好,沿威青高速、荣乌高速前行。

❥ 海拔情况

青岛:平均海拔 50 米;荣成:平均海拔 25 米。

❥ 沿途特色景区

五四广场——这里因为中国近代史上伟大的"五四运动"而得名。广场有大型草坪、音乐喷泉,向前方海中看去,有可喷高百米的水中喷泉。

音乐广场——这里是我国最大的以音乐为主题的文化休闲广场,到处可见有音乐元素的雕塑和装饰。广场有五个区域,这五个区域使得广场呈现出扇形。在高处俯视,犹如一颗美丽的扇贝镶嵌在碧蓝的海边。

青岛八大关风景区——"八大关"的得名是因为这里的八条马路(现增到十条)都是以中国古代著名关隘命名的。八大关是把公园与庭院融合在一起,到处是郁郁葱葱的树木,四季盛开的鲜花,十条马路的行道树品种各异。

青岛海底世界——一家拥有开放式实验室的海底世界,也是国内第一家从国外引进荧光壁画的海底世界。

❥ "大国重器"重点项目

青岛市海尔工业园——这里是海尔集团全球总部所在地,展现了海尔创业创新的"两创精神"。园区有海尔文化展、创新生活展两大展馆,汇聚了历史、文化及高科技,体现了展示企业发展历程、人类社会生活为主题,让参观者体会到浓厚的海尔"创业、创新"的两创文化氛围,是一处独特的文化科技交互体验场馆。这里也是典型的中国改革开放 30 年来经济社会及企业发展的缩影和代表,在这里凝聚了中国企业家的创业故事和报国情怀,成为山东省爱国主义教育基地。主要看点在产品高新化、管理现代化、园区生态化。另外,海尔大学、海尔科技馆等也从各个角度展示海尔的卓越成就与未来方向。

荣成市国家电投新能源科技馆——目前公司已与科技部、中国核学会、山东省委党校、山东省核学会、山东省科协、中共威海市委、中共威海市委组织部、荣成市委市政府等机构建立了合作关系。科技馆以核能及新能源科学普及为主题。通过讲解员的讲解、VR 体验、科普实践等方式,展现了核能科技和核能能源的相关知识,以及在日常生活中得到广泛应用的场景与实例,从而推进了核能知识的推广。

❥ 旅行锦囊

加油站:

1. 在青岛市区内,加油站遍布各区,非常方便找到加油站。
2. 中国石化加油站(海阳站)、中国石化加油站(烟台海阳第十七站)。

> **友情提示:** 1. 海尔工业园区需提前预约,门票价格 20 ~ 80 元不等,50 元以下的门票不含生产线的参观。
> 2. 儿童可进科技馆参观,但谢绝进工业区参观。
> 3. 青岛奥林匹克帆船中心门票免费,内部小景点有收费,具体费用详见售票处公告。
> 4. 荣成市国家电投新能源科技馆实行"提前预约,免费参观"的方式。

△ 海尔展厅

△ 荣成市国家电投新能源科技馆全景图

餐饮推荐

荣成鲍鱼、葱烧海参、盛家火烧、糖酥杠子头火烧、姜汁螃蟹。

DAY3 荣成市—烟台市"耕海1号"海洋牧场
（行驶里程 140 公里）

今日前往位于烟台的"耕海1号"海洋牧场参观，向海图强，科技赋能，这是将牧场由陆地向海洋的延伸，看到海中 30000 方养殖箱的宏大规模，大国重器的自豪感油然而生。

路况

整体路况良好，沿荣乌高速、烟海高速前行。

海拔情况

烟台：海拔 100～300 米。

沿途特色景区

烟台塔山旅游风景区——景区分为山上太平庵风景区和山下娱乐区两大部分，一共有 30 多个景点。主要景点有：太平庵、三和塔、龙王殿、太平晨钟观音峰、竞技馆、国防教育馆、热带雨林馆、儿童游乐场和奇能滑道等。

烟台毓璜顶公园——景区是以玉皇殿为中心的中路轴线结构，西部有原道士居住区和玉皇阁，东部由吕祖殿、小蓬莱石坊及周边的亭、廊、台、碑等组成。整组建筑设计精湛，结构紧凑，规整而富于变化，顺其自然而巧运匠心。

张裕酒文化博物馆——这里有酒文化广场、百年地下大酒窖、综合大厅、历史厅、影视厅等多个大厅，系统、全面地介绍了张裕公司 100 多年的发展历史，企业文化及酒文化知识，是中国葡萄酒业和中国民族企业崛起的缩影。

北极星钟表文化博物馆——这里是国内第一家以钟表文化为主题的博物馆，博物馆建筑本身就已经有百年历史。这里用中国从古至今的计时仪器沿革作为脉络，特别展示了中国古代计时仪器沿革和烟台钟表工业发展史。

"大国重器"重点项目

烟台市"耕海1号"海洋牧场——"耕海1号"是全国首座综合性、示范性、集成性的智能化生态海洋牧场综合体平台，创造性地将海工装备技术，运用于海洋渔业领域，融合了美学设计理念，呈现出了一朵绽放在烟台"四十里湾"的美丽海上之花。"耕海1号"采用一、三产业深度融合的运营模式，将渔业养殖、旅游休闲、科技研发、科普教育等功能有机融合，创造了我国海洋牧场发展新路径，吹响了我国海洋渔业挺进深蓝的号角。

旅行锦囊

加油站：

壳牌加油站（观海路站）、中国石化加油站（烟台第 99 加油站）。

> **友情提示：** 烟台市"耕海1号"海洋牧场安放在距离海岸线 2 公里的位置，游客需先坐船 10 分钟才可抵达。

餐饮推荐

烟台焖子、韭菜炒海肠、胶东大包子、丹桂粉肠、蓬莱小面。

No.18 南水北调·活水之源

功在千秋泽被天下，饮水思源感恩祖国

手绘线路图

河南省温县南水北调中线总干渠
陈家沟景区
焦作影视城
郑州黄河博物馆
郑州黄河文化公园
嵩山国家风景名胜区
尧山-中原大佛景区
南阳市淅川县南水北调中线渠首
丹江风景名胜区
十堰市博物馆
湖北省丹江口市丹江口大坝
十堰市东风工业遗产旅游区
武当山风景区
丹江口市南水北调纪念园

黄河
焦作市
郑州市
平顶山市
南阳市
十堰市
丹江口市

线路概况

南水北调工程功在当代，利在千秋。浩浩南水，奔流北上，不只打通了经济社会发展的生命线，浇灌了经济命脉和民生命脉，也极大改善了华北地区的生态环境，促进了北方的生态文明建设。"南水北调·活水之源"精品线路，让游客走入河南省温县南水北调中线总干渠、郑州黄河博物馆，以及湖北省丹江口市丹江口大坝、十堰市东风工业遗产旅游区等。整条线路贯穿黄河文化与当代南水北调工程，让游客在黄河文化和长江文化的底蕴中了解工程建设人员攻坚克难的智慧与辛劳，培养家国情怀，饮水思源、报效祖国。

大国重器

河南省温县南水北调中线总干渠、郑州黄河博物馆、南阳市淅川县南水北调中线渠首、湖北省丹江口市丹江口大坝、丹江口市南水北调纪念园、十堰市博物馆、十堰市东风工业遗产旅游区。

周边文化体验

- **非遗：** 豫剧、黄河号子、少林功夫、太极拳、四大怀药种植与炮制、吕家河民歌、武当山道教医药、武当山庙会。
- **文化公园：** 郑州黄河文化公园、大河村国家考古遗址公园、嘉应观黄河国家文化公园、长城国家文化公园。
- **博物馆：** 黄河国家博物馆、中国太极拳博物馆、禹州钧官窑址博物馆、中国岩盐博物馆、平顶山博物馆、武当博物馆、丹江口市博物馆、十堰市博物馆。

行程规划

- **线路：** 河南省温县南水北调中线总干渠—郑州黄河博物馆—平顶山市—南阳市淅川县南水北调中线渠首—丹江口市丹江口大坝—丹江口市南水北调纪念园—十堰市东风工业遗产旅游区—十堰市博物馆—十堰市
- **总里程：** 660 公里
- **推荐时长：** 3 天

DAY1 河南省温县南水北调中线总干渠—郑州黄河博物馆—平顶山市
（行驶里程 270 公里）

从焦作出发，来到位于温县的南水北调中线总干渠，通过这里重点解决了河南、河北、北京、天津 4 省市的水

△ 陈家沟景区

资源短缺问题，为沿线十几座大中城市提供生产生活和工农业用水。接着前往郑州黄河博物馆，这里是世界上最早成立的江河博物馆之一，被海内外参观者誉为"黄河巨龙的缩影"。

▶ 路况

整体路况良好，途经晋新高速、中州大道、郑栾高速、宁洛高速。

▶ 海拔情况

焦作：海拔 85～940 米；郑州：平均海拔 108 米；平顶山市：平均海拔 124 米。

▶ 沿途特色景区

陈家沟景区——陈家沟先后被中国民间文艺家协会、中国武术协会命名为"中国太极拳发源地""中国武术太极拳发源地"。2020 年 12 月，联合国教科文组织将"太极拳"列入联合国教科文组织人类非物质文化遗产代表作名录。

焦作影视城——这里是"全国影视指定拍摄基地"。以影视拍摄为主，包含观光旅游、文化娱乐、休闲度假等功能的大型综合性旅游区，并以其厚重的文化底蕴和独特的历史场景而被评为国家 4A 级旅游景区。这里建筑面积 40 万平方米，是以春秋战国、秦汉、三国时期文化为背景的仿古建筑群。

郑州黄河文化公园——这里是国家 4A 级旅游景区、国家地质公园和国家水利风景区，公园拥有雄浑壮美的大河风光，源远流长的黄河文化，它处于中华民族发源地的核心部位，历史古迹丰富，文化遗产深厚。在这里，可以欣赏到黄河的"悬、险、荡、阔、浊"等独有特征。弘扬华夏文明，展现"中华民族之魂"。

嵩山国家风景名胜区——这里是中华文明的重要发源地，是"五岳"中的"中岳"。这里既是联合国教科文组织名录中的世界地质公园，又是我国的国家 5A 级旅游景区。这里名胜古迹多不胜数，少林寺、东汉三阙、中岳庙、嵩岳寺塔、会善寺、嵩阳书院、观星台均已被列为世界文化遗产。

▶ "大国重器"重点项目

河南省温县南水北调中线总干渠——穿黄工程为南水北调中线总干渠穿越黄河的关键性工程，是南水北调中线干线的标志性工程，总投资 31.37 亿元，主要任务是安全有效地将中线调水从黄河南岸输送到黄河北岸。该工程南起荥阳市王村化肥厂，北至温县南张羌镇马庄村东，总长 19.30 公里，由穿黄隧洞、南北岸渠道等组成。穿黄隧洞包括竖井、邙山隧洞和过河隧洞，全长 4250 米（穿越黄河段 3450 米，邙山段 800 米），采取双洞布置，两洞间距 28 米，各采用 1 台泥水平衡盾构机自北向南掘进施工，挖掘直径 9 米，隧洞采用两次衬砌加固工艺，内层为现浇预应力钢筋混凝土整体结构，工程极大地改善了河南、河北、北京、天津 4 个省（市）受水区域的生态环境和投资环境，推动中国中、北部地区的经济社会发展。在河南省境内，总干渠由南向北进入安阳南郊，再向北去，穿过汤阴县、殷都区、龙安区、文峰区、高新区内的 14 个乡镇 85 个行政村，惠及 180 万河南人民。

郑州黄河博物馆——这里是我国的一座以黄河为专题内容的自然科技类博物馆，隶属水利部黄河水利委员会。

△ 丹江风景名胜区

△ 南阳市淅川县南水北调中线渠首

也是万里黄河的一个缩影，是一座黄河知识宝库 。为人们了解黄河的历史提供了真实可靠的资料，已成为弘扬黄河历史文化，传播水利科学知识，宣传人民治黄成就，树立民族自信心和自豪感的重要场所。

❯ 旅行锦囊

加油站：

高速上有多个中国石油和中国石化加油站。

> **服务区：** 焦作服务区、武陟服务区、郑州南服务区、禹州服务区、平顶山西服务区。

❯ 餐饮推荐

焦作：玉米山药排骨汤、博爱小车牛肉、驴肉火烧、武陟油茶、浑浆凉粉、博爱浆面条。

郑州：黄河鲤鱼、郑州烩面、胡辣汤、郑州烤鸭、郑州油馍头、葛记焖饼。

平顶山：羊肉冲汤、揽锅菜、郏县饸饹面、酱焖鸡、三郎庙牛肉、舞钢沫糊。

DAY2 平顶山市—南水北调中线渠首—丹江口市丹江口大坝—南水北调纪念园
（行驶里程 290 公里）

首先前往淅川县的南水北调中线渠首，通过这里滔滔丹江水北上，惠及沿途大小城市上亿人口。随后前往丹江口市丹江口大坝，周恩来总理曾称赞这里是为全国唯一"五利俱全"的水利工程。最后前往丹江口市南水北调纪念园，园区紧邻丹江口大坝华人水库，是全国大型的园区实景型调水文化与水利移民精神展示纪念地、全国仅有的中线 11 大水利工程技术节点和 15 座城市文化地标全景体验旅游区。

❯ 路况

整体路况良好，途经宁洛高速、兰南高速、二广高速、内邓高速。

❯ 海拔情况

丹江口市：平均海拔 400 米。

❯ 沿途特色景区

尧山—中原大佛景区——这里是国家级风景名胜区和国家 5A 级旅游景区。尧山山峰奇特，瀑布众多，森林茂密，温泉优良，集雄、险、秀、奇、幽于一体；有冬凌潭、石扉玉章、三岔口、白龙潭、半仙居、石人、鸡冠石、白牛城、秘洞、温泉十大部分。

丹江风景名胜区——这里是南水北调中线渠首和水源地，是兼顾旅游观光、休闲度假的综合性旅游胜地。这里既是"河南省级风景名胜区"，也是南阳市"十佳风景名胜区"之一。

❯ "大国重器"重点项目

南阳市淅川县南水北调中线渠首——南水北调中线渠首枢纽工程，位于淅川县九重镇陶岔村境内。中线输水干渠总长 1432 公里，被称为世界规模最大、距离最长、技术最先进、受益人口最多、受益范围最大、移民最多的调水工程。这项工程自 20 世纪 50 年代开始，历时 50 余年，仅淅川县先后动迁移民 40 余万人，堪称"史诗工程""水工长城"。一期工程规划年均调水量 95 亿立方米，二期工程规划年均调水量 130 亿立方米。来到这里并不是因为风景有多美丽，而是因为这是一项在历史上有着重大意义的工程。回望南水北调干渠，丹江水正源源不断地向北流去，这一路将会让沿途的多个省市喝上优质的水源，有效地解决北方缺水的问题，并惠及了沿途上亿人民。

丹江口市丹江口大坝——这里是中华人民共和国成立后我国自行设计、自行建造和自行管理的以防洪为主，兼有发电、灌溉、航运、养殖等综合利用的大型水利枢纽

工程。不仅是根治、开发汉江的关键，而且更是南水北调中线伟大工程中重要的水源工程。丹江口大坝于1958年开工建设，2014年南水北调中线通水，历时半个多世纪，终于圆梦成真。丹江口大坝承载着我国水利工程建设"自力更生、艰苦奋斗"的发展历程，彰显了南水北调"国之重器"的时代价值。

丹江口市南水北调纪念园——纪念园位于"亚洲天池 中国水都""南水北调中线源头"丹江口市右岸武当大道北侧。东连丹江口水库大坝、西接环库公路、南靠右岸新城区、北连沧浪海旅游港通丹江口水库码头。这里是以中线工程走向的各地连成一线，将沿途12个受水区知名景点，包括许昌的三国胜迹、南阳的医圣祠、焦作的云台山、安阳的殷墟遗址、天津的大沽口炮台、北京的四合院等景观按照一定比例微缩建设；并将调水过程中的倒虹吸工程、穿黄工程、湍河渡槽工程等11个重要技术节点工程融入其中。为人民群众科普水利知识，开展爱国主义主题教育提供了绝佳的场所。

◉ 旅行锦囊

加油站：

高速上有多个中国石油和中国石化加油站。

> **服务区：** 方城服务区、南阳停车区、新野服务区。

◉ 餐饮推荐

丹江口市：清蒸翘嘴鲌、香煎鳡鱼、小野鱼、青虾、银鱼炒蛋、香酥鱼鳞。

DAY3 丹江口市—十堰市东风工业遗产旅游区—十堰市博物馆—十堰市
（行驶里程100公里）

首先前往位于十堰市的东风工业遗产旅游区，这里依托了东风汽车有限公司的强大资源，呈现出"中国卡车之都"壮阔风貌。也通过汽车文化长廊，展现了东风汽车发展史。之后前往十堰市博物馆，这里是一座造型独特、设施先进、功能完善的现代化综合性博物馆。

◉ 路况

整体路况良好，沿武当大道、水都大道、太和大道前行，途经福银高速，弯道较多。

◉ 海拔情况

十堰市：平均海拔290米。

◉ 沿途特色景区

武当山风景区——中国道教圣地，这里的古建筑群入选《世界遗产名录》，这里既是"全国重点文物保护单位"，又是国家5A级旅游风景区，还是国家森林公园和中国十大避暑名山。其武术、养生以及道教音乐同样驰名中外。武当山绵延800里，自然风光以雄壮为主，兼有

险、奇、幽、秀等多重特色。主峰天柱峰海拔1612米，犹如金铸玉琢的宝柱雄峙苍穹，屹立于群峰之巅。环绕其周围的群山，从四面八方向主峰倾斜，形成独特的"七十二峰朝大顶，二十四涧水长流"的天然奇观。被誉为"自古无双胜境，天下第一仙山"。

◉ "大国重器"重点项目

十堰市东风工业遗产旅游区——这里是依托东风汽车有限公司商用车总装配厂而兴建的国家3A级旅游区。为了给游客提供更加舒适的游览环境，旅游区特别投资1000万建设了生产一线、二线、三线的空中观光通道，并全线贯通，既方便了游客参观，又不影响工厂生产，还让海内外游客亲身感受到了"汽车是怎样制造的"独特工业魅力。

十堰市博物馆——博物馆分为陈列展览区、综合服务区两大部分。博物馆外观的设计指导思想是在现代、新颖的前提下融入了十堰市特有的文化元素，以人的抽象眼睛作为构图象征人类的探索和发现。

◉ 旅行锦囊

加油站：

1. 中国石化加油站（湖北十堰水都大道站）、中国石油加油站（中江站）。

2. 高速服务区有中国石化加油站。

> **服务区：** 武当山服务区。

◉ 餐饮推荐

十堰市：竹溪蒸盆、酸浆面、三合汤、瓦块鱼。

△ 武当山风景区

No.19 中国三峡·世纪工程（湖北段）

世纪壮举造福于民，浩瀚工程铸就伟大"三峡精神"

手绘线路图

线路概况

三峡工程是当今世界最大的水利枢纽工程，是治理、开发和保护长江的关键性骨干工程，其巨大的防洪、发电、航运和水资源利用等综合效益，对于保障长江中下游安全、促进长江经济带高质量发展具有重大意义。"中国三峡·世纪工程"精品线路（湖北段），从武汉市汉阳区武汉长江大桥出发，途经荆州市公安县荆江分洪工程、宜昌市三峡工程建设地、宜昌市三峡工程展览馆，最后在宜昌市三峡大坝旅游区结束，游客可以直观感受三峡大坝工程的伟大壮举。三峡工程的建成，使多少代中国人开发和利用三峡资源的梦想变为现实，成为改革开放以来我国发展的重要标志。线路开发对于了解三峡工程的建设奋斗史，发扬在攻坚克难中创造新业绩、成就新辉煌的精神具有重要意义。

大国重器

武汉长江大桥、荆州市公安县荆江分洪工程、宜昌市三峡工程展览馆、宜昌市三峡大坝旅游区、宜昌市三峡工程。

周边文化体验

❷ 非遗： 楚剧、木雕（武汉木雕船模）、黄鹤楼传说、中

医传统制剂方法（夏氏炼丹术及其祖传秘方）、宜昌丝竹、端午节（屈原故里端午习俗）。

❷ 文化公园： 汉阳公园、月湖风景区、琴台钢琴博物馆、后官湖湿地公园、湖北潜江森林公园、黄山头国家森林公园、秭归县屈原纪念馆、屈原故里。

❷ 博物馆： 汉阳造汽水博物馆、张之洞与武汉博物馆、宜昌博物馆、秭归博物馆、三峡灵芝博物馆。

行程规划

❷ 线路： 武汉长江大桥—荆州市公安县荆江分洪工程—宜昌市三峡工程展览馆—宜昌市三峡大坝旅游区—宜昌市三峡工程

◎ 总里程： 520 公里

⏲ 推荐时长： 3 天

DAY1 武汉长江大桥—荆州市公安县
（行驶里程 297 公里）

今日从武汉长江大桥出发，感受我国在万里长江上修建的第一座铁路、公路大桥的宏伟气魄。接着一路往西出发，驰往荆州，这里是三峡工程很重要的一环——荆江分洪工程的所在地。

△ 武汉长江大桥

❖ 路况

整体路况良好，途经沪渝高速、潜石高速。

❖ 海拔情况

武汉市汉阳区除龟山及西部的丘陵外，其余地区的平均海拔是 24 米。

❖ 沿途特色景区

张之洞与武汉博物馆——这里是武汉第一座全钢结构博物馆，外形像一艘乘风破浪的巨轮，寓意着张之洞为代表的洋务派和武汉这座城都有着激流勇进的历史。这里的设计极有科技感，是武汉的网红博物馆。

月湖风景区——这里分为琴台大剧院、琴台音乐厅和月湖文化艺术主题公园三部分，蓝天白云，碧水环绕。月湖文化艺术主题公园在月湖的南面，周围还有一处古琴台，琴台大剧院临湖而建，景色宜人。

琴台钢琴博物馆——这是一个既小众又有格调的地方，属于私人博物馆。五个展厅一共 200 多架古董钢琴，不同品牌不同年代的钢琴一应俱全。镇馆之宝是九尺的施坦威黄金大钢琴，通体鎏金打造。

龟山风景区——从山的东侧而上，可瞻仰黄兴铜像。顺山脊行百余步进入望江亭，这里是观赏长江的最佳视角。现山上矗立着我国第一座现代化观光电视塔——湖北广播电视塔，站在塔上，游人可鸟瞰江城全景。

❖ "大国重器"重点项目

武汉长江大桥——大桥横跨于武昌蛇山和汉阳龟山之间。是我国在万里长江上修建的第一座铁路、公路两用桥。全桥总长 1670 米，正桥是双层钢木结构梁桥，上层为公路桥，下层为双线铁路桥。桥身为三联连续桥梁，每孔跨度为 128 米，终年巨轮航行无阻。大桥的建筑设计极富中国民族建筑的特征，在桥面两侧，是铸有各种飞禽走兽的齐胸栏杆；大桥的两侧是对称的花板，内容多取材于我国的民间传说、神话故事等，有"孔雀开屏""鲤鱼戏莲"等，极具民族特色；在大桥两端是高约 35 米的桥头堡，从底层大厅至顶亭，共七层，桥头堡的堡亭为四方八角，上有重檐和红珠圆顶，桥头堡内有电梯和扶梯供行人上下，大厅之中有建桥英雄群像的大型泥塑展列其中，供游人观看、欣赏，追忆逝去的岁月，感慨英雄的博大气概。

❖ 旅行锦囊

加油站：

1. 汉阳区琴台大道周围加油便利。

2. 高速上有多个中国石油和中国石化加油站。

> **服务区：** 永安服务区、仙桃服务区、潜江服务区、江陵服务区、白莲湖服务区、石首服务区。
>
> **友情提示：** 张之洞与武汉博物馆：门票免费；每周一闭馆；参观需在公众号提前预约。

△ 张之洞与武汉博物馆

△ 荆江分洪工程纪念碑（北闸）

▶ **餐饮推荐**

热干面、豆皮、糊汤粉、面窝、煨汤。

DAY2 荆州市公安县荆江分洪工程—宜昌
（行驶里程 217 公里）

今天主要围绕荆江分洪工程及周围的景区做全方位的了解，参观我国中华人民共和国成立之初第一个大型水利工程——荆江分洪工程。随后驾车前往举世瞩目的三峡工程所在地宜昌。

▶ **路况**

整体路况良好，途经岳宜高速、翻坝高速。

▶ **海拔情况**

荆州：平均海拔 34 米；宜昌：平均海拔 62 米。

▶ **沿途特色景区**

荆江分洪工程纪念碑——为了根治长江水患，1952 年党中央决策，在荆江南岸的公安县境，修建荆江分洪工程。为了纪念这一造福子孙后代的宏伟工程，1952 年工

程竣工后随即修建了荆江分洪工程纪念碑亭。

湖北潜江森林公园——这里是省级生态公益林保护区。漫步其间，城市绿肺让人心旷神怡。森林公园中心有一个湖泊，还有一个小岛，环境幽静。园内有许多珍稀树种，树木植被茂盛，还能看到很多新人来拍婚纱照。

荆州古城历史文化旅游区——荆州也称江陵，古时这里是一处大型防御工事。游客可以看到高大坚固的墙体和瓮城，城墙上还有许多配套的军事设施：城垛、炮台以及藏兵洞。人行城墙上，荡舟护城河，成了古城的新气象。

宜昌博物馆——来到博物馆，可以看到这里的主建筑呈现出中国传统龙形纹饰的形象，铜质的"历史之窗"镶刻其中，最具宜昌代表性的"太阳人石刻"为原型的太阳屋顶镂刻其上，建筑四角的大基座寓意四方星辰。

▶ **"大国重器"重点项目**

荆州市公安县荆江分洪工程——荆江分洪工程是我国新中国成立之初第一个大型水利工程，包括进洪闸（北闸）、节制闸（南闸）、荆江分洪纪念碑、泵站、桥梁、躲水楼等。荆江江段蜿蜒曲折，素称"九曲回肠"，是长江水患最严重的地方，新中国成立后，在党中央的领导下，举全国之力兴建荆江分洪工程。1952 年，30 万人仅用 75 天赶在汛期之前建成主体工程，是长江水利史上不朽的丰碑。荆江分洪工程首次运用，三次开闸分泄荆江洪流，不仅使荆汉平原和洞庭湖区直接受益，还对九省通衢的武汉三镇和沿江城乡 7500 万人民的生命财产安全都起到重要的保护作用。荆江分洪闸是国家级重点文物保护单位，被纳入"全国红色旅游经典名录"，是市级爱国主义教育基地，其中北闸水利旅游风景区被评为国家 3A 级景区。

▶ **旅行锦囊**

加油站：

高速上有多个中国石油和中国石化加油站。

△ 三峡大坝

△ 屈原故里

▶ **餐饮推荐**

千张扣肉、九黄饼、荆沙鱼糕、荆州八宝饭、公安锅盔。

DAY3 **宜昌市三峡工程展览馆—宜昌市三峡大坝旅游区—宜昌市三峡工程**
（行驶里程 6 公里）

今日就在三峡大坝旅游区开展参观游览，聆听展览馆中关于三峡大坝历史和三峡工程主体建筑的介绍，登 185 观景平台，近距离观赏雄伟的大坝，在工程现场体会实现"兴建三峡工程、治理长江水系"百年梦想的民族自豪感。

▶ **路况**

途经神女路、江峡大道。

▶ **海拔情况**

三峡大坝地区：平均海拔 185 米。

▶ **沿途特色景区**

西陵峡口风景区——这里是国家 4A 级旅游景区。东起葛洲坝，西至三峡大坝，素有"三峡门户"的美称。游客来此观崇山深壑，无峰不雄，无壑不幽，无瀑不秀，无一处不可以成诗，无一处不可以入画。

屈原故里——这里是三峡地区最具特色的文化旅游区，文化底蕴极为深厚。屈原祠是屈原故里的重要组成部分，来到屈原祠可以看到山门、两厢配房、碑廊、前殿、乐舞楼、正殿、享堂、屈原墓等景点。

三峡人家风景区——在三峡大坝和葛洲坝之间的风景区里，我们可以看到水上人家、溪边人家、山上人家、今日人家等景点。来三峡人家要先到游客中心换乘景区大巴，还需要换乘长江轮渡，一路领略波澜浩瀚。

三游洞——来此可以看到古军垒遗址、张飞擂鼓台、陆游泉等景观。这洞名也有两个典故：唐代诗人白居易、白行简、元稹同游此洞，称"前三游"；宋代苏洵、苏轼、苏辙也同游过此洞，称"后三游"。

▶ **"大国重器"重点项目**

宜昌市三峡工程展览馆——三峡工程展览馆位于湖北省宜昌市三峡坝区，于 1992 年 10 月 1 日建成开馆，由国务院副总理邹家华同志题字，总面积 6600 平方米。它就在三峡大坝一侧，为展示三峡工程而建，里面介绍了三峡大坝的建造过程，有三峡大坝的历史介绍和三峡工程主体建筑的介绍，以及三峡的沿途风光，还能看到大坝景观的整体沙盘模型，以及党政机关、各界人士的贺词。

宜昌市三峡大坝旅游区——作为国家 5A 级风景区。景

△ 三峡工程展览馆

区拥有当今世界上最大的水利枢纽工程——三峡大坝。大坝有着重要的地位，是我国的国之重器，它既有蓄水防洪的作用，也具有发电、防洪、航运、抗旱的功能，是集多种功能于一体的万能型建筑。游客可乘坐景区观光车游览整个景区。景区观光车到达景区内的坛子岭、185 观景台和截流纪念园三处景点。坛子岭视野开阔，可以俯瞰整个三峡工程。结束以后走一段下坡路，可以看到五级船闸，然后乘坐电瓶车到达 185 平台，近距离观赏雄伟的大坝。之后去三斗坪码头乘坐长江轮渡，连人带船乘坐全球规模最大的升船电梯，感受这奇妙的体验。旅游区依托丰富的西陵峡谷自然景观与现代工程人文景观优势，向广大旅游者全方位展示水利工程文化和工业旅游的魅力。

宜昌市三峡工程——兴建三峡工程、治理长江水患是中华民族的百年梦想。1919 年，孙中山先生就提出了开发三峡的宏伟设想。中华人民共和国成立后，毛泽东等历届党和国家领导人高度重视和关心三峡工程论证工作。在历经半个世纪的勘测设计、规划论证后，1992 年 4 月全国人大通过《关于兴建长江三峡工程的决议》。

▶ **旅行锦囊**

加油站：

中国石化加油站（三峡坝区太平溪站）、中国石化加油站（宜昌三峡坝区西陵峡站）。

▶ **餐饮推荐**

顶顶糕、萝卜饺子、凉虾、土家蒸肉、炕洋芋、三游神仙鸡、榨广椒炒腊肉、白刹肥鱼、油脆。

No.20 奋进大湾区·逐梦新时代

新时代全面开放新格局的新尝试,"一国两制"事业发展的新实践

手绘线路图

线路概况

建设粤港澳大湾区,是习近平总书记亲自谋划、亲自部署、亲自推动的重大国家战略。"奋进大湾区·逐梦新时代"精品线路串联广州地铁博物馆、深圳市莲花山公园、深圳博物馆、大亚湾核电站、大亚湾中微子实验室、港珠澳大桥等。这条线路不仅可以让游客了解轨道交通背后的故事,还能切身感受劳模精神、劳动精神、工匠精神,最后感受世界总体跨度最长、钢结构桥体最长、海底沉管隧道最长的跨海大桥带来的强烈的自信心和自豪感。

大国重器

广州地铁博物馆、佛山市珠三角工匠精神展示馆、深圳市莲花山公园、深圳博物馆、大亚湾核电站、大亚湾中微子实验室、港珠澳大桥。

周边文化体验

🏛 **非遗:** 潮州麦秆画、瑶族刺绣、佛山陶艺、茶坑石雕刻技艺、蔡李佛拳、莞香制作。

🏛 **文化公园:** 珠海景山文化公园、佛山南海文化公园、广州文化公园、广州市增城文化公园、深圳锦绣中华文化

主题公园、深圳宝安滨海文化公园。

🏛 **博物馆:** 广东粤剧博物馆、顺德区博物馆、广东省博物馆、西汉南越王博物馆、广州艺术博物院、深圳中英街历史博物馆、深圳市南山博物馆。

行程规划

🗺 **线路:** 港珠澳大桥—佛山市珠三角工匠精神展示馆—广州地铁博物馆—深圳博物馆—深圳市莲花山公园—大亚湾中微子实验室—大亚湾核电站

📍 **总里程:** 350公里

🕐 **推荐时长:** 3天

DAY1 港珠澳大桥—佛山市珠三角工匠精神展示馆—广州市
（行驶里程160公里）

今日首先前往珠海亲临其境欣赏我国又一傲世神器——港珠澳大桥,它是目前世界上建成的最长跨海大桥。随后前往佛山,参观佛山市珠三角工匠精神展示馆,感受精益求精的匠人精神。

🔵 **路况**

整体路况良好,沿珠三角环线高速、广珠西线高速前行。

△ 港珠澳大桥

海拔情况

珠海：平均海拔 100 米；佛山：平均海拔 13 米；广州：平均海拔 11 米。

沿途特色景区

情侣路·珠海渔女——沿滨海的情侣路一路向南，可以一览唐家湾、香洲湾、香炉湾、拱北湾的美丽风光以及香炉湾畔称为"珠海名片"的珠海渔女雕像，人们总是把珠海渔女与丹麦哥本哈根的美人鱼相媲美。

外伶仃岛——珠海十大美丽海岛之一。是典型的亚热带雨林风景，岛上有沿海路景区、沙滩景区、伶仃峰景区的海岛伊甸园风光，"伶仃三宝"（海胆、狗爪螺、将军帽）为首的海鲜也吸引着五湖四海的游客。

开平碉楼——它是广东第一个世界文化遗产。我们能看到有着防卫、居住和中西建筑艺术等多重居住风格相融合的塔楼建筑。碉楼群风格各异，有古希腊廊柱、古罗马拱券、巴洛克山花，也被赞为"万国小城堡"。

佛山桑园围——这里是我国古代最大的基围水利工程，也是珠三角著名大型堤围。发挥着灌溉、防洪排涝、水运等作用。2020 年 12 月 8 日，佛山桑园围入选世界灌溉工程遗产名录，成为广东省第一个世界灌溉工程遗产。

"大国重器"重点项目

港珠澳大桥——港珠澳大桥是"一国两制"框架下、粤港澳三地首次合作共建的超大型跨海通道，全长 55 公里。大桥于 2003 年 8 月启动前期工作，2009 年 12 月开工建设，筹备和建设前后历时达 15 年，于 2018 年 10 月开通营运。海中人工岛和海底隧道的组合，总长约 29.6 公里，桥面为双向六车道高速公路。穿越伶仃航道和铜鼓西航道段约 6.7 公里为隧道，东、西两端各设置一个人工岛（蓝海豚岛和白海豚岛），犹如"伶仃双贝"熠熠生辉；其余路段约 22.9 公里为桥梁，分别设有寓意三地同心的"中国结"青州桥、人与自然和谐相处的"海豚塔"江海桥，以及扬帆起航的"风帆塔"九洲桥三座通航斜拉桥。2021 年，港珠澳大桥被列为全国爱国主义教育示范基地。

佛山市珠三角工匠精神展示馆——珠三角工匠精神展示馆由南海区人民政府与南方报业传媒集团合作，以珠三角制造为样本全面展现中国制造业的内涵、成效、意义与前景，重点呈现近百年来珠三角工业发展及工匠精神的发展历程，突出展现佛山建设国家制造业创新中心的方向与路径。主展区由序厅、百年征程、工业目录、创新佛山、品牌南海展厅组成。在展厅内，我们可以看到众多陈列品，有 2011 年世界上第一台圆形向上开启的微波炉 UOVO、珠海一号遥感微纳卫星星座、珠江牌立式钢琴、粤龙九号盾构机、伊立浦自动打饭机和大疆无人机等。

旅行锦囊

加油站：

高速上有多个中国石油和中国石化加油站。

服务区：沙溪服务区、顺德服务区。

友情提示： 1.港珠澳大桥：参观方式分大巴、游船两种，过关须持身份证及港澳通行证 + 签注。

2.佛山市珠三角工匠精神展示馆：实行名额制预约参观（周日闭馆）。

3.广东天气潮湿炎热，紫外线强，请随身携带防暑、防晒、防蚊用品。

餐饮推荐

斗门河虾、秘制斗门重壳蟹、豉油皇焗白鸽鱼、荷塘鱼饼、鲍汁扣横琴蚝。

DAY2 广州地铁博物馆—深圳博物馆
（行驶里程 125 公里）

今日首先来到广州地铁博物馆，全方位体验这个华南地区首家以地铁为主题的博物馆。随后前往深圳，参观深圳博物馆，深入了解深圳改革开放的发展历程和当地文化及风俗。

路况

整体路况良好，沿珠广龙高速、京港澳高速前行。

海拔情况

广州：平均海拔 11 米；深圳：海拔 70 ~ 120 米。

沿途特色景区

广州长隆度假区——这里包括长隆野生动物世界、长隆水上乐园、长隆国际大马戏、长隆飞鸟乐园，还有长隆熊猫酒店、长隆香江酒店、长隆酒店。在 2009 年就被评为国家 5A 级旅游景区。

白云山景区——来这里可以看到 30 多座山峰连绵不断，登高可俯瞰广州市，遥望珠江。最高峰摩星岭海拔 382 米，是广州市的制高点。"蒲润源泉""白云晚望""景泰归增"均被列入"羊城八景"。

白水寨风景名胜区——其间山高林密，水量丰沛，可以观赏到景区内千泉百瀑的自然奇景。在白水寨山巅，一道瀑布从山顶上飞泻而下，气势磅礴。这里也是徒步者的天堂，有 9999 级登山步道，号称"天南第一梯"。

广州塔——又称广州新电视塔，昵称"小蛮腰"，高 600 米，与海心沙岛及珠江新城隔江相望，是中国第一、世界第三高塔。2011 年正式获评"羊城新八景"之首"塔耀新城"，是游玩广州的必打卡之地。

"大国重器"重点项目

广州地铁博物馆——博物馆旨在推进青少年科普教育，丰富市民文化生活。这里以科普知识为核心，首创数字化地铁体验空间，我们可以在此看展、学习、互动、游乐，观摩广州城市建设和轨道交通行业发展成果。博物馆为参观者打开一扇轨道交通领先技术展示之窗，为城市提供多元化的公共文化服务。博物馆展项共分为十个站点，既展示了广州地铁在建设、运营、科研等方面所取得的成就，也将地铁科普、地质知识、应急常识带给每一位进馆的观众。2021 年 6 月，被中共广东省委宣传部命名为"广东省爱国主义教育基地"。

深圳博物馆——这里是国家一级博物馆、全国文明单位、全国红色旅游经典景区和全国社科普及基地，是深圳政府

△ 深圳博物馆

接待及外事活动的重要场所，展示改革开放的重要窗口。这里有历史民俗馆、古代艺术馆、东江游击队指挥部旧址和深圳改革开放展览馆等四个展馆。来此我们可以参观 10 组陈列系统，分别展示了深圳历史文化、改革开放史、古代文物和动物标本。在 1981 年建馆之初，广东省博物馆组赴深圳开展文物普查，并对部分遗址和古墓群进行考古发掘，出土和征集了大量文物。为收藏、研究这些文物，展示深圳的历史和文化，1981 年深圳市批准设立深圳市经济特区博物馆，后更名现如今的深圳博物馆。1995 年被命名为市级爱国主义教育基地。2012 年被评为国家一级博物馆。

旅行锦囊

加油站：

高速上有多个中国石油和中国石化加油站。

> **服务区：**官桥服务区、广深福永服务区。
> **友情提示：**1. 广州地铁博物馆：预约制免费参观（可通过"广州地铁博物馆"微信公众号预约）。
> 2. 深圳博物馆：预约制免费参观（需提前在官方微信公众号预约）。

餐饮推荐

广东肠粉、双皮奶、粤式打边炉、艇仔粥、白云猪手、广州煲仔饭、粤式早茶。

DAY3 深圳市莲花山公园—大亚湾中微子实验室—大亚湾核电站
（行驶里程 65 公里）

今日首先前往深圳市莲花山公园，这里的山顶广场是广大人民缅怀一代伟人邓小平风采、饱览深圳中心区景色的最好去处。随后前往著名的大亚湾地区参观，这里有中国大陆首座大型商用核电站——大亚湾核电站。在核电站附近的山洞内参观大亚湾中微子实验室，这里见证了"新的中微子振荡模式"的发现，成了中微子物理的一个里程碑。

路况

整体路况良好，沿珠惠深沿海高速、鹏飞路前行。

海拔情况

深圳：海拔 70 ~ 120 米；大亚湾核电站地区：平均海

△ 广州塔

拔 7 米。

▶ 沿途特色景区

海上田园旅游区——这里河涌众多，密林遍布，绿草如茵，鸟语花香，空气清新，有 50 万平方米的原生红树林、人工红树林和 20 多万平方米的三基鱼塘，游客可以很直观地领略亚热带滨海湿地生态的独特魅力。

大鹏半岛国家地质公园——这里的独特景观是 1.45 亿年前侏罗纪晚期到白垩纪早期多次火山喷发作用形成的中生代火山地质遗迹。园内岩石种类很多，有流纹岩、凝灰岩等火山岩品种，是了解火山地质知识的天然课堂。

青青世界——这里是一家适宜休闲度假的观光农场，也是"鹏城十景"之一。园区有侏罗纪公园、蝴蝶谷、瓜果园、陶艺馆、园艺馆等部分，另外，还有欧陆风情的木屋别墅、游泳池、钓鱼池等娱乐配套设施。

深圳仙湖植物园——我们可以在园内游玩天上人间景区、湖区、庙区、沙漠植物区、化石森林景区和松柏杜鹃景区六大景区。同时这里也是全国青少年科技教育基地、全国科普教育基地和国家 4A 级旅游景区。

▶ "大国重器"重点项目

深圳市莲花山公园——来到公园正门，可以看到框架结构造型的大门，它象征着特区是中国改革开放的"窗口"，窗里窗外有着不同风景。视觉上又像一个相机镜框。从外向里看，满目绿色葱葱，从里往外看，一片繁花似锦，体现着特区的发展，是我国改革开放以来的精彩缩影。中国红主色调的大门，寓意特区红火热烈。

大亚湾中微子实验室——实验室位于大亚湾核电站群附近的山洞内，以屏蔽宇宙射线。2012 年 3 月实验室宣布发现了新的中微子振荡模式，并以前所未有的精度测得

其振荡大小为 0.092。这是中国诞生的一项重大物理成果，被称为中微子物理的一个里程碑。实验成果同时也入选美国 2012《科学》杂志年度十大科学突破，并获得了 2016 年度"基础物理学突破奖"和 2016 年度国家自然科学一等奖。2020 年 12 月大亚湾反应堆中微子实验装置圆满完成任务，宣布正式退役。新中微子实验室选址在了江门，第二代江门中微子实验室也即将开启我国中微子研究的新里程碑。

大亚湾核电站——在提前实名预约后，便来到大亚湾区核电站基地参观。这里是"首批中央企业爱国主义教育基地"和"2021 年广东省十佳科普教育基地"。是中国大陆首座大型商用核电站、中国大陆首座使用国外技术和资金建设的核电站和改革开放标志性工程，被誉为"中国商用核电发展的摇篮"。从 1994 年投产至今，大亚湾核电站已安全运行近 28 年，截至 2021 年 9 月 21 日，实现安全运营 10000 天。大亚湾核电站耗时 7 年建设，随着大亚湾核电站正式投入商业运营，它也标志着我国核电技术以此为起点，朝着世界核能强国大步迈进。

▶ 旅行锦囊

加油站：

中国石化加油站(福田中心站)、中国石化加油站(鹏飞路站)。

> **友情提示：** 1. 大亚湾中微子实验室：有年度固定开放日，实行预约参观制。
> 2. 大亚湾核电基地：实行预约参观制。

▶ 餐饮推荐

沙井蚝、南澳鲍鱼、脆肉鲩、公明烧鹅、果汁煎肉脯、笼仔饭。

No.21 航天文昌·飞天梦想

南海之滨，航天之城，观中国航天技术高速发展的魅力

手绘线路图

线路概况

文昌，作为全国第四座航天之城，拥有目前全国唯一的滨海发射场。近年来，得益于航天资源优势，文昌不仅航天主题旅游逐渐兴起，各类航天产业也在悄然集聚，文昌国际航天城建设各项工作稳步推进，商业航天和航天数字经济发展势头正足。"航天文昌·飞天梦想"精品线路，以多元化的展示手段生动展示了中国航天技术的高速发展，让游客既可以了解航天知识，也可以直观感受我国航天科技飞速发展带来的巨大魅力。

大国重器

文昌航天科普馆、文昌航天城（文昌航天发射中心）、文昌航天主题公园、文昌龙楼航天小镇、文昌淇水湾。

周边文化体验

⊘ **非遗：** 木偶戏（文昌公仔戏）、南海航道更路经。
⊘ **文化公园：** 文昌公园，东郊椰子公园、石头公园。
⊘ **博物馆：** 文昌市博物馆、现代城航天科普馆、神奇天辰

航天文昌科普馆。

行程规划

⊘ **线路：** 文昌航天科普馆—文昌航天城（文昌航天发射中心）—文昌航天主题公园—文昌龙楼航天小镇—文昌淇水湾
◉ **总里程：** 40公里
⊙ **推荐时长：** 2天

DAY1 文昌航天科普馆—文昌航天城—文昌航天主题公园
（行驶里程 30 公里）

今天首先来到文昌航天科普馆，在这里可以领略到中国航天的不懈探索与追求、"两弹一星"的辉煌篇章，感受到神箭问鼎长天、神舟遨游太空、嫦娥探秘月球的一个个神奇，感受航天精神，发现航天神奇。接着前往文昌航天城，这里可以近距离观看发射塔指挥中心和发射塔，参观火箭发射台，外观火箭材料运输中心，外观火箭组装基地。随后来到文昌航天主题公园，这里是国内唯一、国际一流、充满航天科技文化和海岛特色的主题

△ 文昌航天城

公园，主要功能是航天科普和科技展示、航天主题娱乐、发射场参观、实时观看火箭发射等。

❯ **路况**

整体路况良好，沿文清大道、航天大道前行。

❯ **海拔情况**

文昌地区：海拔 8 米。

❯ **沿途特色景区**

文昌公园——文昌公园历史悠久，这里奇花异木风景优美，亭台楼榭相映生辉。园里曲径通幽，有王夫人纪念亭、陈岛沧纪念亭、思师亭等纪念亭，亭里有民国时期张学良等 33 位名人和社会名流的亲笔题字题词。

文昌孔庙——这里是海南省保存最完整的古建筑群，也是古代文昌第一所官办的县学所在地，被誉为"海南第一庙"和"文昌学宫"。从清代的文昌宫、蔚文书

△ 文昌孔庙

院，到近现代的文昌中学、海南外国语师范学校都源于此地。

椰子大观园——这里有 200 多种棕榈植物和 130 多种海南特色树种，是我国目前棕榈品种保存最多的植物园和具有浓郁椰子文化的生态区；园内椰林葱郁，花繁叶茂，鸟语花香，身临其境，令人心旷神怡，乐而忘返。

东郊椰林景区——"文昌椰子半海南，东郊椰子半文昌"是对这里广袤椰林数量的最好褒奖。景区以典型的椰风海韵、椰香特色饮食和多种海鲜吸引众多游客，同时这里环境优美、海水清澈，也是天然的海水浴场。

❯ **"大国重器"重点项目**

文昌航天科普馆——这里是海南第一个展示航天文化、历史事迹、纪念珍藏的综合性主题展馆。参观者能通过馆方多元化的展示手段看到这里生动展示了中国航天事业的昨天、今天和明天。科普馆有三大展区和一个航天育种园区，一层展区是"中国航天六十年科普展"，展示了中国航天发展历程和取得的辉煌成就，二层展区为"人民科学家钱学森专题展"，是纪念人民科学家、"两弹一星"元勋钱学森及其事迹展，三层展区是"邮传太空六十年航天邮展"，呈现了有丰富邮品的邮传太空 60 年航天邮品展，通过邮品形式展示了中国航天创业、发展历程及成就。另有航天育种园展区展出航天育种植物。

文昌航天城——这里是海南自由贸易港的重点园区，是航天强国建设的重要基地，也是航天国际交流合作的重

要平台、融合创新和科技创新的重要载体；中国首个滨海发射基地，也是军民融合的航天城先行发展示范区。作为我国首个滨海区域的卫星发射中心，在这里可以近距离观看发射塔、发射点、飞行器组装等，还可通过航天模型和接待人员的讲解，拓展航天科普知识。参观文昌航天城需要乘坐景区的游览车，全程在 1 小时左右，途中停靠 3 个站点，发射塔指挥中心、发射点和飞行器组装中心，每个站点都有工作人员进行详细讲解，参观者可以领略发射基地的壮观与震撼，感受我国航天事业的伟大。

文昌航天主题公园——公园主要包括地球、月球、火星和太阳展示游览区、发射场内部参观、现场发射观看区、中国太空营、太空植物园等区域。主要设施有 4D 动感影院、IMAX 球幕影院、发射模拟器、中国航天展示馆、航天名人馆、中心发射塔（中心标志塔）、月球前哨、月球高尔夫、月球之旅、流星冲击波、嫦娥奔月之旅、吴刚伐木、月球探险影院、太阳之旅、银河推进器、空中湍流、太空人宇宙飞船、重力摇臂、太阳之梦、火星洞穴、火星采矿车、火星前哨、红色火星幽灵等，以及夜间表演和太空巡游等。同时，航天主题公园内还要专门建设一个中国太空营，太空营将建设成为集科学性、教育性于一体的航天科普教育基地，成为中国青少年了解航天事业发展、体验航天科技成果、学习航天精神的第二课堂，成为中国航天科学家和"宇航员"的摇篮。

◈ 旅行锦囊

加油站：

中国石化加油站（文蔚路站）。

友情提示： 1. 文昌航天科普馆：全年周二至周日开放，门票 80 元 / 人。

2. 文昌航天城：门票 130 元 / 人。

◈ 餐饮推荐

白切文昌鸡、良丰对虾、盐焗文昌鸡、椰子饭、铺前马鲛鱼、铺前海鲎、龙楼海胆。

DAY2 文昌航天城—文昌龙楼航天小镇—文昌淇水湾
（行驶里程 10 公里）

首先前往龙楼小镇，体验一个具有航天特色和滨海特色的文化旅游风情小镇。最后来到文昌淇水湾，感受海南北部最纯净的海滩和另一个最佳"观箭点"。

◈ 路况

整体路况良好，沿 S316、钻石大道前行。

◈ 海拔情况

文昌地区：海拔 8 米。

◈ 沿途特色景区

春光椰子王国——这里是我国首座椰子主题的观光工厂，有椰王宫、椰美食制程廊道、椰艺阁、椰之春、椰膳苑和御椰园六个景点。"椰子缤纷嘉年华"是特色活动，游客可以在"吃、玩、乐"的同时完整体验椰子狂欢节。

铜鼓岭自然保护区——这里山美石奇，传说动人，有"琼东第一峰"的美称。山顶有一块神奇的"风动石"，高 3 米，上圆下尖，立于两块平坦的基石上，海风吹来，微微摇晃，千百年来，历经多少个 12 级台风仍然屹立不倒。

宋氏祖居及宋庆龄陈列馆——宋氏祖居是一座传统的海

△ 航天城发射架

△ 东郊椰林景区

南民宅建筑。宋庆龄陈列馆在宋氏祖居的西北面，是一座庭院式建筑，门口前庭正中竖立宋庆龄半身汉白玉石雕像。

石头公园——这里是一片原生态的海域，沙平水清，岸边与海水中分布着的大小石林极具特色。走在石头公园内，踩着平缓的沙滩，看着海水拍打岩石，让人不禁想起"乱石穿空，惊涛拍岸"的壮美之景。

> **"大国重器"重点项目**

文昌龙楼航天小镇——在航天发射场落户文昌之后，让龙楼镇从一个默默无闻的渔业小镇成为远近闻名的航天小镇，吸引大量游客慕名而来。究其原因，正因为这里就是当地观看火箭发射最好的观测点之一，在镇里的海边村，远处文昌航天发射场发射塔架清晰可见，对发射过程可以一览无遗。现在整个小镇呈现出"历史、现代、未来"三大元素的相互融合，建筑风格既有琼北民居风格、南洋风格，又有航天特色。从文铜路进入小镇，古朴的民居、门楣雕花、仿古的招牌，以及局部装饰构件各有特色，展现出小城镇古色古香的风情。大道两侧除布设多样景观绿化外，还有文化长廊来展现航天发射基地所搬迁村庄的地图、村名等，以纪念当地人民对发展祖国航天事业所做的贡献。

文昌淇水湾——淇水湾在文昌市东部滨海地区，是海南岛最东部，东南两面均临南海，西至卫星发射基地，北靠铺前旅游区，海岸线长约30公里，包括海南铜鼓岭国家级自然保护区、淇水湾、宝陵河、月亮湾、石头公园等，是海南北部目前最为纯净、最具开发价值的原生态滨海区域。现在每逢火箭发射，游客们会是"有备而来"，有的为了更好观看火箭发射会准备毛毯、望远镜、

△ 石头公园

自拍杆、单反相机、食物等物资。有的第一次和家人来看火箭发射，会提前做足攻略，并录视频回去后跟亲友分享"观箭"之行。还有的专门租车自驾前来，甚至搭帐篷露营，就为观看火箭发射；特别是带孩子来的游客，也让孩子感受祖国的强大，更加热爱祖国。

> **旅行锦囊**

加油站：

中国石化加油站（龙楼站）。

> **友情提示：** 1. 文昌龙楼小镇：免费参观。
> 2. 文昌淇水湾：免费参观。

> **餐饮推荐**

白切文昌鸡、良丰对虾、盐焗文昌鸡、椰子饭、铺前马鲛鱼、铺前海鲨、龙楼海胆。

△ 文昌淇水湾

No.22 数字科技·云上逐梦

走进科创城市，感受科技创新的魅力

手绘线路图

浙江省嘉兴市桐乡乌镇世界互联网大会会址

南浔古镇

西塘古镇

嘉兴市

嘉兴南湖景区

平湖市

杭州湾跨海大桥

桐乡市

海宁市

杭州湾

杭州市梦想小镇

杭州市

浙江省博物馆

钱

塘

江

嘉兴市海盐县秦山核电科技馆

海天一洲

杭州市未来科技城

西湖风景区

杭州湾国家湿地公园

清河坊历史文化景区

慈溪市

西溪国家湿地公园

杭州市城市大脑公司

杭州市云栖小镇
（浙江数字经济特色小镇）

线路概况

科技创新是人类进步永恒的话题。2014年，世界互联网大会永久落户乌镇，搭建起中国与世界互联互通的国际平台和国际互联网共享共治的中国平台。"数字科技·云上逐梦"精品线路串联起乌镇世界互联网大会会址、秦山核电科技馆、杭州市未来科技城等科普教育景区（点），展示了中国人民的智慧与毅力，用事实证明中国人有志气、有能力做前人没有做过的事情，也让游客在游览中体验科技创新的魅力，为祖国的强大而自豪。

大国重器

浙江省嘉兴市桐乡乌镇世界互联网大会会址、杭州湾跨海大桥、嘉兴市海盐县秦山核电科技馆、杭州市云栖小镇（浙江数字经济特色小镇）、杭州市城市大脑公司、杭州市未来科技城、杭州市梦想小镇。

周边文化体验

🔹 **非遗：** 蓝印花布印染技艺、乌镇水阁建筑技艺、乌镇香市、乌镇竹编、高杆船技。

🔹 **文化公园：** 乌镇人民公园、白鹭湿地公园、杭州太子湾公园、杭州湖滨公园、杭州中山公园、杭州望江公园。

🔹 **博物馆：** 乌镇丝绸博物馆、乌镇古桥博物馆、浙江省博物馆、浙江自然博物馆、中国丝绸博物馆、杭州博物馆、杭州工艺美术博物馆、杭州西湖博物馆、中国茶叶博物馆、中国江南水乡文化博物馆、中国水利博物馆。

行程规划

🔹 **线路：** 杭州湾跨海大桥—嘉兴市海盐县秦山核电科技馆—浙江省嘉兴市桐乡乌镇世界互联网大会会址—杭州市梦想小镇—杭州市未来科技城—杭州市城市大脑公司—杭州市云栖小镇（浙江数字经济特色小镇）

△ 杭州湾跨海大桥和海天一洲

◎ **总里程：** 350 公里

😊 **推荐时长：** 3 天

DAY1 **杭州湾跨海大桥—秦山核电科技馆—浙江省嘉兴市桐乡乌镇世界互联网大会会址**
（行驶里程 180 公里）

来到杭州湾跨海大桥，登上观景平台"海天一洲"，远眺跨海大桥"长虹卧波"的雄姿。秦山核电站是我国首座核电站，1991 年建成投入运行至今，已经成为国内核电机组数量最多、堆型最丰富、装机最大的核电基地。乌镇是江南古镇典型的代表，也是世界互联网大会的会址，科技创新与历史文化完美的相互融合，这里就是乌镇互联网国际会展中心的所在地。

❯ **路况**

整体路况良好，沿沈海高速、常台高速、申嘉湖高速前行。

❯ **海拔情况**

杭州湾跨海大桥：海拔 0～50 米；秦山地区：平均海拔 62 米。

❯ **沿途特色景区**

杭州湾国家湿地公园——这里有湿地教育中心与展示区、涉禽和游禽活动区、处理湿地区域、水禽栖息地区域、鹭鸟繁殖地及有林湿地区域，以及"长廊曼回、溪影花语、天鹅戏晖、乌篷樵风、碧沙宿鹭、蒹葭秋雪、麋鹿悠游、镜花水月、林光罨画、巢林鹊归"十景。

钱塘江——钱江涌潮是世界一大自然奇观，它是天体引力和地球自转的离心作用，加上杭州湾喇叭口的特殊地形所造成的特大涌潮。每年农历八月十五，钱江涌潮最

大，潮头可达数米。海潮来时，声如雷鸣、排山倒海、犹如万马奔腾，蔚为壮观。

海天一洲——这里的整体造型如"大鹏擎珠"，寓意杭州湾地区的发展能如大鹏展翅，越飞越高。建筑分为观光平台和观光塔两部分，观光平台提供餐饮、住宿、休闲、娱乐、观光、购物等综合性特色服务，观光塔可让游客站上制高点俯视大桥的气势恢宏，杭州湾的波澜壮阔。

❯ **"大国重器"重点项目**

杭州湾跨海大桥——是浙江省境内连接嘉兴市和宁波市的跨海大桥，位于杭州湾海域之上，是沈海口高速的组成部分之一。杭州湾跨海大桥线路全长 36 公里，桥梁总长 35.7 公里，桥面为双向六车道，设计时速为每小时 100 公里。

秦山核电科技馆——展馆以体验科学、启迪创新为核心设计理念，设置有中国核电之路、核安全与环保、核谐家园等 13 个展厅。科技馆外观像一颗宝石，馆方称为"能量宝石"，寓意核能是清洁安全的高效能源。由于是海盐中国核电城和海盐核电小镇的重要组成部分，这里也致力于打造最具特色的公众沟通交流平台、核安全文化传播平台、核电发展服务平台。

乌镇互联网国际会展中心——这里是世界互联网大会乌镇峰会的永久场馆，从第三届世界互联网大会召开时就投入使用。这里充分考虑了承办国际高峰会议的功能定位以及水乡特色，建筑风格兼顾现代化国际会议中心功能和中国江南水乡的建筑传统，江南水乡传统文化与现代文明在此融合共生。水乡特有的白墙黑瓦、临水连

廊等古典元素被赋予现代设计风格。会址外的立面上，260 万片江南小青瓦层层叠叠、错落有致，5.1 万根钢索以网状肌理寓意互联网，整体呈现江南古老建筑与现代网络相融共生的和美场景，也与整个乌镇形成富有生机的时代对话。而在建筑内部则是融入了智能会议、楼宇管理等智慧应用系统，传统与现代，文化与智慧交相辉映。这里象征着中国作为世界互联网大会永久承办地所具有的开放、包容、互联、共享的互联网精神。

旅行锦囊

加油站：

杭州湾南岸服务区和杭州湾北岸服务区都有加油站。

> **友情提示：** 1. 海天一洲：门票 80 元 / 人。
> 2. 秦山核电科技馆：门票免费（周一闭馆）。
> 3. 乌镇互联网国际会展中心：需购乌村观光游套餐 100 元 / 人。

餐饮推荐

杭州湾新区：过桥仔鱼、青蟹一绝味、庵东鲻鱼羹、糖炒手工馒头、石锅香米烩海参、杭州湾湿地清水煮鱼、江南特色糟肉、阿国特色炒鸭、雪菜冬笋油豆腐炖筒骨、笋干菜酥炸杭湾梅鱼。

乌镇：红烧羊肉、抱腌太湖白水鱼、酱鸭、粽香扎肉、生炒竹林鸡、古镇煨喜蛋。

DAY2 乌镇—杭州市梦想小镇—杭州市未来科技城
(行驶里程 120 公里)

乌镇景区作为中国首批十大历史文化名镇和中国十大魅力名镇、全国环境优美乡镇，素有"中国最后的枕水人家"之誉。杭州市梦想小镇是大学生电子信息创业的孵化地。杭州市未来科技城是围绕电子信息、新能源新材料及装备制造等的产业集聚区。

路况

整体路况良好，沿申嘉湖高速、练杭高速、杭州绕城高速前行。

海拔情况

乌镇地区：平均海拔 5 米；杭州市区：平均海拔 40 米。

沿途特色景区

乌镇——这里历史源远流长，6000 多年前，乌镇的祖先就繁衍、生息在这里。如今的乌镇仍保留着许多水乡所特有的河港、桥梁、临河建筑、街道、店面等。清晨或傍晚你若沿东西市河漫步，将使你流连忘返。

西塘古镇——这里是一座已有千年历史文化的古镇，它与其他水乡古镇最大的不同是这里临河的街道都有廊棚，总长近千米，就像颐和园的长廊一样。在西塘游览就能体验雨天不淋雨，晴天太阳也晒不到的感觉。

南浔古镇——这里早在明清时期就是江南蚕丝名镇，是一个人文资源充足、中西建筑合璧的江南古镇，有"文化之邦"和"诗书之乡"之称；也是中国历史文化名镇和湖州市的第一个国家 5A 级旅游景区。

嘉兴南湖景区——这里一直以"轻烟拂渚，微风欲来"的迷人景色著称于世，与南京玄武湖和杭州西湖并称江南三大名湖。在游船上，代表们讨论通过了中国共产党的第一个纲领和第一个决议，选举产生了党的中央领导机构，宣告中国共产党成立。

"大国重器"重点项目

杭州市梦想小镇——这里是互联网产业创新创业平台，并成功通过浙江省首批特色小镇的验收，是全省特色小镇的排头兵，也是国家 4A 级景区。梦想小镇建设的初心就是将这一平台打造成为"世界级的互联网创新创业高地"。2014 年 8 月，为响应国家"大众创业、万众创新"的号召，在浙江省的数字经济"一号工程"大背景下，梦想小

△ 乌镇

△ 秦山核电科技馆

镇应运而生。依托未来科技城人才和产业优势，梦想小镇规划3平方公里，就在未来科技城的核心区域，目前已经建成了四个区块，分别是互联网村、创业集市和天使村以及创业大街。

杭州市未来科技城——这里是围绕电子信息、生物医药、新能源新材料、装备制造及生产加工等产业集聚区。人才引进、支持创新项目研发、通过创新政策和体制机制，引导政企搭建平台保障体系。

❯ **旅行锦囊**

加油站：

中石化加油站乌镇站、德清服务区中石化加油站。

> **友情提示：** 1. 乌镇景区：东西栅景区联票190元/人（单票：东栅150元/人，西栅110元/人）。
> 2. 杭州市梦想小镇：门票免费。
> 3. 杭州市未来科技城：门票免费。

❯ **餐饮推荐**

西湖醋鱼、西湖莼菜汤、东坡肉、龙井虾仁、杭州酱鸭。

DAY3 **杭州市区—杭州市城市大脑公司—杭州市云栖小镇（浙江数字经济特色小镇）**
（行驶里程50公里）

杭州市城市大脑公司作为城市大脑建设的企业、"政企合作"的市场主体，游客通过参观可以了解数字平台如何为政企解决难点问题。再去看看云栖小镇，杭州市云栖小镇由传统工业园区转型成特色数字经济小镇，并首创数字科技旅游。

❯ **路况**

杭州市区，整体路况良好。

❯ **海拔情况**

杭州市区：平均海拔40米。

❯ **沿途特色景区**

西湖风景区——这里环湖一周约15公里，苏堤与白堤把全湖隔为外湖、里湖、岳湖、西里湖和小南湖5个部分。西湖秀丽的湖光山色和众多的名胜古迹闻名中外，自古就有"天下西湖三十六，就中最好是杭州"的盛赞。

西溪国家湿地公园——这里有城市湿地、农耕湿地和文化湿地等场景，是全国首个国家湿地公园。有"秋芦飞雪、高庄宸迹、渔村烟雨、河渚听曲、龙舟胜会、曲水寻梅、火柿映波、莲滩鹭影、洪园余韵、蒹葭泛月"十景。

浙江省博物馆——这里是一座极富江南园林地方特色的庭院式建筑。后经改扩建新增了历史文物馆、青瓷馆、书画馆、钱币馆、工艺馆、礼品馆、吕霞光艺术馆、常书鸿美术馆、明清家具馆、精品馆十个展馆。

清河坊历史文化景区——杭州悠久历史的缩影，中医中

△ 杭州市梦想小镇

药、百年老店、市井民俗、古玩收藏、餐饮小吃都是这里的特色，成为杭州展示人文、旅游、商业的重要名片。这里既是杭州城"老字号"的集聚地，又是文化创意产业特色街。

❯ **"大国重器"重点项目**

杭州市城市大脑公司——这里是中枢运维、指挥应用、成果展示和专班研发的综合体，构建了"中枢系统＋部门（区县市）平台＋数字驾驶舱＋应用场景"的城市大脑核心架构，推动城市治理从线下转向线上线下融合，从单一部门监管向更加注重部门协同治理转变，为精准决策和高效治理提供了强大技术支撑。在"战疫情、促发展"中，杭州依托城市大脑率先开发和应用"杭州健康码""亲清在线"等数字平台，为确保疫情防控和经济社会发展"两战全胜"提供强大技术支撑，实现了决策科学化、治理高效化、服务精准化。

杭州市云栖小镇——小镇有云栖小镇展示厅和2050博悟馆·百草园展厅两大厅。小镇展示厅介绍了杭州市西湖区的基本情况和云栖小镇作为浙江省特色小镇发源地的发展历程、核心产业及小镇数字经济相关发展现状及展望等情况。百草园展厅则展示了近30件藏品，均由2050志愿者负责创作及收集，有艺术家的创意作品，有小镇企业参与的重要项目，也有上泗地区原住民捐赠的农具等。小镇的产业方向是云计算和大数据为科技核心的产业，并积极实施科技促进转型发展，成为中国数字经济发展的典型代表。

❯ **旅行锦囊**

加油站：

中石油东门站、中石化周浦站。

> **友情提示：** 1. 城市大脑公司：需提前预约参观。
> 2. 云栖小镇：门票免费。

❯ **餐饮推荐**

芙蓉水晶虾、笋干老鸭煲、八宝豆腐、干炸响铃、清汤鱼圆。

No.23 "两弹一星"·大国重器

见证伟大成就，接受灵魂洗礼

手绘线路图

绵阳市梓潼县中国两弹城景区

绵阳市

都江堰

绵阳市仙海风景区

青城山

成都市

天台山风景名胜区

雅安市

泸定桥纪念馆

海螺沟

峨眉山

长江

雅安市石棉县双螺旋隧道

凉山自治州西昌卫星发射中心

西昌市

邛海湿地公园

螺髻山风景区

攀枝花市开发建设纪念馆

金沙江

金沙江

攀枝花中国三线建设博物馆

攀枝花市

攀枝花市大田会议纪念馆

线路概况

1964 年到 20 世纪 80 年代初，我国集中人力、物力、财力在西北、西南的 11 个省区开展了一场以战备为指导思想的大规模的国防、科技、工业、交通基础建设，史称"三线建设"，四川正是其中重要区域之一。"'两弹一星'·大国重器"精品线路，串联起中国两弹城景区、西昌卫星发射中心、攀枝花中国三线建设博物馆等，带游客回到让中国人挺起脊梁的那段难忘的历史岁月，见证改革开放以来取得的伟大成就，接受一次灵魂的洗礼。

大国重器

绵阳市梓潼县中国两弹城景区、雅安市石棉县双螺旋隧道

（国际首创的双螺旋小半径曲线型隧道）、凉山自治州西昌卫星发射中心、攀枝花中国三线建设博物馆、攀枝花市开发建设纪念馆、攀枝花市大田会议纪念馆。

周边文化体验

- ◎ **非遗：** 羌年、格萨（斯）尔、藏戏、蜀锦（蜀锦织造技艺）、阆中皮影戏、中国雕版印刷技艺（德格印经院藏族雕版印刷技艺）。

- ◎ **文化公园：** 绵阳大熊猫国家公园、成都市文化公园、雅安茶文化公园、西昌市法治廉政文化公园、攀枝花市西区三线建设文化公园。

- ◎ **博物馆：** 绵阳市博物馆、绵阳三线建设博物馆、成都大

△ 青城山

△ 都江堰

运会博物馆、成都杜甫草堂博物馆、雅安博物馆、西昌建川电影博物馆、西昌知青博物馆。

行程规划

🔄 **线路：** 绵阳市—绵阳市梓潼县中国两弹城景区—雅安市石棉县双螺旋隧道—凉山自治州西昌卫星发射中心—攀枝花市大田会议纪念馆—攀枝花中国三线建设博物馆—攀枝花市开发建设纪念馆—攀枝花市

◎ **总里程：** 990 公里

🕐 **推荐时长：** 3 天

DAY1 绵阳—绵阳市梓潼县中国两弹城景区—雅安
（行驶里程 360 公里）

从绵阳出发，来到四川梓潼县长卿山脚下的"中国两弹城"，这里曾是中国工程物理研究院的院部旧址，原子弹、氢弹的武器化小型化就曾在这里定型完成。

◎ **路况**

整体路况良好，沿绵梓公路、成万高速、成名高速、成渝环线高速前行。

◎ **海拔情况**

绵阳市区：海拔 400～600 米；梓潼县：平均海拔 600 米；雅安市区：海拔 1000～1500 米。

◎ **沿途特色景区**

青城山——世界文化遗产青城山—都江堰的主体景区、全国重点文物保护单位、国家重点风景名胜区、国家 5A 级旅游景区、全真龙门派圣地，十大洞天之一，中国四大道教名山之一，五大仙山之一，成都十景之一。最高峰老君阁海拔 1260 米，青城山分为前山和后山，群峰环绕起伏、林木葱茏幽翠，享有"青城天下幽"的美誉。

都江堰——始建于秦昭王末年，是蜀郡太守李冰父子在前人鳖灵开凿的基础上组织修建的大型水利工程，两千多年来一直发挥着防洪灌溉的作用，使成都平原成为水旱从人、沃野千里的"天府之国"，至今灌区已达 30 余县市、面积近千万亩，是全世界迄今为止，年代最久、唯一留存、仍在一直使用、以无坝引水为特征的宏大水利工程。

绵阳市仙海风景区——这里是依托武都引水工程建立的风景区，具有城市供水、旅游、水产养殖、林果开发等多种功能，风景区处在九寨沟、黄龙、剑门蜀道等黄金旅游线的中心地带。区内林木品种繁多，自然风光秀丽，还有许多如秦始皇、三国等历史故事及古驿道、神仙树等著名景点，有孤岛、半岛 40 余座。

天台山风景名胜区——这里气候温和，雨量充沛，年均气温 16℃，森林覆盖率达 94.4%，动植物种类丰富，有珙桐、红豆杉、银杏等 20 余种国家保护的珍稀植物及大熊猫、红腹角雉、大鲵等 7 种国家保护的珍稀动物，是四川大熊猫栖息地世界自然遗产、国家级风景名胜区、国家 4A 级旅游景区、国家森林公园。

◎ **"大国重器"重点项目**

绵阳市梓潼县中国两弹城景区——这里是中国工程物理研究院院部旧址，也是我国继青海之后的第二个核武器研制基地。王淦昌、邓稼先等 9 位"两弹一星"功勋奖章获得者以及张爱萍、李觉将军都在此工作和生活过。景区是国家 4A 级景区，先后被有关部门命名为"全国中小学生研学实践教育基地""两弹一星国防科技科普基地"等。来到这里感受红色文化的底蕴，通过参观大礼堂、办公楼、模型厅、将军楼，结合一张张珍贵的历史图片和一份份翔实的文献资料，能够深入体会到科研工作者，为建设新中国而奋斗拼搏的爱国主义精神，感受科技工作者"热爱祖国、无私奉献、自力更生、艰苦奋斗、大力协同、勇于登攀"的"两弹一星"精神。

◎ **旅行锦囊**

加油站：

1.绵阳—梓潼县途中有诚信石油加油站、绵阳游仙仙海加油站。

2.梓潼县—雅安：高速上有多个中国石油和中国石化加油站。

> **服务区及温馨提示：** 1.安州服务区、绵竹全域旅游服务站、彭州服务区、崇州服务区、邛崃服务区、名山服务区。
>
> 2.昼夜温差大，请注意增减衣物。

🔸 餐饮推荐

梓潼县：梓潼酥饼、梓潼片粉、梓潼镶碗。

雅安：砂锅雅鱼、阴酱鸡、木桶鱼、酥盒回锅肉、汉源坛子肉。

DAY2 雅安—双螺旋隧道—西昌卫星发射中心—西昌
（行驶里程 350 公里）

首先前往双螺旋隧道，这 50 多公里的路段，垂直高差达 1500 米，两次跨越同一个地震带，堪称"世界公路建设的奇迹"。随后前往西昌卫星发射中心，这里是主要承担地球同步轨道卫星的发射任务的航天发射基地，担负通信、广播、气象卫星等试验发射和应用发射任务。

🔸 路况

整体路况良好，沿京昆高速前行，弯道较多，隧道较多。

🔸 海拔情况

双螺旋隧道：海拔从 700 米至 2200 米；西昌卫星发射中心：海拔 1518 米；西昌市区：海拔 1500 ~ 2000 米。

🔸 沿途特色景区

峨眉山——峨眉山雄踞四川盆地西南部，以"雄、秀、神、奇、灵"和深厚的佛教文化，成为世界自然与文化双遗产。峨眉山自然遗产丰富，素有"植物王国""动物乐园"和"地质博物馆"之称，并有"峨眉天下秀"之赞誉。

海螺沟——位于贡嘎雪峰脚下，以低海拔现代冰川著称于世。晶莹的现代冰川从高峻的山谷铺泻而下；巨大的冰洞、险峻的冰桥，使人如入神话中的水晶宫。特别是举世无双的大冰瀑布，瑰丽非凡，是中国至今发现的最高大冰瀑布。

泸定桥纪念馆——坐落于泸定县城西南的红军飞夺泸定桥纪念碑公园内，外观造型独特，气势雄伟，融合了川西民居、藏式建筑、明清古建筑的元素，与纪念碑公园大门、红军飞夺泸定桥纪念碑形成了一条延伸的红色文化游览中轴线。

🔸 "大国重器"重点项目

雅安市石棉县双螺旋隧道——雅西高速双螺旋隧道（石棉县境内）全长 1811 米，桥宽 24.5 米，最高桥墩 110 米，共 36 跨，大桥可以抵抗 9 级烈度的地震，是世界上最长的钢管桁架梁公路桥，大桥的主体结构全部采用了钢纤维混凝土。从空中俯视雅西高速双螺旋隧道，大桥呈"S"状，不同于常见高速公路上钢筋混凝土结构的护栏，大桥上的护栏均为钢结构。为了克服高落差的影响，设计者巧妙的采用"双螺旋隧道"方案，让过往车辆在大山内盘旋，解决了较短水平距离中攀爬足够的高度落差，至今也是独一无二的设计。

西昌卫星发射中心——这里是全国首批 3A 级旅游景区，是我国目前规模最大，设备最先进，发射功能最好的基地。步入基地景区，通过景区观光车前往全景参观平台，可观看发射场全景，听讲解员讲解 85.5 米高的 3 号发射塔架和 97 米高的 2 号发射塔架，了解基地的建设和发射任务完成情况。在"奔月楼"参观点，你可通过发射"嫦娥一、二、三"号及部分卫星的回收物，通过模拟月

△ 西昌卫星发射中心

球车和月球表面以及多种图片和文字介绍，了解中国探月工程——"千年奔月梦想的实现"。中华儿女的飞天梦想在这片神奇的土地上一次次上演。运气好还可以目睹实况发射那辉煌的瞬间，成为你不可多得的人生珍藏。

▶ **旅行锦囊**

加油站：

高速上有多个中国石油和中国石化加油站。

> **服务区及温馨提示：** 1. 荥经服务区、石棉服务区、菩萨岗服务区、西宁服务区。
>
> 2. 昼夜温差大，请注意增减衣物。

▶ **餐饮推荐**

西昌：西昌烧烤、西昌醉虾、西昌米粉、西昌坨坨肉、西昌炸洋芋。

DAY3 **西昌—大田会议纪念馆—攀枝花中国三线建设博物馆—攀枝花开发建设纪念馆—攀枝花市**
（行驶里程 280 公里）

首先前往位于攀枝花市仁和区大田镇的大田会议纪念馆。"大田会议"在攀西开发建设史上具有重要历史意义。之后前往攀枝花中国三线建设博物馆，这里是我国面积最大、展陈最全的三线主题博物馆。最后前往攀枝花开发建设纪念馆，这里是攀枝花三线建设的代表性建筑之一，具有重要的历史文物价值。

▶ **路况**

整体路况良好，沿京昆高速前行，弯道较多。

▶ **海拔情况**

大田镇：海拔 1500 ～ 1700 米；攀枝花地区：海拔 1300 ～ 1500 米。

▶ **沿途特色景区**

螺髻山风景区——螺髻山主峰海拔 4359 米，到山脚可乘缆车上山顶，缆车沿途可一览无余地观赏连绵山脉。山顶有黑龙潭，潭水清澈，冬季结冰可滑冰其上。山顶四周灌木丛环绕，云雾缭绕，巍峨秀丽。

邛海湿地公园——这里是四川省第二大淡水湖。邛海日出是这里的一大美景，荡舟尝湖鲜，骑自行车环海都是不错的体验。

▶ **"大国重器"重点项目**

大田会议纪念馆——这里初建时是 5 幢干打垒楼房，现存 4 幢，楼群为砖木房架，悬山式房顶，两层木板楼，上下 18 间，典型的 20 世纪五六十年代建筑风貌。1964 年 5 月，中央工作会议决定把攀枝花列为西南三线建设的重点，将其建成大型钢铁工业基地。会后，组成了由中央十多个部委和西南三省负责同志以及 100 多名专家

参加的联合调查组，在总负责人、国家计委副主任程子华和省部委负责同志吕正操、张霖之的率领下，经过反复勘察和紧张的早期准备工作，于 1964 年 9 月 9 日，在仁和区大田镇（原属云南省永仁县）原云南拉姑林业局机关所在地，正式召开了制定攀枝花建设规划的重要会议。会议研究确定了攀枝花工业区的规划和选定弄弄坪为攀枝花钢铁厂厂址的建设方案，攀枝花大规模的开发建设由此展开，史称"大田会议"。大田会议会址被誉为我国"三线建设规划的摇篮"。

攀枝花中国三线建设博物馆——攀枝花市是一座因三线建设而诞生的城市，激情燃烧的三线建设给攀枝花镌刻上了火红的时代烙印，留下了丰富而珍贵的红色遗产。目前，博物馆共接待过国内外各级领导、专家学者、全国各地三线建设老同志、学生及其他各类观众上百万人次，影响巨大，已成为"中国三线建设研究基地"和"全国中小学爱国主义教育基地"。

攀枝花开发建设纪念馆——这里馆藏文物 1000 余件，生动展示和立体再现了攀枝花"三线"建设及中建三局成立早期艰苦创业、改革创新、转型发展的历史全貌。大渡口十三幢是反映攀枝花三线建设的代表性建筑之一，具有重要的历史文物价值。

▶ **旅行锦囊**

加油站：

高速上有多个中国石油和中国石化加油站。

> **服务区及温馨提示：** 1. 德昌服务区、米易服务区、攀枝花服务区、攀枝花南服务区。
>
> 2. 这里昼夜温差大，请注意增减衣物。

▶ **餐饮推荐**

攀枝花市：羊肉米粉、油底肉、盐边牛肉、油炸爬沙虫、方山全羊汤。

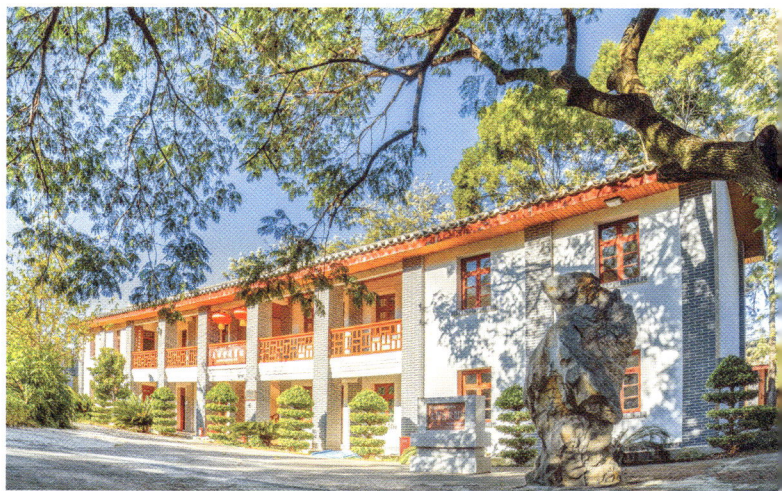
△ 大田会议旧址

No.24 三线记忆·中国天眼

重温三线建设历程，领略科技之眼，激发民族自豪

手绘线路图

线路概况

从三线工厂建设到航空发动机研制，从歼击机总装厂到国家大数据（贵州）综合试验区展示中心，再到"中国天眼"，"三线记忆·中国天眼"精品线路展现了不同时期贵州的发展成就，让游客直观感受贵州科技发展的力量。这条线路体现了"三线"建设精神、改革创新精神等，通过静态展示与互动体验有机结合，让游客感受到只有综合国力强大的国家才能有实力建造出如此浩大的工程，从而激发游客的自豪感。

大国重器

贵州省六盘水三线建设博物馆、安顺三线贵州航空发动机厂旧址、三线贵州歼击机总装厂旧址、贵阳国家大数据（贵州）综合试验区展示中心、平塘县"中国天眼"景区、平塘县克度镇天文科普馆。

周边文化体验

- **非遗：** 六枝梭嘎箐苗文化空间、安顺屯堡文化、安顺地戏、安顺蜡染、乌当手工土纸制作工艺、花溪苗族挑花制作工艺、牙舟陶器制作技艺。
- **文化公园：** 六盘水市明湖国家水利风景区玉舍国家森林公园、花溪国家城市湿地公园、长坡岭森林公园为国家级森林公园、黄果树国家湿地公园。
- **博物馆：** 贵州省博物馆、贵州民族文化宫、贵州古生物化石博物馆、贵阳光华钱币博物馆、安顺兴伟古生物化石博物馆。

行程规划

- **线路：** 贵州省六盘水三线建设博物馆—安顺三线贵州航空发动机厂旧址—安顺市—三线贵州歼击机总装厂旧址—贵阳国家大数据（贵州）综合试验区展示中心—贵阳市—平塘县"中国天眼"景区—平塘县克度镇天文科普馆
- **总里程：** 450公里
- **推荐时长：** 3天

DAY1 贵州省六盘水三线建设博物馆—安顺三线贵州航空发动机厂旧址—安顺市
（行驶里程150公里）

从六盘水市出发，参观贵州三线建设博物馆，作为国内第一家以"三线建设"为主题，旨在弘扬"艰苦创业、

△ 黄果树瀑布

△ 三线贵州航空发动机厂旧址

无私奉献、团结协作、勇于创新"的三线精神。接着前往安顺三线贵州航空发动机厂旧址参观，这里曾是我国三线建设时期中国航空发动机基地，为国防建设做出了突出贡献。

路况
整体路况良好，沿杭瑞高速、都香高速前行。

海拔情况
六盘水市区：海拔1750米。安顺：海拔1102～1694米。

沿途特色景区
六盘水梅花山景区——这里也是省内外众多摄影家的追山逐影的最佳创作基地，每年慕名而来追逐云海，追摄日落美景的摄影爱好者不计其数。

六盘水玉舍国家森林公园——这里有光叶珙桐、西康玉兰、水青树、十齿花、南方红豆杉等珍贵植物，以及红腹锦鸡、白腹锦鸡、白狐、香獐等国家一级二级珍稀保护动物，园内还能听到瀑布群哗哗和泉水叮咚的美妙音符。

瀑布源龙井布依风情景区——这里既有星级酒店、康养民宿，又有特色餐饮、娱乐设施。尤其是龙井温泉区，共有60多个泡池，有按摩保健池、中药养生池、温泉问道池、温泉戏水池及溶洞私密池，唯美如画、胜似仙境。

黄果树风景名胜区——这里分布着雄、奇、险、秀风格各异的大小18个瀑布，形成了一个庞大的瀑布群，被大世界基尼斯总部评为世界上最大的瀑布群，列入基尼斯世界纪录。黄果树大瀑布是景区瀑布群中最壮观的瀑布。

"大国重器"重点项目
贵州省六盘水三线建设博物馆——贵州三线建设博物馆一期工程于2013年8月17日建成开馆并实行免费开放。2018年成功创建为国家4A级旅游景区、2019年被命名为全国爱国主义教育示范基地，是国内第一家以"三线文化"为主题的博物馆，是六盘水市重要的人文景观和红色旅游观光点，该馆的建立对弘扬"艰苦创业、无私奉献、团结协作、勇于创新"的三线精神，具有十分重要的现实意义。现有主楼博物馆、三线工业体验馆两个

室内展馆及三线广场、思源广场两个室外展区。

安顺三线贵州航空发动机厂旧址——这里现在是安顺市平坝区安平街道办事处黎阳厂厂区，包括菜花洞、齿轮车间、总装车间和1号试车台。三线贵州航空发动机厂从建厂至今，共研制生产了涡喷-7、涡喷-13两大系列20多个型号的发动机数千台。三线贵州航空发动机厂是三线建设时期中国航空发动机基地，为国防建设做出了突出贡献。旧址完整展示了我国军用航空发动机研发、生产、修理、服务等全流程。作为三线建设的工业遗产，是三线文化的直接见证者，是老一辈在战天斗地、克难奉献的辉煌历程中留下的宝贵财富，具有重要的历史、科学和社会价值。

旅行锦囊
加油站：
高速上有多个中国石油和中国石化加油站，其中安顺城西站有中国石化加油站。

> 服务区：六盘水服务区、陡箐停车区、岩脚服务区、大用停车区。
> 友情提示：1.气候：这里早晚温差较大，需备外套；这里降水较多，请备雨具。
> 2.景区：山路较多，请穿适合山地的鞋。
> 3.防护：贵州地区潮湿，植被茂密，请备驱蚊水。

餐饮推荐
水城羊肉粉、盘县火腿、怪噜饭、水城烙锅、盘州荷叶糯米鸡。

DAY2 安顺市—三线贵州歼击机总装厂旧址—贵阳国家大数据（贵州）综合试验区展示中心
（行驶里程100公里）

从安顺出发，前往参观对当时中国航空科技发展起着举足轻重作用的贵州歼击机总装厂旧址，继续了解那个时代三线建设的重大意义和成果。随后前往贵阳参观国家大数据（贵州）综合试验区展示中心，这里旨在打造成为全国乃至世界重要的大数据展示交流、共享开放的平台。

路况

整体路况良好，沿沪昆高速前行。

海拔情况

贵阳：平均海拔 1100 米。

沿途特色景区

云峰八寨屯堡景区——"八寨"顾名思义是由云山屯、本寨、雷屯、小山寨等八个屯堡村寨组成，每个寨子都是有寨墙、碉楼，石头外墙包裹着江南民居风格的四合院，巷巷相通、户户相连，又可居住又利于展开防御。

红枫湖风景名胜区——这里的湖水面积占景区面积的四分之一，是贵州高原上最大的人工湖泊之一。

甲秀楼——甲秀楼建造于 1598 年，历经 400 年的风吹雨打而仍矗立不倒。沙洲之上，楼有上中下三层，楼顶高度约 20 米，楼侧由石拱"浮玉桥"连接两岸，浮玉桥为九孔，长 90 余米，有被称"九眼照沙洲"。

海龙屯——这里是目前亚洲保存最完整的中世纪军事城堡，早在南宋时期就已建造。海龙屯建在险峻的龙岩山之巅，三面环溪、一面衔山，历史上有"飞鸟腾猿不能逾者"的评价。2015 年入列世界遗产，也是贵州首个世界遗产。

"大国重器"重点项目

三线贵州歼击机总装厂旧址——50 多年来，这里先后研制生产了歼 6、歼 7、歼教 7 三大系列和"山鹰"新型高级教练机等十多个型号的飞机部件 1000 多架份。其中，1970 年完成组装的歼 6 Ⅲ型机是贵州生产的第一架歼击机，结束了贵州高原不能生产飞机的历史。2003 年承担全机部件制造和部分设计性试验任务的"山鹰"教练机。这里也是三线航空工业的典型代表，具有重要的历史、科学和社会价值。

贵阳国家大数据（贵州）综合试验区展示中心——这里有"数字中国贵州方案展区""数化万物智在融合展区""云上筑梦躬身耕耘展区""未来已来展区""智慧体验厅"五个展区。这里也是贵州、贵阳大数据产业发展的微缩景观，充分结合贵州发展理念和方向，吸取贵州元素和发展特色，从"贵州大数据发展顶层设计与总体情况""贵州·中国南方数据中心示范基地""大数据与实体经济、乡村振兴、服务民生、社会治理的深度融合""大数据企业创新发展""大数据发展的支撑保障体系""贵州大数据发展的国际合作""贵州大数据发展的愿景与展望"等方面，全方位展示党的十八大以来贵州以大数据为引领守好两条底线、推动后发赶超的探索实践和创新成果。

旅行锦囊

加油站：

高速上有多个中国石油和中国石化加油站。

服务区： 云峰服务区、夏云停车区。

餐饮推荐

肠旺面、花溪牛肉粉、阳朗辣子鸡、老贵阳糯米饭、贵阳丝娃娃。

DAY3 贵阳市—平塘县"中国天眼"景区—平塘县克度镇天文科普馆
（行驶里程 200 公里）

今日我们从贵阳出发，前往享誉全球的科技之光——"中国天眼"的所在地"中国天眼科普基地"。这里是"观天探地，世界唯一"的天文科学旅游胜地，为游客打造 5 公里返璞归真的无联区。我们可以放下手机，远离电子设备，全身心回归自然，享受纯净，体验"静默"。

路况

整体路况良好，沿甲秀南路、花冠路、银百高速、余安高速前行，高速上隧道较多，通过须减速。

海拔情况

平塘县：平均海拔 710 米。

沿途特色景区

黔灵山公园——公园里的大罗岭海拔 1396 米，是贵阳

△ 红枫湖

△ 国家大数据（贵州）综合试验区展示中心

△ 平塘县"中国天眼"景区

中心区西北第一高峰。园内的景点有弘福寺、猕猴园、七星潭、麒麟洞、白象泉等。其中最著名的弘福寺创建于康熙年间，是贵州省级重点文物保护单位。

青岩古镇——它是贵州四大古镇之一。古镇内有青岩教案遗址、赵状元府第、平刚先生故居、红军长征作战指挥部等历史文物。贵州史上第一位状元就出自青岩古镇。

平塘九号宇宙航天科技馆——这里是一座全国范围内首家互动式宇宙深空科普研学基地，结合航天博物展示、航天科技文化体验及最新的科技主题互动项目。馆内还包括有赛博城市、火星文明、未来科技三大太空主题体验区域等。

掌布河峡谷风景区——这里是黔南州首个国家 4A 级景区，景区有奇山、奇水、奇石、奇洞、奇竹、奇树、奇鱼并称"七奇景观"。掌布河峡谷幽深，河水清澈见底，两岸耸立高高的悬崖，植物青葱茂密，风景秀丽。

"大国重器"重点项目

平塘县"中国天眼"景区＋平塘县克度镇天文科普馆——这里合称"中国天眼科普基地"，依托 500 米口径球面射电望远镜（简称 FAST）在未来 20～30 年内保持国际领先水平的世界品牌效应而建设。FAST 项目是中国科学院国家天文台和贵州省政府共建的"十一"五国家重大科技项目，是目前世界上口径最大的单天线射电望远镜，也是人类直接观测遥远星系、寻找类似太阳系或地球的宇宙环境及潜在智慧生命的重要设施。中国天眼的灵敏度比德国 100 米望远镜高十倍；综合性能也比美国 300 米望远镜高 10 倍；澳大利亚 64 米望远镜只能观测到 1 颗类地星，美国 305 米望远镜最多也只

能观测到 12 颗；而 FAST 则可观测到 1400 颗，将保持 20～30 年世界一流的领先地位。亦使我国形成具有国际先进水平的天文观测与研究平台，为我国开展"暗物质"和"暗能量"本质、宇宙起源和演化、太空生命起源和寻找地外文明等研究活动提供了重要支持。游客们可以体验这个包含天文科普、宇宙探秘、旅游度假、文化交流等功能的科技旅游目的地。

旅行锦囊

加油站：

中国石油加油站（贵惠大道站）；高速上有多个中国石油和中国石化加油站。

服务区： 惠水服务区、好花红服务区、断杉停车区、边阳服务区、板庚停车区、大小井服务区。

友情提示： 1. 前往平塘县"中国天眼"景区参观，游客不得携带电子设备，包括但不限于手机、数码相机、平板电脑、笔记本电脑、充电器、充电宝、手表、智能手环、车钥匙、感应门钥匙、对讲机、遥控器等一切电子产品；不得携带香烟、打火机、火柴等易燃易爆物品；不得携带管制刀具及其他违禁品。

2. 平塘县"中国天眼"景区观景台海拔较高，台阶陡长，行动不便或患有心脏病、高血压等疾病的游客不建议前往，未成年人参观"中国天眼"须有成年家人陪同。

餐饮推荐

贵州剪粉、苗家冻鱼、坛子鱼、青岩卤猪蹄、狗蹦肠、荷叶粑。

No.25 红色军工·太原力量

回望三晋大地峥嵘岁月，见证红色军工光辉历程

手绘线路图

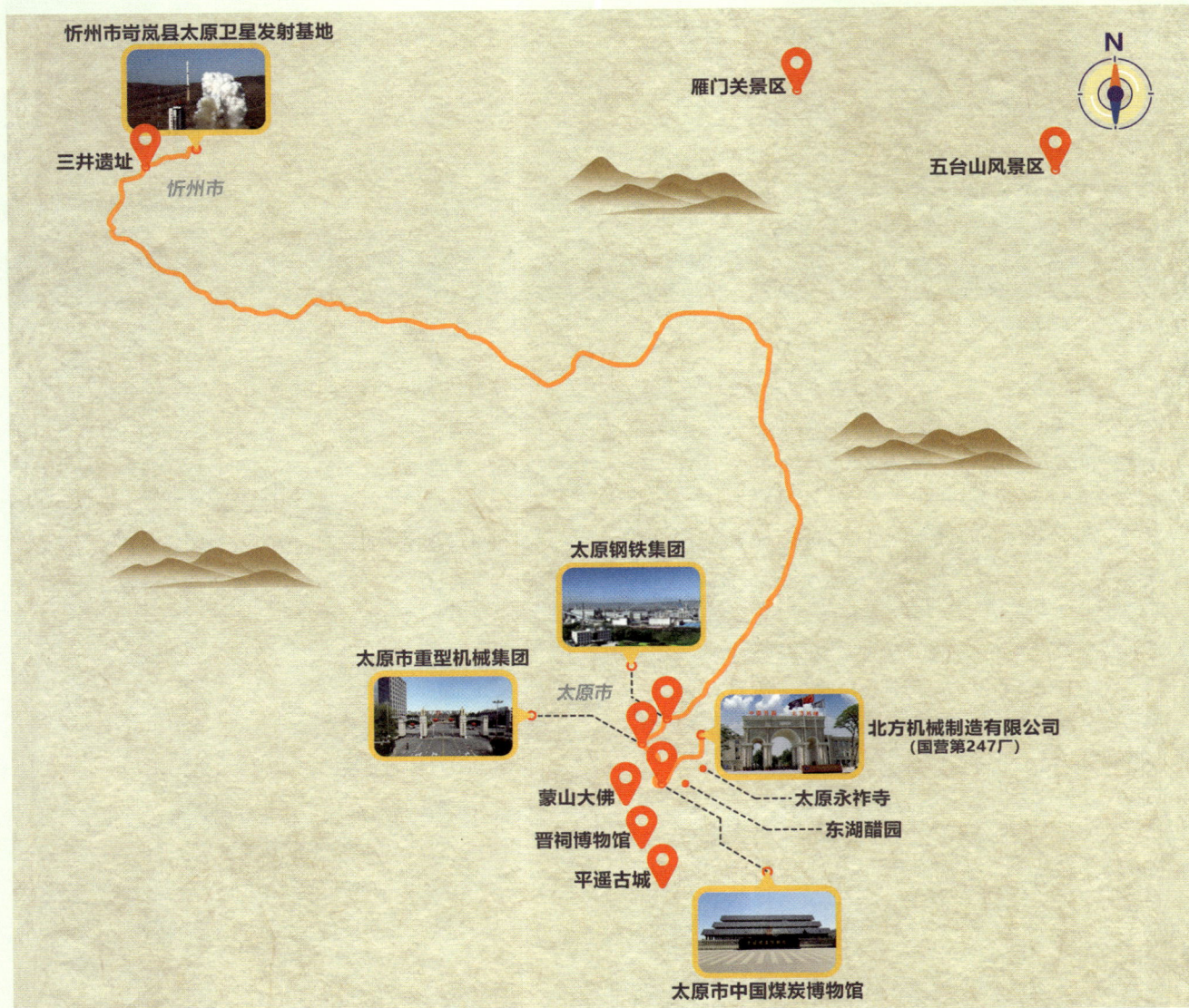

忻州市岢岚县太原卫星发射基地

三井遗址

忻州市

雁门关景区

五台山风景区

太原钢铁集团

太原市重型机械集团

太原市

北方机械制造有限公司
（国营第247厂）

蒙山大佛

太原永祚寺

晋祠博物馆

东湖醋园

平遥古城

太原市中国煤炭博物馆

线路概况

山西是著名的革命根据地，开展党史学习教育，打造红色旅游精品线路，具有独特优势，同时山西也是中华人民共和国成立后"一五"时期重要的工业基地、改革开放初期重要的能源重化工基地。"红色军工·太原力量"精品线路串联起太原市重型机械集团、太原市中国煤炭博物馆、太原钢铁集团、忻州市岢岚县太原卫星发射基地等，引领游客回望三晋大地峥嵘岁月、山西红色军工光辉发展历程，追寻红色记忆，唤醒红色基因，凝聚奋进力量。

大国重器

山西省北方机械制造有限公司（国营第247厂）、太原市重型机械集团、太原市中国煤炭博物馆、太原钢铁集团、忻州市岢岚县太原卫星发射基地。

周边文化体验

非遗： 太原锣鼓、晋祠庙会、河曲民歌、五台山佛乐、北路梆子、二人台。

文化公园： 太原狄仁杰文化公园、太原文瀛公园、太原

△ 平遥古城

小店关公文化公园、忻州市法治文化主题公园、忻州市偏关老牛湾黄河文化公园。

🏛 **博物馆**：山西省地质博物馆、太原晋商博物馆、太原市博物馆、山西省民俗博物馆、忻州长城博物馆。

行程规划

🔄 **线路**：北方机械制造有限公司—太原市中国煤炭博物馆—太原市重型机械集团—太原钢铁集团—忻州市岢岚县太原卫星发射基地

📍 **总里程**：250 公里

🕐 **推荐时长**：2 天

DAY1 北方机械制造有限公司—太原市中国煤炭博物馆—太原市重型机械集团—太原钢铁集团
（行驶里程 20 公里）

今日首先前往北方机械制造有限公司参观，这里是我国著名的国防武器和设备研发的骨干企业，接着参观太原市重型机械集团，这里被称为"国民经济的开路先锋"，是中华人民共和国成立后自行设计建造的第一座重型机械制造企业，随后来到中国煤炭博物馆参观，这里是全国煤炭行业历史文物、标本、文献、资料的收藏展示中心，也是我国首批国家一级博物馆，最后参观太原钢铁集团，中华人民共和国成立后生产的第一炉不锈钢，第一块电磁纯铁等都是出自这里。

🔹 **路况**

整体路况良好，沿太原道路前行。

🔹 **海拔情况**

太原：平均海拔 800 米。

🔹 **沿途特色景区**

平遥古城——这里有近 2800 年的历史，一直保存着完整的古城墙，现有 3000 多处明清院落。城内有古老的彩塑，保存完整的县衙，完好的村落群，简直是一座"活"的古城。

晋祠博物馆——这里亭台、楼阁、小桥、古树互相映衬，山环水绕，文物荟萃，古木参天，是一处风景优美的古园林，被誉为山西的"小江南"。晋祠内文物众多，如圣母殿、侍女像、鱼沼飞梁、难老泉。

东湖醋园——进入醋园，迎面而来的是既酸又香的陈醋味，犹如来到了 500 年前的老陈醋作坊，老醋芳香、扑鼻沁心。游客还可以参与部分老陈醋的制作过程或者品尝老陈醋的"绵、酸、香、甜、鲜"之感。

永祚寺——这里是太原现存古建筑中最高的建筑，山门两侧的琉璃团龙，是明代琉璃的精美烧制工艺，龙的图案光泽艳丽、惟妙惟肖。大雄殿花坛栽种的"紫霞仙"是唯一现存的明代牡丹，有"万花一品"的美誉。

🔸 **"大国重器"重点项目**

北方机械制造有限公司（国营第 247 厂）——中国兵器工业第一机械集团的下属企业，是新中国成立后的首批 156 项重点工程建设项目之一。这里的前身是山西机器局，源于 1898 年洋务运动时期。它也是我国重要的防务装备、节能环保、能源机械研发制造翘楚企业。新中国成立以来，工厂创造了军民品科研生产的 30 项中国第一，获得国家级奖项 17 项、省部级奖项 58 项。研制范围涵盖山炮、野炮、加农炮、迫击炮、坦克炮、无坐力炮、反坦克炮、榴弹炮、火箭炮、导弹地面运载装置、自行突击炮、自行榴弹炮、迎宾礼炮等。公司的产品结构上分军品、民品、三产三大业务板块，军品板块主要包括轮式自行压制火炮系列、军贸突击火炮系列、海装舰载武器系列及非战争装备等。

太原市中国煤炭博物馆——这里于 1989 年 9 月 30 日正式对外开放。博物馆内部有陈列大厅、中国煤炭科教文交流中心、学术报告厅、办公研究楼和现代科技学院等

△ 太原钢铁集团

组成部分。这里是国家级的煤炭行业博物馆，全国煤炭行业历史文物、标本、文献、资料的收藏展示中心，全国煤炭行业的科普教育和文化交流机构，全国煤炭开发史、煤炭技术史、煤炭资源综合利用史、矿山环境保护史、煤炭文化和煤炭精神研究传播机构。这里获得有全国科普教育基地、全国工业旅游示范基地、全国煤炭行业科普教育基地、山西省青少年教育基地、山西省爱国主义教育基地等荣誉称号。2008 年被授予国家 4A 旅游景区，同年被国家文物局评为首批国家一级博物馆。博物馆的镇馆之宝——模拟矿井，也被评为"山西十大镇馆之宝"，来此一定要看看。

太原市重型机械集团——集团建立于 1950 年，是新中国成立后我国自行设计建造的第一座重型机械制造企业，又被誉为"国民经济的开路先锋"。作为国内最重要的重型装备研发与制造基地之一，集团具有先进一流的装备制造水平和研发创新能力，公司主要涉及冶金、煤炭、海洋工程、航天等领域。它同时也是我国最大的航天发射装置的生产基地，我国的航天飞船"神舟号""嫦娥号"以及"长征"系列运载火箭的发射支架均由太原市重型机械集团制造生产。太重集团历经数十年的发展中，屡创多项国内和世界第一：1989 年为龙羊峡水电站生产的 500 吨单钩门式起重机，中国第一；2000年三峡 1200T 桥机，它单钩起重量为世界最大；公司于 2005 年进入中国制造业 500 强，2020 年入选第 16 届中国机械工业百强，2008 年成功晋级中国百亿企业行列。该集团接受团体参观。

太原钢铁集团——这里成立于 1934 年，前身是民国时期西北炼钢厂。中华人民共和国成立之初，它被国家定位为发展特殊钢材的制造，在集团成立后，先后生产出中国第一炉不锈钢、第一张热轧硅钢片、第一块电磁纯铁，也是中国第一台不锈钢精炼炉、第一台不锈钢立式板坯连铸机、第一条冷轧不锈钢生产线的诞生地。随着时光的推移，集团的产品也出现在人民群众的生活中，中国人民银行发行 2005 年版第五套人民币中 1 角硬币就是选用太钢生产的不锈钢。"天舟 1 号"货运飞船上关键部位的不锈钢、高强度合金结构钢以及电磁纯铁都

△ 云冈石窟

△ 五台山

产自太原钢铁集团。它的两类四种新型材料还应用在"嫦娥一号"探月工程。2009年，太原钢铁集团的150万吨不锈钢炼钢工程荣获了当年年度中国建设工程"鲁班奖"，2011年入选首批"国家技术创新示范企业"。该集团接受团体参观。

▶ 旅行锦囊

加油站：

中国石油加油站（玉门河站），中国石化加油站（漪和源站）。

> **友情提示：** 1. 山西气候较为干燥，请自备一些润肤品；
> 2. 中国煤炭博物馆：需提前24小时预约参观，门票60元/人。
> 3. 太原钢铁集团：该集团接受团体参观，须提前7个工作日预约参观。

▶ 餐饮推荐

山西刀削面、龙须拉面、清和元头脑、莜面栲栲栳、孟封饼、黑椒素排。

DAY2 太原市—忻州市岢岚县太原卫星发射基地
（行驶里程230公里）

今日前往位于忻州市岢岚县的太原卫星发射基地参观，这里是我国五大卫星发射基地之一，新中国卫星发射领域多个"第一"的诞生地。

▶ 路况

整体路况良好，沿二广高速、沧榆高速前行。

▶ 海拔情况

忻州：平均海拔900米。

▶ 沿途特色景区

蒙山大佛——大佛原本是北齐年间蒙山开化寺后的摩崖佛像。元朝末年，大佛被毁。1980年的太原市地名普查中，佛像又重新被发现，但是佛头不见踪迹，后经改建修缮，2008年蒙山大佛重新向公众开放。

五台山风景区——五座山峰顶端平坦如台，故名"五台"。景区平均海拔1000米以上，最高点是叶门峰海拔3058米，被称为"华北屋脊"。五台山是文殊菩萨的道场，与峨眉、普陀和九华并称为四大佛教名山。

三井战斗遗址——1938年八路军在此伏击日军，歼敌300余人，缴获大批武器弹药，其中缴获的"九零"火炮一门现陈列于中国军事博物馆。这也是八路军120师抗日战争中缴获的第一门大炮，贺龙命名为"功臣炮"。

云冈石窟——云冈石窟是世界佛教石窟雕刻艺术的巅峰之作。有洞窟45个，各类佛教造像59000余尊，龛式、塔形和纹样20000多处，雕刻总面积达到18000平方米。

雁门关——雁门关被誉为"中华第一雄关"。它自古就扼守着塞外到中原的咽喉位置，历史上一直有得雁门关者，可直取中原的说法。家喻户晓的守关忠烈杨家将的故事，就是诉说雁门关的悲情往事。

▶ "大国重器"重点项目

忻州市岢岚县太原卫星发射基地——基地位于山西省忻州市岢岚县神堂坪乡的高原地区，地处温带，冬长无夏，春秋相连，无霜期只有90天，全年平均气温5℃；海拔1500米左右，与芦芽山风景区毗邻，是我国试验卫星、应用卫星和运载火箭发射试验基地之一。这里始建于1967年，有火箭和卫星测试厂房、设备处理间、发射操作设施、飞行跟踪及安全控制设施，具备了多射向、多轨道、远射程和高精度测量的能力，担负太阳同步轨道气象、资源、通信等多种型号的中、低轨道卫星和运载火箭的发射任务。当年太阳同步轨道气象卫星"风云一号"，第一颗中巴"资源一号"卫星，第一颗海洋资源勘察卫星等都是在这里发射升空，创造了一个又一个的"第一"。2022年1月22日，太原卫星发射中心正式成立55周年。同年3月29日搭载着浦江二号和天鲲二号卫星的长征六号改运载火箭也在太原卫星发射中心成功发射，这次发射也是太原卫星发射中心第一次执行航天发射任务。

▶ 旅行锦囊

加油站：

高速上有多个中国石油和中国石化加油站。

> **服务区：** 太原北服务区、大盂服务区、顿村服务区、奇村服务区、芦芽山服务区。

▶ 餐饮推荐

神池炖羊肉、繁峙炸油糕、偏关豆腐、河曲酸粥、神池月饼、定襄蒸肉。

△ 太原卫星发射中心

No.26 和谐中华·强国复兴

京生惊世通达天下，高速巨龙飞驰神州

手绘线路图

故宫博物院；天安门广场；天坛公园；颐和园；

中车唐山机车车辆有限公司

清东陵

滦州古城

北京市

中国铁道科学研究院

唐津运河生态旅游度假景区

唐山地震博物馆

唐山市

渤

海

东营兆源机电科技有限公司

东营市

黄

河

中车青岛四方机车车辆股份有限公司

青岛市

青岛四方庞巴迪运输轨道设备有限公司

栈桥；五四广场；音乐广场；青岛奥林匹克帆船中心

线路概况

"复兴号"的横空出世，承载了中华民族百年的"强国之梦"，见证了中国高铁从无到有、从弱到强的艰辛历程。在当代，"复兴号"由诞生地北京始发，集唐山、青岛、株洲等重点基地的打造，正以"巨龙"奔腾之势高速飞驰在神州大地之上，这也正是中国经济高速发展的真实写照。"和谐中华·强国复兴"精品线路，让游客走入中铁集团、中铁研究院、中车唐山、中车四方等，整条线路见证了"复兴号"成为大国重器的历程，让游客在"复兴精神"的氛围中，见证我国已经全面地掌握了高铁关键核心技术，建立了基于自主知识产权的高速动车组技术平台和技术标准体系。

大国重器

中国国家铁路集团有限公司、中国铁道科学研究院、中车唐山机车车辆有限公司、东营兆源机电科技有限公司、中车青岛四方机车车辆股份有限公司、青岛四方庞巴迪运输轨道设备有限公司。

周边文化体验

- **非遗：** 京剧、烤鸭、皮影戏、景泰蓝、京绣、太平鼓、滦州地秧歌、崂山民间故事、徐福传说。
- **文化公园：** 北京欢乐谷、北京环球影城、中华民族园、圆明园遗址公园、首都军事主题公园、唐钢文化公园、青岛奥林匹克雕塑文化园。
- **博物馆：** 故宫博物院、中国国家博物馆、中国人民革命军事博物馆、中国科技博物馆、首都博物馆、中国地质博物馆、中国农业博物馆、中国航空博物馆、唐山博物馆、青岛市博物馆、青岛啤酒博物馆。

△ 故宫博物院

△ 颐和园

▌行程规划

- 线路：北京市—中国铁道科学研究院—中车唐山机车车辆有限公司—唐山市—东营兆源机电科技有限公司—东营市—中车青岛四方机车车辆股份有限公司—青岛四方庞巴迪运输轨道设备有限公司
- 总里程：800 公里
- 推荐时长：3 天

DAY1 北京市—中国铁道科学研究院—中车唐山机车车辆有限公司
(行驶里程 210 公里)

从北京市区出发，前往中国铁道科学研究院，依托这里的技术支持，实现了"复兴号"从图纸到制造基地的过程。最后前往中车唐山机车车辆有限公司，作为"复兴号"的制造基地，高铁由此实现了"巨龙"飞驰神州的壮丽景象。

❯ 路况

整体路况良好，途经京哈高速、长深高速。

❯ 海拔情况

北京：平均海拔 43.5 米；唐山：平均海拔 50 米。

❯ 沿途特色景区

故宫博物院——这里是在明、清两代皇宫及其收藏的基础上建立起来的综合性博物馆。故宫博物院前通天安门，后倚景山，东近王府井街市，西临中南海。故宫博物院已被联合国教科文组织列入"世界文化遗产"名录。

天安门广场——这里可容纳 100 万人举行盛大典礼，是当今世界上最大的城市广场。广场中央矗立着人民英雄纪念碑，广场的西侧是人民大会堂，东侧是中国国家博物馆，南侧是毛主席纪念堂。

天坛公园——这里是中国现存最大的古代祭祀性建筑群。天坛是圜丘、祈谷两坛的总称，有坛墙两重，形成内外坛，坛墙南方北圆，象征天圆地方。这里也是全国重点文物保护单位和世界文化遗产。

颐和园——这里是中国现存规模最大、保存最完整的皇家园林，中国四大名园之一。它利用昆明湖、万寿山的基址，以杭州西湖风景为蓝本，汲取江南园林的某些设计手法和意境而建成的一座大型天然山水园。

❯ "大国重器"重点项目

中国铁道科学研究院——这里是"复兴号"的"技术大脑"，也是中国铁路唯一的多学科、多专业的综合性研究机构。现已发展成为集科技创新、技术服务、成果转化、咨询监理、检测认证、人才培养等业务为一体的大型科技型企业。这里是国际铁路联盟会员单位，国际标准化组织铁路应用技术委员会的中国技术对口单位。根据 2016 年 12 月铁科院官网显示，研究院有院属全资公司 32 个、控股公司 7 个，建设了 4 个高新技术成果转化基地。先后取得了 3300 多项科研成果，获得 825 项各类科技成果奖，其中国家级科技奖 176 项，省、部级科技奖 649 项。该研究机构接受团体参观。

中车唐山机车车辆有限公司——这是中车所属企业，是"复兴号"的设计制造基地之一。在建厂不到 3 年的时间里，即制造出机车、客车和货车，开启了我国机车车辆工业发展史的开端，被誉为中国铁路机车车辆的摇篮。近年来，工厂为中国铁路四次大提速提供了各种主型客车，并相继开发生产了国内第一列双层内燃动车组、国内第一列 200 公里 / 小时高速动车组二等座车、国内首辆摆式客车等新产品。摆式列车可提高曲线通过速度 30% 左右，是中国铁路在既有线路实现提速的理想车型。以此为基础，工厂正在积极开发 200 公里 / 小时动力分散电动摆式动车组。该企业接受团体参观。

❯ 旅行锦囊

加油站：

高速上有多个中国石油和中国石化加油站。

服务区：田家府服务区、香河服务区、宝坻服务区、新安镇服务区、玉田服务区。

△ 行驶的高铁

△ 中车唐山机车车辆有限公司

餐饮推荐

北京：北京烤鸭、压肉、都一处烧卖、老北京炸酱面、大顺斋糖火烧、豆汁儿。

唐山：唐山麻糖、唐山棋子烧饼、郝家火烧、乐亭缸炉烧饼、刘美烧鸡。

DAY2 唐山市—东营兆源机电科技有限公司

（行驶里程 330 公里）

前往东营兆源机电，"复兴号"的电机"心脏"就是这里生产制造的。

路况

整体路况良好，途经长深高速、秦滨高速。

海拔情况

东营市：平均海拔 8.8 米。

沿途特色景区

唐山地震博物馆——这里有科普展馆和纪念展馆两部分。纪念展馆是目前国内最大的地震主题展馆。走进展馆，眼前的一切会将你带入 1976 年的唐山，深刻体会"公而忘私、患难与共、百折不挠、勇往直前"抗震精神。

清东陵——这里是中国最后一个王朝主要的帝王后妃陵墓群，也是中国现存规模最大、体系最完整的古帝陵建筑，建有皇陵五座。也是国家 5A 级景区、全国重点文物保护单位、国家级森林公园和世界文化遗产。

唐津运河生态旅游度假景区——绵延 25 公里的唐津运河贯穿整个景区，"运河民俗展历史，体育运动显活力，生态休闲归自然"是景区的主题。这里涵盖了国内最新最刺激的大型自然主题公园和惠丰湖等一大批景点。

滦州古城——这里是以盛清（康、乾）的建筑风格为主线，以中国北方汉文化为主题复原的盛世不夜景，北方古街博览区、传统民俗旅游区、滦河文化风景区、北方美食朵颐区等都是古城好玩的地方。

"大国重器"重点项目

东营兆源机电科技有限公司——这里是中国中车最大的电磁线供应商，兆源机电的电磁线产品在国内轨道交通行业市场占有率达 70% 以上，广泛应用于"复兴号"等动车组。牵引电机是高铁、动车的"心脏"，而高端电磁线是电机的"心脏"。在兆源机电科技公司生产车间，铜导体经过抛光、绕包、烧结、冷却，再经过视觉监控系统检测，电磁线成品就加工完成。每项工艺、每个环节严格把控，确保质量高于客户标准、高于国家标准。高铁发电机之所以能够安全平稳运行，得益于高性能绝缘材料——聚酰亚胺薄膜的应用。公司与中科院长春应用化学研究所、宁波材料研究所合作攻关，成功研发了耐电晕聚酰亚胺薄膜，一举打破国外垄断。该企业接受团体参观。

旅行锦囊

加油站：

高速上有多个中国石油、中国海油和中国石化加油站。

服务区：汉沽服务区、轻纺服务区、渤海新区服务区、无棣东服务区、利津服务区。

餐饮推荐

东营：利津水煎包、史口烧鸡、干炸黄河刀鱼、河口凉皮、龙居丸子。

DAY3 东营市—中车青岛四方机车车辆股份有限公司—青岛四方庞巴迪运输轨道设备有限公司

（行驶里程 230 公里）

首先前往中车青岛四方机车车辆股份有限公司，这里依托了铁路总公司的重点扶持，深入推进国家新一代高速列车的研发制造，呈现出"复兴号"飞驰神州的壮阔风貌。之后前往青岛四方庞巴迪运输轨道设备有限公司，这里是国内铁路客车制造业内的首家中外合资公司，是国内 25T 型客车制造的标杆企业。

路况

整体路况良好，沿荣乌高速、青新高速、威青高速前行。

△ 高铁生产线

△ 青岛栈桥

海拔情况

青岛：市南区平均海拔 72 米；市北区平均海拔 100 米。

沿途特色景区

栈桥——青岛的地标景点之一，"青岛十景"之一的"飞阁回澜"就在这里。当来到中山路的南端，就能看到桥身从岸边探入青岛湾的深处。桥身既能徒步参观，又能停靠游船，可乘船在海上观赏青岛美景。

五四广场——这里因为中国近代史上伟大的"五四运动"而得名，广场有大型草坪、音乐喷泉，向前方海中看去，有可喷高百米的水中喷泉。

音乐广场——这里是我国最大的以音乐为主题的文化休闲广场，到处可见有音乐元素的雕塑和装饰。广场有五个区域，这五个区域使得广场呈现出扇形。在高处俯视，犹如一颗美丽的扇贝镶嵌在碧蓝的海边。

青岛奥林匹克帆船中心——这里是 2008 年北京奥运会帆船比赛举行地，建筑体现了"绿色奥运、科技奥运、人文奥运"的理念。景区有两大主体建筑，分别是奥运祥云火炬雕塑和帆船雕塑建筑，扬帆起航、向海而兴、蔚为壮观。

"大国重器"重点项目

中车青岛四方机车车辆股份有限公司——这里是中国轨道交通装备制造行业的骨干企业，是中国机车车辆的重要生产基地和出口基地，铁路总公司确定的六家装备现代化重点扶持企业之一，是中国高速列车产业化制造基地和城轨地铁车辆定点制造企业，是国家主要的轨道交通装备产品出口基地，为中国中车股份有限公司的核心企业。中车青岛四方高速动车组市场占有率近 50%，高档铁路客车市场占有率超过 70%。生产的动车组列车就有"复兴号"。中车青岛四方正以成为世界轨道交通客运装备最强企业为目标，不断瞄准世界轨道交通装备最前沿技术，加快提升企业自主研发水平，快速增强企业的核心竞争能力。目前，公司正在充分发挥国家级技术中心、高速列车系统集成国家工程实验室和国家高速列车产业化制造基地的作用，在高速列车国家科技支撑计划的实施推动下，全面深入推进国家新一代高速列车的研发制造，为京沪高铁以及国家高速铁路的持续快速发展提供装备支持。该企业接受团体参观。

青岛四方庞巴迪运输轨道设备有限公司——这里是国内知名的列车生产企业，也是中国铁路客车制造业内的首家中外合资公司，母公司分别为南车四方车辆有限公司和加拿大庞巴迪公司。现今在国内的主要产品为 25T 型客车、和谐号电力动车组、"复兴号"动车组等机车产品。中国铁路 25T 型客车是为满足中国铁路第五次大提速而设计制造的，它吸收了多年来 25 型准高速客车、提速客车的设计制造技术及运用经验，同时采用近几年来研究的新技术。车辆的设计制造贯彻先进、成熟、经济、适用、可靠的方针，遵循标准化、系列化、模组化、资讯化的原则。构造速度为 180 公里 / 小时，最高运行时速为 160 公里。国内的 25T 型客车均是参考四方庞巴迪的产品进行制造。该企业接受团体参观。

旅行锦囊

加油站：

高速上有多个中国石油和中国石化加油站。

> **服务区：** 东营服务区、寿光服务区、潍坊北服务区、平度服务区、即墨服务区。

餐饮推荐

青岛：海鲜、青岛凉粉、鸡汤馄饨、青岛脂渣、鲅鱼水饺、崂山菇炖鸡、青岛锅贴。

△ 青岛奥林匹克帆船中心

No.27 神秘原子城·大国铸剑人

沿戈壁里先辈足迹，探访中华民族强国之梦开始的地方

手绘线路图

线路概况

青海金银滩、国营221厂、中国原子城……这里是强国之梦开始的地方，这里是中华民族挺起脊梁的地方。"神秘原子城·大国铸剑人"精品线路从青海省湟源县小高陵红色教育基地出发，最后到达221基地地下指挥中心，途经海晏县原子城纪念馆、海晏县原子弹纪念碑、海晏县原子城遗址。这条线路可以让游客直观感受"热爱祖国、无私奉献、自力更生、艰苦奋斗、大力协同、勇于登攀"的"两弹一星"精神。

大国重器

青海省湟源县小高陵红色教育基地、海晏县原子城纪念馆、海晏县原弹纪念碑、221基地地下指挥中心、上星站、海晏县原子城遗址。

周边文化体验

- 非遗：塔尔寺酥油花、湟源排灯、西宁贤孝、青海平弦、湟中堆绣和青海湖祭海、手绘唐卡。

- 文化公园：西宁文化公园、大园山文化体育公园、长城国家文化公园。

- 博物馆：青海省博物馆、察尔汗盐湖博物馆、西海郡博物馆、青海藏医药博物馆、青藏高原自然博物馆。

行程规划

- 线路：青海省湟源县小高陵红色教育基地—海晏县原子城纪念馆—海晏县原子弹纪念碑—221基地地下指挥中心—上星站—海晏县原子城遗址

- 总里程：100公里

△ 塔尔寺

🕐 **推荐时长：2 天**

DAY1 **小高陵红色教育基地—海晏县原子城纪念馆—海晏县原子弹纪念碑**
（行驶里程 88 公里）

今日来到青海省湟源县小高陵红色教育基地参观，这里是我国青海省的著名的红色旅游经典景区。随后前往位于海晏县的原子城纪念馆和中国原子弹纪念碑，这里展现了一部扬国威、壮军威、震惊世界的辉煌史。

▶ **路况**

整体路况良好，沿湟西一级公路前行。

▶ **海拔情况**

湟源县：海拔在 2470 ～ 4898 米。

▶ **沿途特色景区**

塔尔寺——塔尔寺建于明代，它得名于大金瓦寺内为纪念黄教创始人宗喀巴而建的大银塔，藏语称为"衮本贤巴林"，意思是"十万狮子吼佛像的弥勒寺"。酥油花、壁画和堆绣被赞誉为"塔尔寺艺术三绝"。

贵德国家地质公园——来这里能看到自然地貌景观和地址遗迹，园里的阿什贡七彩峰丛地貌多姿多彩，风蚀地貌堪称鬼斧神工，龙羊峡谷险峻异常，气势磅礴，千佛峡、通天峡等都是世界上罕见的丹霞峡谷奇观。

丹葛尔古城——古城始建于明代，距今已有 600 多年历史，一直有着"海藏咽喉""茶马商都""小北京"的称谓。古城也因为风貌特色，成为 2017 年央视国际频道《记住乡愁》节目的古镇选材之一。

白佛寺——这是环青海湖最大的藏传佛教寺院。寺院有大小经堂八十九间，建筑雄伟，规模宏大，珍宝繁富。寺院的雕塑、壁画、绒绣有很高的艺术水平。十世班禅大师额尔德尼·确吉坚赞曾两次到寺院讲经。

△ 丹葛尔古城

△ 青海原子城国家级爱国主义教育示范基地纪念馆

△ 中国第一个核武器研制基地纪念碑

◈ "大国重器" 重点项目

青海省湟源县小高陵红色教育基地——这里是青海省西宁市湟源县和平乡小高陵村，距离湟源县约有 10 公里。是一个有着除汉族以外的土族、回族、藏族、蒙古族等多个民族组成的村落。小高陵红色教育基地内有着多个项目基地：分为自驾游基地、梯田景观、小高陵精神传承馆、党史长廊、民族团结进步长廊。其中在小高陵精神传承馆内，墙上一张张老旧的黑白照片给我们展现出当年在日月山下，青藏路旁，旌旗遍插秃岭，人海漫卷荒坡，大兴土木、植树造林修梯田的一幕幕景象。"敢为人先，实干善成"就是小高陵精神的体现。2021 年青海省湟源县小高陵红色教育基地被光荣地评为省级红色旅游经典景区。

海晏县原子城纪念馆——纪念馆位于青海省海北藏族自治州海晏县金银滩草原，这里是纪念"中国第一个核武器研制基地建造地和新中国的第一原子弹、氢弹延生地"的国家级爱国主义教育基地，有纪念馆、纪念园、爆轰试验场、地下指挥中心、纪念碑等组成，占地 183 亩，建设规模 9615 平方米。纪念馆由入口纪念墙、多功能影视厅、游客服务中心、主展厅四大部分组成，馆

前的"青海原子城国家级爱国主义教育示范基地"名称由张爱萍将军题写。这里展现的是一部扬国威、壮军威、震惊世界的辉煌史，是一部爱国、奉献、创新、协作的创业史，也是一部核研制、核生产、核处理的神秘史。值得一提的是，馆内的镇馆之宝——东风导弹，确实也为纪念馆增色不少。

海晏县原子弹纪念碑——纪念碑是 1992 年 9 月 1 日修建的，它是由原国营 221 厂工会主席、国家一级美术师李纯荣先生精心设计的，整座纪念碑造型像一个整装待发、意欲冲天的火箭。碑高 16.15 米，碑身两旁是中国第一颗原子弹和第一颗氢弹的浮雕。它向我们讲述着新中国成立后广大科研工作者无私奉献，艰苦创业的无产阶级革命的伟大复兴之路，也象征着中国人民对和平不懈追求的努力和决心，更是全中国人民巨大的精神财富。

◈ 旅行锦囊

加油站：

中国石油加油站（湟源申中站）、中国石油加油站（G315 站）。

> **友情提示：** 1. 青海省湟源县小高陵红色教育基地：参观需提前 3 天预约。
> 2. 游览时注意高山反应和强紫外线，请适当防护。

◈ 餐饮推荐

青海酿皮、手抓羊肉、青海土火锅、青海老酸奶、干拌、尕面片、洋芋津津、爆焖羊羔肉。

DAY2 海晏县—221 基地地下指挥中心—上星站—海晏县原子城遗址
（行驶里程 12 公里）

今日在金银滩草原欣赏这里的骏马奔驰，肥美牛羊和那一片绿油油的牧场。随后前往参观中国原子城，它是中华人民共和国成立后的第一个原子弹和氢弹的成功研制的基地，"两弹一星"的成功研制为我国长期和平稳定的发展奠定了坚实的国防基础。

◈ 路况

整体路况良好，沿门源路、西莎线前行。

◈ 海拔情况

海晏县：平均海拔 3000 米。

◈ 沿途特色景区

月落石崖遗址——遗址内地面散布着较多的杂骨、河卵石、陶片。陶片多细碎，经工作人员介绍能看出器形的有加砂灰、红陶双耳罐、壶及大口瓮等。从出土陶器上来看，专家判断这里是卡约文化大华中庄类型遗存。

西海郡故城遗址——这里是西汉新莽时代的郡城遗址，又被称为"三角城"。是青海最早、规模最大的一座郡建制古城，城内出土文物有虎符石匮、古货币等。虎符

石匮是青海省目前发现的最早有铭文的石刻之一。

金银滩草原——盛夏金银露梅争相开放，金银相错，"金银滩"由此得名。这是一块神秘的土地，中国第一颗原子弹、氢弹在此诞生，西部歌王王洛宾的《在那遥远的地方》也创作于此。

尕海古城——尕海古城是环青海湖五座古城池之一，与海晏县的三角城同时期建造。这里曾经是羌人活动的中心地带，属于土谷文化。古城呈正方形，城内出土过汉代的五铢钱、灰色陶片、残铜镜等。

▶ "大国重器"重点项目

221基地地下指挥中心——基地地下指挥中心是原国营221厂的重要组成部分，是基地保存最好、设施最齐全的一处。地下指挥中心也是原221厂与外界联系的支撑和坐镇指挥的重要阵地，中心位于海北州邮政局大院的下面，是一座十分坚固而隐蔽的地下掩体。这座掩体距地表9.3米，掩体四周墙的厚度60厘米，地面厚度70厘米，顶棚厚度80厘米，掩体六面有15厘米的防水、防潮保护层，掩体内空间净高3米，上面由2米厚的三合土填充，三合土上面又是1.6米厚的钢筋混凝土护盖，掩体入口有三道钢制密封门。第一道为半圆形钢门，重达3吨，有密封防辐射功能，第二道、第三道是钢制密封门，整个掩体可以说是牢不可破。里面还有许多应急通道，其中一条可以直通海北州宾馆。2007年这里解密正式对外开放，成为海北又一个著名的旅游景点。

上星站——20世纪60年代，我国的第一颗原子弹在221工厂二分厂组装完毕后，在"上星站"通过零次专列运往新疆罗布泊。当时出于保密和安全考虑，上星站的设计十分简单，30米长的站台上除了几条用于吊装的拱梁外没有任何建筑。可就是这样一个即便在当时也达不到三级站台标准的站台，却承载了共和国发展核工业的梦想。见证了中国辉煌历史的上星台现在已经成为著名的旅游景点，一列老式火车头停靠在此，现场还原了当年装载原子弹的车站场景。

海晏县原子城遗址——这里是我国建造第一个核武器的研制基地，中国第一个原子弹就诞生在这里。"原子城"的前身是中国核工业总公司原国营221厂（也称青海矿区），它主要负责炸药的加工，同步聚焦试验及火工部件的加工和核武器的组装工作，也叫"总装厂"，总占地面积570平方公里，建筑面积25105平方米。该厂均为掩体和半掩体，共计建筑33幢，其中半掩体215工号为总装车间，207工号为甲球装配车间，201工号为大型遥测弹球体组装车间。全掩体205工号为炸药零部件加工，209工号为炸药压装成型车间，202工号为机械加工车间，21工号、214工号为炸药及原材料库房。该厂建筑保存较为完整，现恢复的分别为215总装车间和209压装成型车间。2001年原子城遗址被国务院列为全国重点文物保护单位。2005年被列入全国爱国主义教育示范基地。

▶ 旅行锦囊

加油站：
中国石油加油站（环湖东路站）、中国石化加油站（海北西海三联站）。

> **友情提示：** 1.海晏县原子城遗址：实行提前预约制，门票（含金银湖套票）160元/人。
> 2.海晏县原子城纪念馆：实行提前预约制。

▶ 餐饮推荐

黄河鲤鱼、全鱼宴、大焜锅馍馍、海晏羔羊肉、海晏羊肠面。

△ 原221厂地下指挥中心

△ 原221厂十一厂区（上星站）

No.28 大国重器·火星探秘

"天问"着陆,"祝融"摄像,见证中国在行星探测领域领先世界

手绘线路图

中国科学院
合肥物质科学研究院

南京英田光学工程
股份有限公司

南京市

三河古镇 · 南京总统府

合肥市

南京牛首山景区

明孝陵

长

江

东

海

N

线路概况

十八大召开以来,党中央为我国航天事业谋篇布局,使得我国航天事业突飞猛进,从载人航天到嫦娥探月,从北斗组网建成到天问祝融的探索火星,从"羲和"逐日到"天和"遨游星辰。"大国重器·火星探秘"精品线路引领游客走进南京英田光学工程股份有限公司、中国科学院合肥物质科学研究院等"天问一号"相关组件的重点科研院所和制造企业,见证一件件航天重器的相继问世。

大国重器

南京英田光学工程股份有限公司、中国科学院合肥物质科学研究院。

周边文化体验

- **非遗:** 南京金箔锻制、秦淮灯会、金陵剪纸、庐州面塑、手撕书法。
- **文化公园:** 南京青奥文化体育公园、合肥中国非物质文化遗产公园、合肥民法典主题公园。

- **博物馆:** 南京中国近代史遗址博物馆、合肥市文化馆。

行程规划

- **线路:** 南京市—南京英田光学工程股份有限公司—中国科学院合肥物质科学研究院
- **总里程:** 200公里
- **推荐时长:** 2天

DAY1 南京市—南京英田光学工程股份有限公司—中国科学院合肥物质科学研究院
（行驶里程 200公里）

今日来到南京参观南京英田光学工程股份有限公司,这里参与研制了火星车祝融号的"眼睛"。随后前往位于合肥的中国科学院合肥物质科学研究院,这里研制了"天问一号"使用的唯一着陆缓冲材料。

- **路况**

整体路况良好,沿南京市内道路、沪陕高速、合肥市内道路前行。

△ 明孝陵

△ 牛首山

❯ **海拔情况**

南京：平均海拔 20 ~ 30 米；合肥：平均海拔 20 ~ 40 米。

❯ **沿途特色景区**

明孝陵——明孝陵是明朝开国皇帝朱元璋和皇后的陵墓。2003 年列入世界文化遗产。这里代表了明初建筑和石刻艺术的最高成就，直接影响了明清两代 500 多年帝王陵寝的形制，所以又有"明清皇家第一陵"的美誉。

南京牛首山景区——这里自然风光秀美，一直以来都有"春牛首"的美誉。文化底蕴深厚，是岳飞抗金之地，郑和长眠之所。北区内的圣象广场是经上海大世界基尼斯总部认定的国内单体最大的花岗岩整料雕刻石象群。

南京总统府——1912 年 1 月 1 日孙中山在此宣誓就职中华民国临时大总统，后为南京国民政府总统府。总统府里有"太平天国天王府遗址""孙中山临时大总统府及南京国民政府建筑遗存"，现为全国重点文物保护单位。

三河古镇——三河镇是有丰乐河、杭埠河、小南河三条河流贯穿其间而得名，这里也是一个典型的水乡古镇，人文景观丰富，展现了江淮地区独有的"八古"景观，即古河、古桥、古庙、古圩、古街、古居、古茶楼和古战场。

❯ **"大国重器"重点项目**

南京英田光学工程股份有限公司——公司创立于 2003 年，是专业从事精密光机电一体化仪器研制、精密光学镜头以及高精度光学元件生产的国家级高新科技企业。在此次天问一号火星之旅中，英田光学承担了祝融号火星车前避障相机和导航相机镜组的制造。在着陆的过程中，避障镜组就会发挥火星车"眼睛"的作用，需要尽可能广视角、高清晰地去观察火星表面，选择最合适的着陆点，对有石头、坑洞等地段选择主动避开，然后调整到一个相对安全的位置后着陆，着陆器会在短短几分钟内完成超过 1000 个技术动作，而这一系列动作对避障镜头观察系统提出了很高的要求。而随着火星车驶上火星表面，导航相机也开启了工作模式。它将和多光谱相机、次表层探测雷达、表面成分探测仪等载荷一起，对巡视区开展详细探测。

中国科学院合肥物质科学研究院——中国科学院所属最大的综合性科研机构之一。在此次天问一号火星之旅中，为保障探测器在火星表面成功软着陆，在着陆机构中采用了合肥物质科学研究院研制的特种高吸能合金，利用该合金突出的强韧性、轻质性和吸能性吸收着陆时的冲击能。火星环境复杂，着陆过程是整个火星探测任务中难度最大的过程之一。另外，"天问一号"重达 5 吨多，是迄今为止最重的行星探测器，对着陆缓冲材料吸能性及其稳定性有极高的要求。研究院团队通过材料微观分析和工艺创新，实现了材料成分不变、吸能性显著提高，为着陆机构优化设计提供了重要支持。高吸能合金是根据"嫦娥三号"探测器在月面极端环境下软着陆需求而研制的，具有极高的强韧性和吸能性，是"天问一号"使用的唯一着陆缓冲材料。

❯ **旅行锦囊**

加油站：

1. 中国石化加油站（南京高力汽配站）、中国石化加油站（合肥环湖路站）。

2. 高速上有多个中国石油和中国石化加油站。

服务区： 曹庄服务区、吴庄服务区、全椒服务区、大墅服务区、文集服务区、肥东服务区。

友情提示： 1. 南京夏季极其炎热，请自备防暑用品（遮阳伞，防晒霜等）。

2. 明孝陵景区：预约参观制（需提前在官方公众号预约），门票 70 元 / 位。

❯ **餐饮推荐**

南京盐水鸭、桂花糖芋苗、龙袍蟹黄汤包、鸭血粉丝汤、鸭油酥烧饼、什锦豆腐涝、包公鱼、曹操鸡、三河米饺、庐州烤鸭、吴山贡鹅。

△ 龙虎山

No.29 能源陕北·科技西安

相识三秦大地能源之都，感受陕西智造科技之光

手绘线路图

N

神木红碱淖风景区

榆林市榆树湾煤矿

榆林市

榆林市陕西北元化工集团

陕北民歌博物馆

白云山

黄

榆林市陕西未来能源化工

延长县

延安革命纪念馆

延安宝塔山景区

延长县中国陆上第一口油井

延安革命纪念馆

黄河壶口瀑布景区

南泥湾

河

西安城墙·碑林历史文化景区

西安市

西安市阎良航空科技馆

高家大院

秦汉栎阳城遗址

杨凌农业高新技术产业示范

大明宫国家遗址公园

秦始皇兵马俑博物馆

华清池

小雁塔景区

西安交通大学西迁纪念馆

大雁塔大唐芙蓉园

线路概况

作为能源生产大省，陕西连续多年实现油气当量全国第一、煤炭产量全国第三，为全国各地发展提供着强劲动力。"能源陕北·科技西安"精品线路选取了榆林市陕西北元化工集团、榆林市榆树湾煤矿、西安市阎良航空科技馆等，让游客从另一个角度与陕西相识，切身感受中国革命的"红色圣地"正在成为举世瞩目的"能源新都"，感受到三秦大地高科技产业发展的日新月异。

大国重器

榆林市陕西北元化工集团、榆林市榆树湾煤矿、榆林市陕西未来能源化工、延长县中国陆上第一口油井、西安市阎良航空科技馆、杨凌农业高新技术产业示范区、西安交通大学西迁纪念馆。

周边文化体验

◎ 非遗：秦腔、西安鼓乐、陕北民歌、绥米唢呐、陕北秧

△ 榆林市北元集团

歌、榆林小曲、安塞剪纸、安塞腰鼓、阎良核雕技艺、兵马陶俑手工制作。

2 **文化公园**：西安城墙·碑林历史文化景区、延安鲁艺生态公园、延安黄帝陵国家文化公园、西安曲江池遗址公园、西安世博园、西安奥体光影文化公园。

2 **博物馆**：陕北民歌博物馆、关中民俗艺术博物院、延安民俗博物馆、安塞区文化文物馆、陕西黄河壶口瀑布地质博物馆、陕西历史博物馆、西安博物院。

行程规划

➡ **线路**：榆林市陕西北元化工集团—榆林市榆树湾煤矿—榆林市陕西未来能源化工—榆林市—延长县中国陆上第一口油井—延长县—西安市阎良航空科技馆—西安交通大学西迁纪念馆—杨凌农业高新技术产业示范区

◎ **总里程**：830 公里

⊙ **推荐时长**：4 天

DAY1 榆林市陕西北元化工集团—榆林市榆树湾煤矿—榆林市陕西未来能源化工
（行驶里程 130 公里）

今日从榆林市出发，前往榆林市陕西北元化工集团参观，这里依靠优秀的企业文化和高效转化、循环利用、低碳环保的发展理念，正打造着一流盐化工企业，奉献低碳多彩新生活。随后来到榆林市榆树湾煤矿参观，这里是榆林市的龙头支柱企业和新的经济增长点。最后前往参观陕西未来能源化工，这里是国内唯一一家同时拥有低温费托合成和高温费托合成技术的企业。

◆ **路况**
整体路况良好，沿沧榆高速、包茂高速前行。

◆ **海拔情况**
榆林市：平均海拔 1100 米。

➤ **沿途特色景区**

陕北民歌博物馆——这是一家收藏、陈列、展演、研究、传播陕北民歌的音乐类博物馆，有传统陕北民歌展区、革命历史陕北民歌展区、新时期陕北民歌展区、陕北民间音乐艺术展区、陕北民歌研究专题展区、临时展区。

神木红碱淖风景区——这里的"淖"是蒙古族语，意思是湖泊。景区是呈三角形高原性内陆湖，也是中国最大的沙漠淡水湖。红碱淖良好的自然生态环境和丰富的淡水鱼资源，让许多候鸟在这个理想的栖息地繁衍生息。

白云山——这里古称双龙岭，也因为终年白云缭绕，称"白云山"，山中道观也因"山门无锁白云封"而叫白云观。白云观以道为主，兼容佛、儒教，是"三教合一"的道观，有古迹 99 处，是全国著名的道教圣地。

黄河太极湾——这里从高空俯瞰，太极湾和舍裕里坝就像八卦太极图，太极湾就是太极图中的白鱼，舍裕里坝就是太极图中的黑鱼了，阴极就是弯曲的黄河，阳极就是黄土山坡，一阴一阳相互融合，构成了一个完美的太极图。

➤ **"大国重器"重点项目**

榆林市陕西北元化工集团——集团凭借资源、规模、循环产业链、区位和体制五大优势，实现了煤盐资源就地转化，具有 110 万吨/年聚氯乙烯、80 万吨/年离子膜烧碱、4×125 兆瓦发电、220 万吨/年新型干法工业废渣水泥、50 万吨/年电石的生产能力。每年可转化原盐 135 万吨，直接和间接转化原煤 800 万吨，带动当地化工、建材、运输、服务等相关产业快速发展，对助推当地工业经济增长和追赶超越发展具有重要意义。集团连续多年进入中国化工企业 500 强，先后获得全国五一劳动奖状、国家循环经济标准化试点企业、全国两化融合示范企业、全国安全文化建设示范企业、中国企业文

△ 榆林市陕西未来能源化工

△ 榆树湾煤矿

化建设先进单位、中国"AAA"信用企业、十三五节能减排先进单位、陕西省高新技术企业、陕西省先进集体、工信部"绿色工厂"等荣誉，入围国务院国企改革"双百企业"，被陕西省商务厅认定为陕西省能源化工出口基地，拥有技术专利 268 项、注册商标 81 项，"北元"牌聚氯乙烯和高纯氢氧化钠被评为"陕西省名牌产品"，"北元"商标被认定为陕西省著名商标。该集团接受团体参观。

榆林市榆树湾煤矿——2012 年 10 月 24 日，榆树湾煤矿建成投产，设计生产能力 800 万吨 / 年。矿井采用立、斜井混合开拓方式和分层大采高综合机械化采煤方法。现有两个综采工作面，一用一备，目前正在开采的 20114 工作面为主采工作面，20107 工作面为配采工作面，采掘设备均为进口。外运方式有皮带运输、公路外运和铁路专用线三种方式，铁路专用线于 2015 年 7 月开通，运量逐年递增，其中 2020 年铁路运输 980 万吨。矿井煤质优良，具有特低灰、特低硫、特低磷、富含油、发热量高、热稳定性好的特点，主要客户为电力、冶金、化工等行业。凭借"三低一高"的优良煤质和环保特性，榆树湾煤矿成了"榆林煤"国家产地注册商标的首家授权使用单位。榆树湾煤矿连续多年获得国家、省、市授予的"国家一级安全生产标准化矿井""全国煤矿安全生产先进单位""中国安全高产高效特级矿井""中国煤炭双十佳矿井""工信部两化融合示范企业""国家绿色矿山""陕西省纳税大户""省级安全文化示范企业""榆林市五一劳动奖章获得者"等荣誉称号。该煤矿接受团体参观。

榆林市陕西未来能源化工——这里是山东能源集团和延长石油集团共同投资组建的集煤、油、化一体的大型能源化工企业。企业拥有全国首套百万吨级煤间接液化示范装置、年产 1500 万吨智能化矿井，是同时拥有低温

费托合成和高温费托合成技术的企业。这里有"省级企业技术中心"，获得的荣誉有：国家科技部"瞪羚企业"、国家级"高新技术企业"、全国石化行业技术创新示范企业等。该企业接受团体参观。

旅行锦囊

加油站：
高速上有中国石油加油站，在榆林市金海站有中国石化加油站。

> **服务区：**金鸡滩服务区。
> **友情提示：**陕西处黄土高原，早晚天气较凉，尤其是山中及郊外，请备好御寒外衣。

餐饮推荐

神木卤肉、清涧油糕、刀刀碗饦、米脂驴板肠、缸腌腊猪肉、摊黄儿、绥德雪花。

DAY2 榆林市—延长县中国陆上第一口油井—延长县
（行驶里程 160 公里）

从榆林出发前往延长县参观中国陆上第一口油井，它是我国陆上开发最早的油田。它的钻采成功，标志着中国工业开采石油的开始。

路况

整体路况良好，沿榆蓝高速前行，全程多隧道，请注意通过隧道时的车速。

海拔情况

延长县：海拔 800 米。

沿途特色景区

延安宝塔山景区——这里是延安市的标志性建筑，有摘星楼、嘉岭书院、烽火台、范公井、摩崖石刻群等著名

△ 中国陆上第一口油井

△ 宝塔山景区灯光秀

景点。宝塔山是革命圣地延安的重要标志和象征，1953年版第二套人民币两元券正面图案正是"延安宝塔山"。

延安革命纪念馆——这里是中华人民共和国成立后最早建立的革命纪念馆，也是全国爱国主义教育示范基地。这里的藏品有土地革命、抗日战争、解放战争时期的棉纺、石刻、铁器、手稿、文件、书报杂志、货币、邮票等。

南泥湾景区——景区内有毛泽东视察南泥湾旧居、三五九旅旅部旧址、七一八团烈士纪念碑、七一九团烈士纪念碑、中央管理局干部休养所旧址、南泥湾垦区政府旧址、八路军炮兵学校旧址、南泥湾大生产展览室等。

陕西黄河壶口瀑布景区——这是我国第二大瀑布，游客亲临其境，近距离观赏汹涌澎湃的黄河水倾泻而下的壮阔奇观。景区的特色景观有孟门夜月、卧镇狂流、十里龙槽，还有天河悬流、黄河惊雷、壶底生烟、彩虹飞渡等。

"大国重器"重点项目

延长县中国陆上第一口油井——这里现在是延长县城西的石油希望小学操场，油井的前身是1905年建立的"延长石油官厂"，至今已经有117年的历史。这是中国陆地上开发最早的油田。这口井的出油，结束了中国陆地上不产石油的历史，中国石油工业由此萌芽。这口油井后来又叫"延一井"，油井旧址有200平方米，有"中国陆上第一口油井"的纪念碑和井上抽油设备原件一套。1944年，毛主席为油厂亲笔写下"埋头苦干"四个大字，以此来赞美勤劳的延长人民。2018年它入选第一批中国工业遗产保护名录。中国陆上第一口油井现也被列为全国重点文物保护单位，成为人们了解中国石油发展史和观光游览的好地方。

旅行锦囊

加油站：
高速上有多个中国石油和中国石化加油站。

服务区：榆林南服务区、绥德服务区、清涧北服务区、清涧南服务区、延长服务区。

友情提示：壶口瀑布景区内，瀑布边无围栏，一定要注意安全，不可太过靠近边缘。

餐饮推荐

洋芋擦擦、延安擀面皮、荞面饸饹、延长原汁饸饹、延长烤肉。

DAY3 延长县—西安市阎良航空科技馆（行驶里程300公里）

整体路况良好，沿榆蓝高速、京昆高速前行，全程多隧道，请注意通过隧道的车速。

路况

整体路况良好，沿榆蓝高速、京昆高速前行，全程多隧道，请注意通过隧道的车速。

海拔情况

西安：平均海拔400米。

沿途特色景区

秦始皇兵马俑博物馆——这一建在公元前3世纪的地下雕塑群以恢宏磅礴的气势，威武严整的军阵，形态逼真的陶俑向人们展示出古代东方文化的灿烂辉煌。"世界第八大奇迹"之誉不胫而走，成为秦始皇陵兵马俑的代名词。

华清池——这是在华清宫遗址上建造的皇家宫苑，建筑大气恢宏，园林别具一格。因为亘古不变的温泉资源、唐明皇杨贵妃的爱情故事、西安事变发生地以及丰厚的

△ 西安市阎良航空科技馆

人文历史资源而成为中国著名的文化旅游景区。

秦汉栎阳城遗址——相传这里曾经是汉高祖刘邦都城。遗址有 15 座重要建筑，并首次出土了清晰的"栎阳"陶文，确认了这里就是"商鞅变法"发生地栎阳。栎阳城遗址规模宏大，是我国古代城市发展阶段中的重要一环。

高家民俗大院——这是一座砖木结构四合院，游人可以看到明清时期的建筑艺术、砖雕艺术以及传统民居楹联，还能观摩到藏传佛教唐卡的制作、陕西风格的民间剪纸、皮影戏、木偶剧和汉唐歌舞等多种文化艺术形式的展览。

❥ "大国重器"重点项目

西安市阎良航空科技馆——这里以"放飞梦想 航空报国"为主题，是西北地区最大的航空科技馆，我们可以看到展馆的外观设计像动感的飞机，象征着中国现代航空业和航空教育事业的展翅高飞，翱翔天际。众多航空飞行器的实物与模型展示是展馆最大的亮点，歼 5、运 5 等三架珍贵的实物飞机在展馆的中心区陈列展出，还有数十个中外著名飞机的模型和发动机等航空器械实物。馆内航空科技模拟互动体验项目人气最旺，参观者可以进入飞行模拟体验舱亲身体验飞行乐趣。这里也是国家 3A 级旅游景区、全国科普教育基地和西安市爱国主义教育基地。

❥ 旅行锦囊

加油站：

高速上有多个中国石油和中国石化加油站。

服务区：临镇服务区、壶口服务区、杜岭服务区、黄龙服务区、白水服务区、富平服务区。

友情提示：秦始皇兵马俑博物馆：实行预约参观制，须提前 24 小时预约。

❥ 餐饮推荐

陕西羊肉泡馍、陕西凉皮、水盆羊肉、油泼面、葫芦鸡、陕西锅盔。

DAY4 西安市阎良区—西安交通大学西迁纪念馆—杨凌农业高新技术产业示范区
（行驶里程 150 公里）

今日前往参观西安市西安交通大学西迁纪念馆，这里的"西迁精神"已正式纳入中国共产党人精神谱系第一批伟大精神，随后前往杨凌农业高新技术产业示范区参观，这里是我国首个国家级农业高新技术产业示范区，有"绿色硅谷"之称，具有发展农业高新技术产业的良好条件。

❥ 路况

整体路况良好，沿京昆高速、西安市内道路、连霍高速前行。

海拔情况

西安：平均海拔 400 米。

沿途特色景区

大雁塔·大唐芙蓉园景区——又名"慈恩寺塔"，相传是玄奘法师为保存由天竺取经带回的经卷、佛像而修建的，大雁塔也是现存最早、规模最大的唐代四方楼阁式砖塔。大唐芙蓉园在大雁塔东南面，是仿照唐代皇家园林式样重新建造的。

小雁塔景区——小雁塔在西安市南门外的荐福寺内，所以又称"荐福寺塔"。小雁塔是密檐式砖塔，塔原高 15 层，现余 13 层，塔身从下面而上，每一层都依次收缩，秀丽玲珑，别具风格。

大明宫国家遗址公园——大明宫始建于 634 年，是唐长安城"三大内"（太极宫、大明宫、兴庆宫）中最辉煌壮丽的建筑群，也是当时世界上规模最大的宫殿建筑群，相传是故宫面积的 4.5 倍，被誉为"丝绸之路"的东方圣殿。

西安城墙·碑林历史文化景区——城墙和碑林都是游客来西安必打卡的经典景区。城墙对于西安人是老城完整的记忆。碑林，对于西安人是文化之根所在。跨出碑林的东门穿过顺城巷就可以登上古城墙。

"大国重器"重点项目

西安交通大学西迁纪念馆——纪念馆在西安交通大学兴庆校区内，总共 4 层。展馆的展示内容分为：溯源、西迁和致远三个部分：从溯源南洋到交通大学西迁，"从南洋走来"到"与国家民族同向同行"，从"永远飘扬的旗帜"到习近平总书记对西迁精神重要指示。展出的照片、图表和实物等共 2200 余件。展馆以图文实物和多媒体等展陈形式溯源南洋、致敬西迁、向西而歌，集中体现西迁人"听党指挥跟党走""打起背包就出发"，筚路蓝缕西迁创业的艰苦历程和辉煌成就，展示以"爱国奋斗"为内核的西迁精神激励一代代知识分子奋勇前进的磅礴伟力。2020 年 4 月，习近平总书记参观交大西迁博物馆，指出"西迁精神的核心是爱国主义，精髓是听党指挥跟党走，与党和国家、与民族和人民同呼吸、共命运，具有深刻现实意义和历史意义"。西安交大西迁纪念馆已成为弘扬西迁精神的重要阵地，开展爱国主义教育的重要基地，发挥立德树人作用的重要平台。

杨凌农业高新技术产业示范区——这里是中国第一个农业高新技术产业示范区，也是"因大学建区"（西北农林科技大学）的全国典范。由国家 19 个部委和陕西省人民政府共同建设，陕西省成立了由 34 个厅局组成的省内共建领导小组。示范区管委会享有地方级行政管理权、省级经济管理权及部分省级行政管理权。享受国家级高新技术产业开发区的各项优惠政策、国家对农业的倾斜扶持政策以及西部大开发的各项优惠政策。示范区自 1997 年成立后，通过 10 年的艰苦创业，已成为陕西经济最具发展潜力的增长点和西部大开发的亮点，已被国家批准成为向亚太经合组织开放的十大工业园区之一，是国家重点支持的五大高新区之一和全国六个海峡两岸农业合作试验区之一。示范区内分为：现代农业示范园区、杨凌农林博览园、新天地农业科技示范园等园区。以农业观光和科技游为主的特色旅游也成了示范区发展的一个新亮点。

旅行锦囊

加油站：

1. 在西安市区内，加油站遍布，非常方便找到。

2. 高速上有多个中国石油加油站。

服务区：高桥服务区、武功服务区。

餐饮推荐

肉夹馍、葫芦头泡馍、肉丸胡辣汤、臊子面、甑糕。

△ 大雁塔

△ 南泥湾·不忘初心

No.30 共和国长子·新时代工业

沿工业之路，忆助人精神，亮剑共和国万里长空

手绘线路图

线路概况

作为"共和国长子"，辽宁在新中国工业史上创造出 1000 多个"第一"；作为老工业基地，辽宁在国家产业布局中占有重要地位；作为东北地区唯一既沿海又沿边的省份，辽宁是"一带一路"建设的重要节点……"共和国长子·新时代工业"精品线路可以让游客切身感受到为工业而生、因工业而闻名的"共和国长子"所走过的极不平凡的发展轨迹，同时还能学习雷锋精神、中国工业精神，并为中华民族的伟大复兴积蓄精神力量。

大国重器

辽宁省沈阳市沈飞航空博览园、沈阳市中国工业博物馆、沈阳铁路陈列馆、沈阳新松机器人集团、抚顺市雷锋纪念馆、本溪钢铁集团、鞍山钢铁集团、鞍山市鞍钢化工总厂雷锋纪念馆、大连现代轨道交通有限公司电车工厂、大连船舶重工集团。

周边文化体验

- **非遗：** 东北大鼓、二人转、沈阳评剧、评书、辽宁鼓乐、满族地秧歌、本溪社火、皮影戏、高跷秧歌。
- **文化公园：** 辽宁国家森林公园、辽中蒲河国家湿地公园、本溪国家地质公园、关山湖水利风景区、大连国家地质公园。
- **博物馆：** 辽宁省博物馆、沈阳故宫博物院、旅顺博物馆、张氏帅府博物馆、本溪市博物馆、鞍山市博物馆、

大连现代博物馆、大连自然博物馆。

■ 行程规划

线路： 抚顺市—抚顺市雷锋纪念馆—辽宁省沈阳市沈飞航空博览园—沈阳市中国工业博物馆—沈阳铁路陈列馆—沈阳新松机器人集团—本溪钢铁集团—本溪市—鞍山钢铁集团—鞍山市鞍钢化工总厂雷锋纪念馆—盖州市—大连船舶重工集团—大连现代轨道交通有限公司电车工厂

总里程： 570 公里

推荐时长： 4 天

DAY1 抚顺市—抚顺市雷锋纪念馆—沈阳市沈飞航空博览园—沈阳市中国工业博物馆
（行驶里程 50 公里）

从抚顺出发，来到著名的抚顺市雷锋纪念馆，这里一直致力于雷锋精神的研究、展示和宣传，成为培育社会主义核心价值观，有力提升社会主义思想道德建设水平的重要基地。之后沿沈吉高速向西而行，抵达沈阳，参观沈阳市沈飞航空博览园，这里是全国首家系统介绍我国歼击机发展历程和航空科普知识的大型展馆。最后前往沈阳市中国工业博物馆，沈阳有着"共和国长子"和"东方鲁尔"的美誉，是中国乃至东北亚地区规模最大的工业中心城市。博物馆的馆藏也见证了百年中国工业的变迁。

路况
整体路况良好，沿沈吉高速前行。

海拔情况
抚顺：平均海拔 80 米；沈阳：平均海拔 50 米。

沿途特色景区
棋盘山风景区——这里是沈阳最大的自然风景区，我国的 4A 级旅游景区。一年四季春天的绿、夏天的景、秋天的枫、冬天的雪让这里的风景独树一帜，也因为举办了国际女子世界象棋冠军争夺赛而闻名国内外。

△ 棋盘山风景区

沈阳世博园——这里是 2006 中国沈阳世界园艺博览会的会址，是东北地区收集植物种类最多的植物展览园。园区里有东北、西北及华北等地区的植物资源，栽植木本植物、草本植物和温室植物一共 2000 多种。

沈阳东陵公园——这里也称"福陵"，是清太祖努尔哈赤和孝慈高皇后叶赫那拉氏的陵墓。公园占地面积 19.48 万平方米，是世界文化遗产，也是第三批全国重点文物保护单位，园内水绕山环，草深林密，景色清幽。

"大国重器"重点项目
抚顺市雷锋纪念馆——这里是全国传播雷锋事迹、弘扬雷锋精神的主阵地，也是抚顺市乃至辽宁省的重要窗口单位。先后被命名为全国重点烈士纪念建筑物保护单位、全国爱国主义教育示范基地、国家 4A 级旅游景区、全国文明单位、国家国防教育示范基地、全国廉政教育基地、全国民政系统行风建设示范单位、全国重点文物保护单位、全国红色旅游经典景区、全国中小学生研学实践教育基地、全国关心下一代党史国史教育基地、港澳青少年游学基地、全国学雷锋活动示范点等。

沈阳市沈飞航空博览园——博览园占地 2.5 万平方米，主楼建筑新颖别致，建筑面积 4800 平方米。分为序厅、志在冲天、碧空雄风、驰骋疆场、走向世界、世纪展望

△ 沈阳市沈飞航空博览园

等 7 个展馆，精选 600 多幅珍贵的历史图片，200 多件实物，集我国歼击机发展历程与航空科普知识于一体，供参观者全面地了解航空知识和国防知识。馆内设置了 200 余个科普版面与景观，充分利用声、光、电等现代科技手段，展示了航空科普知识、爱国主义教育和国防教育等方面的内容。

沈阳市中国工业博物馆——这里是我国首个工业博物馆，馆中收藏文物的年代横跨商代到现代，包括 20 世纪 30 年代初的铁西规划地图、1900 年的中东铁路钢轨、西周青铜盉、春秋时期盔甲、殷商时期铜镜都是这里的馆藏。博物馆总占地面积 8 万平方米，建筑面积 6 万平方米。馆方征集的文物来自上海、北京、内蒙古等 20 多个省区市及香港特别行政区，包括国家一级文物 1 件，国家二、三级文物 10 件，共有 1300 多件实体展品。

> **旅行锦囊**

加油站：

沈阳：中国石油（金山路站）。

> **餐饮推荐**

抚顺：八碟八碗、麻辣拌、苏子叶饽饽、大伙房水库野生鱼、新宾羊汤、酸汤子。

沈阳：老边饺子、沈阳回头、沈阳鸡架、西塔大冷面、杨家吊炉饼、那家馆白肉血肠。

DAY2 **沈阳铁路陈列馆—沈阳新松机器人集团—本溪钢铁集团—本溪市**
（行驶里程 80 公里）

首先前往沈阳铁路陈列馆，这里是东北地区最大的铁路陈列馆，从"百岁高龄"的蒸汽机车到当今 300 公里时速的动车组，讲述着中国铁路百年以来的沧桑巨变和辉煌成就。随后前往沈阳新松机器人集团，这里在机器人核心技术领域具有行业领先地位，作为国家机器人产业化基地，这里拥有完整的机器人产品线及工业 4.0 整

△ 沈阳故宫

体解决方案。最后来到本溪钢铁集团，这里在新中国钢铁史上书写了辉煌的篇章，在社会主义建设时期，本钢积极响应党中央"为工业中国而斗争"的号召，在新中国工业化进程中特别是钢铁工业的发展中发挥了重要作用，被誉为"共和国功勋企业"。

> **路况**

整体路况良好，沿丹阜高速前行。

> **海拔情况**

本溪：平均海拔 100 米。

> **沿途特色景区**

沈阳故宫——这里是国家一级博物馆，被联合国教科文组织列入《世界文化遗产》名录。也称"盛京皇宫"，是清朝初期的皇宫。这里不仅是中国仅存的两大皇家宫殿建筑群之一，也是中国关外唯一的一座皇家建筑群。

"九·一八"历史博物馆——国家级爱国主义教育基地、国家 4A 级旅游景区、国家一级博物馆。这里共有 7 个展厅，展览照片 800 余幅、实物 300 余件、文献、档案资料近 100 件，是世界上全面反映"九·一八"事变历史的博物馆。

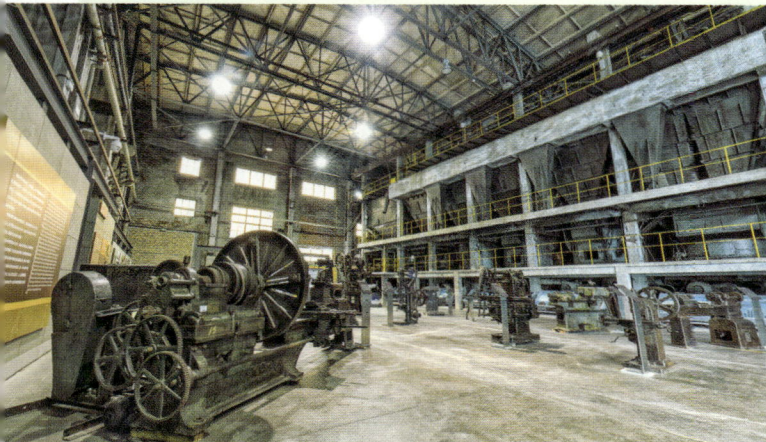
△ 沈阳市中国工业博物馆

△ 沈阳铁路陈列馆

△ 本溪钢铁集团

辽宁省博物馆——这里是新中国建立的第一座博物馆，馆藏品总量达 11 万多件，分为考古、书画、雕刻、陶瓷、丝绣、服饰、铜器、货币、漆器、景泰蓝、家具、古生物、少数民族文物、甲骨、碑志等 17 类文物。

❯ "大国重器"重点项目

沈阳铁路陈列馆——这里是"全国铁路爱国主义教育基地"和"辽宁省爱国主义教育基地"。陈列馆集收藏、陈列、宣传、教育于一体，主要分为铁路装备展区、史料图片展区、运输能力展区和安全教育展区，具有成果展示、典型弘扬、集中教育、素质培训和主题活动五项功能，是传承铁路历史文化、展示科学发展成果、进行社会主义核心价值观教育、加强精神文明建设的重要场所。

沈阳新松机器人集团——这里隶属中国科学院，是一家以机器人技术为核心的高科技上市公司。拥有工业机器人、协作机器人、移动机器人、特种机器人、医疗服务机器人这五大系列产品的自主知识产权，形成了以自主核心技术、核心零部件、核心产品及行业系统解决方案为一体的全产业价值链。该公司接受团体参观。

本溪钢铁集团——这里是新中国最早恢复生产的大型钢铁企业之一。这里以钢铁和矿资源产业为基础，金融投资、贸易物流、装备制造、工业服务、城市服务等多元产业协同发展的特大型钢铁联合企业，是著名的"人参铁"产地。集团在汽车板、高强钢、硅钢、棒线材等产品生产和研发中处于国内领先水平，是国家工信部认定的"国家技术创新示范企业"和"中国工业企业品牌竞争力百强企业"。该企业接受团体参观。

❯ 旅行锦囊

加油站：

本溪：中国石油加油站（大峪站）。

　　服务区：刘千户服务区

❯ 餐饮推荐

本溪：小市羊汤、蝲蛄豆腐、烤豆腐皮、长宽猪蹄、本溪全鱼宴。

DAY3 **本溪市—鞍山钢铁集团—鞍山市鞍钢化工总厂雷锋纪念馆—盖州市**
（行驶里程 230 公里）

今日前往鞍山钢铁集团，这里是中国国防用钢生产龙头企业，中国船舶及海洋工程用钢领军者，已经成为我国大国重器的钢铁脊梁。之后去鞍山市鞍钢化工总厂雷锋纪念馆，这里是鞍山市爱国主义教育基地，是鞍钢重要的学雷锋教育基地，参观雷锋纪念馆是鞍钢人入职必上的第一课。

❯ 路况

整体路况良好，沿辽中环线高速、沈海高速前行。

△ 鞍山钢铁集团

海拔情况

鞍山：平均海拔 49 米；盖州：平均海拔 19 米。

沿途特色景区

本溪水洞风景名胜区——这个国家重点风景名胜区就以长洞为中心，包括温泉、庙后山、关门山和铁刹山，有山、水、洞、泉、湖、林等自然景观，还有寺庙、古人类遗址等人文景观。

关门山国家森林公园——这里有四大景区：小黄山景区、夹砬子景区、龙门峡景区和月台子景区。各景区或山姿奇秀、或峡谷幽逐、或清溪缠绵、或林荫遮蔽，移步换景，景象万千。公园占地 3517 公顷，森林覆盖率为 95%。

平顶山森林公园——这里被称为"本溪地质摇篮"，漫长的地质演化过程中，历经多次地壳升降和凹陷，并有海陆交替变化、火山喷发、岩石风化剥离、搬运，形成集中构造带互为镶嵌的、错综复杂的构造体系和构造层。

龙鼎山风景区——景区由大峰山、大岭山、藏宝山和东山湖构成了一幅"三山一水"的美丽自然画卷，不仅风景美，还有着悠久丰富的传统文化积淀，历史上的薛礼征东曾在龙鼎山驻军，至今山上还残存有古烽火台遗址。

"大国重器"重点项目

鞍山钢铁集团——被誉为"新中国钢铁工业的摇篮""共和国钢铁工业的长子"，是"鞍钢宪法"诞生的地方，是英模辈出的沃土，为新中国钢铁工业的发展壮大作出了卓越贡献。鞍山钢铁引领中国桥梁钢发展方向，是中国名列前茅的汽车钢供应商，是中国核电用钢领跑者，是铁路用钢、家电用钢、能源用钢的重要生产基地。随着时代的发展，鞍钢制造在不断撑起一座座桥梁。在全球最长跨海大桥港珠澳大桥工程中，鞍钢提供的 17 万吨桥梁钢全部应用在大桥工程主体，再一次以优质的品质支撑了中国重大工程建设。

鞍山市鞍钢化工总厂雷锋纪念馆——这里不仅是雷锋精神在鞍钢的传承之地，更是"鞍钢精神"的灵魂所在。纪念馆在重新布展后，整个展区划分为"告别故乡，奔赴鞍钢""努力钻研，勤学苦练""爱岗敬业，忘我工作"等七大展区。在纪念馆原有框架格局下，将展陈重点放在雷锋在鞍钢尤其是在原化工总厂工作期间的成长历程。雷锋精神在鞍钢这块热土上生根发芽，开花结果。在这里，雷锋精神感召、激发了一代又一代人艰苦奋斗，奋发向上，拼争奉献，开拓进取。

旅行锦囊

加油站：

鞍山：中国石油加油站（辽鞍路）。

服务区： 首山服务区、甘泉服务区。

餐饮推荐

鞍山：海城馅饼、岫岩羊汤、红血肠、枫叶肉、台安炖大鹅。
盖州：盖州八大碗、盖州海鲜。

DAY4 盖州市—大连船舶重工集团—大连现代轨道交通有限公司电车工厂
（行驶里程 210 公里）

今日向南一路前行，参观大连船舶重工集团，这里被誉为中国"海军舰艇的摇篮"。中国第一代到第四代导弹驱逐舰主战船型，以及第一艘航空母舰"辽宁舰"、第一艘国产航空母舰"山东舰"都从这里驶向万里海疆。最后抵达大连现代轨道交通有限公司电车工厂，这里是中国城市车辆总公司的会员单位，产品主要有各类城市轻轨电车、有轨电车、无轨电车、公共汽车和工矿电机车五大系列。

路况

整体路况良好，沿沈海高速前行。

海拔情况

大连：平均海拔 29 米。

◇ 沿途特色景区

辽宁团山国家级海洋公园——这里特别的海蚀地貌形成在 18 亿年前，其脉岩、析离体、捕房体以及纵横交错的节理造就了本区独特的海蚀风光近百个，对研究海洋地质历史演化阶段和地质景观成因有着重要价值。

赤山风景区——这里是辽南道教名山，以峰奇、洞异、泉清、石怪、寺古而著名。赤山的植被主要是针阔混交林、油松、水曲柳等 20 多种植物。春天山花烂漫，夏天云雾山中，秋天满山红遍，冬天银装素裹，景色变化无穷。

大连博物馆——这是国家一级博物馆、全国科普教育基地。博物馆围绕城市风貌、腾飞的经济、浪漫之都、回顾与展望四大主题，分设 20 余个展览单元，运用高新技术和各种陈列方式展示了大连近代以来社会历史的进程和中华人民共和国成立以来的辉煌成就。

大连旅顺潜艇博物馆——馆内通过文字和模型展出中国潜艇文化发展史和世界潜艇文化发展史，主要介绍不同发展阶段的潜艇功能及在历史上发挥的作用。作为国内首个潜艇巡航体验馆，馆内还展示着国产 033 型潜艇实物。

◇ "大国重器"重点项目

大连船舶重工集团——这里是目前国内规模最大、建造产品最齐全、最具有国际竞争力的现代化船舶总装企业，也是拥有军工、造船、海洋工程、修船和重工五大产业的综合企业集团。始建于 1898 年，创造了中国造船史上 80 多个"第一"，见证了中国船舶工业从小到大的发展历程，成就了共和国海军由弱变强的历史跨越，更是以建造两艘航空母舰的卓越功勋，彰显了百年船厂的雄厚实力。威武的战舰劈波斩浪，扬国威、壮军魂，竖起了坚不可摧的海上长城。该企业接受团体参观。

大连现代轨道交通有限公司电车工厂——工厂始建于 1909 年，从早的有轨电车修理开始，逐步发展成为我国公交行业中生产客车种类齐全的车辆制造厂。近年来，工厂高度重视科技创新工作和企业信息化建设，投资建成了现代化的计算机中心，并在产品设计和开发全过程中采用了计算机辅助设计和计算机辅助工艺设计技术，计算机辅助设计的应用已由二维平面设计向三维立体设计发展，大大提高了企业的产品开发能力。企业管理工作充分融入现代化信息技术和现代管理理论，全面实施"企业资源计划管理工程"，优化了企业资源的利用和配置，有效提高了企业管理水平。目前大连现代轨道交通有限公司电车工厂正按照"质量为本、信誉、用户满意"的质量方针和 ISO 9001 质量管理体系的要求，建立健全用户为核心的质量管理体系和制度。该工厂接受团体参观。

◇ 旅行锦囊

加油站：

高速上有中国石油加油站。

> **服务区：** 复州河服务区、三十里堡服务区。

◇ 餐饮推荐

大连：大连铁板鱿鱼、海鲜焖子、咸鱼饼子、蚬子芸豆面、大连烤鱼片、拌海凉粉、海菜包子。

△ 辽宁团山国家级海洋公园

△ 大连船舶重工集团

自驾须知

一、行前准备

（一）证件类

出行之前记得检查好各种证件是否带齐，必备证件：驾驶员的驾驶证、车辆的行驶证、保险单以及随行人员的身份证。如果是外籍人士需准备好护照和中国的驾驶证。

（二）设备检查类

出行前到4S店为车辆做一个彻底的保养，尤其是轮胎和刹车系统，以便车辆保持最佳状况，为之后的出行保驾护航。出行必备：车绳、搭铁线、打气泵，常用的易损汽车零件等。

（三）必备装备

个人用品类：

1. 服装

准备四季衣物为佳，建议准备冲锋衣裤（红、黄是最佳）、羽绒服、排汗内衣、抓绒衣等，做好防寒保暖，切勿感冒。鞋袜需要准备低帮徒步登山鞋、拖鞋、保暖舒适的袜子。帽子、手套、丝巾、围巾都是必备之品。准备的

△ 南阳市淅川县南水北调中线渠首

衣物一定要易于增减!

2. 鞋袜

常规城市旅游穿旅游鞋等方便出行的鞋类即可,高原段或者涉及登山,则要准备防水中低帮徒步登山鞋、舒适袜子。

3. 太阳镜

如去高原段,则防紫外线能力越高越好!保护脸部面积越大越好!

4. 雨伞、雨衣各 1 件

雨具也是雨天时的遮挡物。

5. 防晒霜

行走高原地区一定要做好防晒,准备至少 30 倍防晒霜。

6. 润肤油、补水霜、润唇膏

防晒最佳。

7. 保温水壶。

食品类:

高能量零食(巧克力、牛肉干等)、方便食品、便于保存的水果、功能性饮料和矿泉水。路上难免会堵车,以便无法到达用餐点时补充能量,沿途均可以补给。

药品类(根据自身情况准备):

感冒药、肠胃药、镇痛药、葡萄糖粉、速效救心丸、抗菌消炎药、维生素泡腾片。参考药品:西洋参含片、阿司匹林、必理痛、牛黄解毒片、感冒灵、喉炎丸、止咳水、白花油、胃药、纱布、眼药水及消炎药。如去到高原,还可以准备抗高原反应的药,如红景天、肌苷口服液、携氧片,以及其他个人必需药品。

其他:

手电筒(非手机手电筒)、创可贴、电池、小刀、指南针、火柴、宽胶带、防蚊水,其他未列个人所需物品,如去高原,还建议准备帽子、手套、丝巾、围巾等防寒小物件。

(四)出行线路以及车型选择

1. 出行前请提前查阅路线的相关资料,做好攻略,根据驾龄长短以及开车技术选择合适的自驾路线,建议先从周边自驾开始,逐步向长途、需要更多驾驶技巧的地区扩展。

2. 根据出行线路选择合适的出行车型,如进入山区,最好选择 SUV 这类高底盘的车型。以应对出行中因为道路落石塌方或沙石太多导致车辆无法继续前进的情况。

> **温馨提示:** 在出游之前,一定要多做攻略,可以让你在面对一些突发情况时也能冷静地面对。同时要自备现金和零钱,虽然现在支付宝和微信已经很普及了,但难免有一些地方需要现金支付。不要在未经过同意和没有专业设备的情况下进入未知草原或沙漠、戈壁等,因为救援难度较大,容易迷失方向。

二、行中事项

(一)关于维修

目前常规市县城市加油站、维修站还是比较多的,如果进入高原等地区,建议在每天出行前都前往附近的维修店留取电话,以备不时之需。

进入无人区路段之前请提前为车辆做一次检查,因为无人区救援力量薄弱,沿途救援站会比较远。同时,一定要在进入无人区之前留下至少 2 个维修站的联系电话。

(二)关于路况

山西、陕西等地,行驶路上多山区隧道,提前关注第二天路况信息,注意旅途中是否有限高、限宽、限长等要求,如有这种情况及时

绕行，避免耽误行程。陕西和山西挂壁公路路段，车型以越野车、SUV、高底盘轿车，车长以不超过5.1米为宜（以陆地巡洋舰为最大参考车型：长5.17米、宽1.97米、高1.945米）。

（三）关于驾驶

如遇第二天行驶时间较长，或路途较长时，注意早点休息，同时建议一车两位司机轮流驾驶，以避免疲劳驾驶。

三、特殊路况驾驶技巧

（一）山路驾驶技巧

1. 确保燃料充足

城区公路得保证油箱有一格（八分之一油箱容积）以上的燃油才不会在半路出问题，山区公路和乡道除非有把握，否则应保证油箱存有四分之一以上的燃油。

2. 关注车外的情况

山区行车不应隔绝外界闷头驾驶，要时刻关注路况和车况。

3. 利用多种喇叭和灯光

山路上行车条件差，超车、会车时都应该小心。喇叭和灯光是与路面其他车辆和行人沟通的重要途径，要会用、勤用，让其他车辆和行人知道你的存在、了解你的意图。

4. 控制车速

山路上视线不好，弯路、软基较多，控制好车速，不要心存侥幸。

5. 少用刹车

刹车其实是个容易折损的系统，用多了效能和可靠性就会下降。多用油门和挡位控制车速，少用刹车，确保刹车完好是安全的最后一道屏障。

6. 保持足够的驱动力

手动挡用低挡和中速挡，不要用超速挡。确保足够的爬坡动力和下坡牵阻力。自动挡用运动模式或者L3。长距离下坡时，要用低挡位机械制动，自动挡车辆可切换至手动挡模式，切忌长时间踩刹车，容易导致刹车发热失灵；自动挡车上坡时，可切换至手动挡模式，并根据道路坡度大小，选择合适的挡位，一般是坡度越大，挡位越低。

7. 不要急加速和急刹车

这样不仅仅是为了安全，一般车辆也经不起山路剧烈驾驶。

8. 靠近山体行车

山路外缘常有软基，要尽量避开。

9. 视线放远、放宽

这样有助于提前发现问题，提前采取措施。

10. 保持沟通

打开车窗注意外面情况，遇有对方鸣喇叭、变光提示要积极回应。

11. 多停山顶少停山下。

12. 只停直道不停弯道。

13. 弯道要诀

遵循"一慢二鸣三右行"原则，提前减速、鸣笛，并靠右侧行驶，严禁占用左侧对方车道。

（二）冬季冰雪路面驾驶技巧

1. 控制行车速度

冰雪路面比较湿滑，轮胎与地面的摩擦力会变小，从而使车子更容易出现打滑的问题。所以雪天开车或通过结冰路面时，要缓慢行驶，不随意超车，轻点油门，轻点刹车，慢打方向，任何大的动作或不妥操作都可能带来危险。另外，在冰雪路面上，同等车速下汽车的刹车距离会变长，这时候控制行车速度，加大与前车

之间的距离，才能保证有足够的刹车距离，避免出现追尾现象。

2. 保持匀速直线行驶

在冰雪路面行车的时候，要注意集中注意力，提高警惕。行驶过程中，最好能保持车辆匀速直线行驶，驾驶员转方向盘要缓，油门及制动的力度都要轻柔，切忌动作幅度过大过猛。冰雪天气下，因为阴阳面不同，阳光照射强度不同，同一路段也会出现湿滑程度不一样的情况。当拐入一段背阴面的道路时，要注意减速缓行，以免出现不期而遇的冰面。

3. 刹车技巧

在冰雪路面上，刹车距离会成倍地增长，要尽量把制动距离增加到平时的3~4倍，提前判断，尽量早踩，但不要一脚踩死，因为抱死的轮胎更容易滑动！现在很多车型都配置了ABS防抱死系统，这在很大程度上可以保证冰雪路面的行车安全。

4. 降挡制动

当出现意外情况的时候，人们会下意识地赶快制动，以避免碰撞事故的发生。但是，如果是在冰雪路面上，紧急制动反而容易出现问题，产生侧滑，车辆的方向无法控制。在冰雪路面上制动，包括下坡都要尽可能采用降低挡位来控制车速，用低挡位让轮胎转速降下来。对于自动挡的车辆，驾驶员可以强制把挡位从D挡降到2挡或是1挡。

5. 弯道、坡道行驶必须提前减速

冰雪天气的时候，弯道和坡道是最容易出现汽车控制不良情况的路段。在过弯的时候要提前减速慢行，同时慢打方向盘，这样才不容易出现侧滑的现象。上坡时应尽量保持低挡位并且避免换挡，下坡时应避免空挡滑行，还要注意不要踩死刹车，可以降低挡位利用发动机制动来辅助降低车速。

四、常见故障处理

1. 换胎

准备工作，选择水平路面停车，同时开启危险警报灯，把车辆停好后拉起手刹。当确认

△ 西昌卫星发射基地

安全后，在车尾左后方 100 米摆好三角警示牌。拆轮胎，将千斤顶置于车身下的钢梁处，并将千斤顶起重爪对准车身下方支撑点。最好把备胎先置于车辆底盘下，防止千斤顶突然垮塌导致车辆下沉对刹车盘的伤害。然后摇动千斤顶将车身顶起，最后用扳手依次卸下需要更换的轮胎螺栓，并卸下车轮。安装轮胎，将备胎对准车轴和螺孔，把轮胎螺栓初步拧紧。最后将千斤顶放下，采用对角线的顺序将每个螺栓都拧紧即可。

2. 添加雨刮器水

在行驶过程中会不停地消耗雨刮器的水，雨刮器水是可以用自来水、矿泉水来代替的。沿途没有那么多的维修补给的情况下，可以用矿泉水来为雨刮器加水。

△ 鼋头渚

3. 高原行车全车仪表盘报警灯亮怎么处理

这属于正常的高原反应，多出现在日系和国产老款车型中，出现这种情况先停靠直道路边熄火，检查车辆是否有漏油或其他异样，如都没有可上车打火，尝试给油，听发动机声音是否跟平时一样，如未出现异样可驾驶汽车前行，再尝试给油判断动力是否跟平时一样。在汽车适应了高原以后，全车报警灯会自然熄灭。

△ 雁栖湖景区

策划编辑：王　丛
责任编辑：陈　冰
责任印制：冯冬青
封面设计：路　平

图书在版编目（CIP）数据

大国重器红色旅游精品线路路书 / 文化和旅游部资
源开发司编著 . -- 北京：中国旅游出版社，2022.11
　　ISBN 978-7-5032-7012-3

　　Ⅰ . ①大… 　Ⅱ . ①文… 　Ⅲ . ①旅游指南—中国 　Ⅳ .
① K928.9

中国版本图书馆 CIP 数据核字（2022）第 146105 号

书　　　名：大国重器红色旅游精品线路路书

作　　　者：文化和旅游部资源开发司　编著
出版发行：中国旅游出版社
　　　　　　（北京静安东里 6 号　邮编：100028）
　　　　　　http://www.cttp.net.cn　E-mail: cttp@mct.gov.cn
　　　　　　营销中心电话：010-57377108，010-57377109
　　　　　　读者服务部电话：010-57377151
排　　　版：北京中文天地文化艺术有限公司
印　　　刷：北京金吉士印刷有限责任公司
版　　　次：2022 年 11 月第 1 版　2022 年 11 月第 1 次印刷
开　　　本：880 毫米 ×1230 毫米　1/16
印　　　张：11.5
字　　　数：200 千
定　　　价：88.00 元
Ｉ Ｓ Ｂ Ｎ　978-7-5032-7012-3